영유아발달

Child Development

마주리 | 김현자 | 김은주 | 장은정 | 유준호 | 김지영

태영출판사

머리말

최근 우리 사회는 영유아교육의 중요성에 대한 인식 증가와 저출산 극복을 위한 육아지원 확대로 영유아발달에 대한 보다 구체적이고 체계적인 학문적 관심과 정보를 요구하고 있다. 특히, 인간발달영역에서 급격한 변화를 보이는 영유아기의 행동과 발달에 대한 이해는 영유아교육의 기초가 되며, 예비유아교사들이 알아야 하는 중요한 내용이다. 또한 영유아발달에 맞는 활동이나 프로그램을 고안해야 하는 현직교사를 비롯하여 자녀양육에 도움받기 원하는 부모에게도 매우 중요하다.

본서는 최근 몇 년간 영아발달과 유아발달로 분리 교육해 오던 것을 2017년 보육교사 자격기준이 영유아발달로 통합됨에 따라 영아발달과 유아발달의 내용을 영유아발달로 통합하여 기술하였다. 저자들은 그 동안 영아발달과 유아발달을 분리하여 강의하면서 공통적으로 경험했던 몇 가지 어려움, 예를 들면 발달의 연속성 측면이나 발달이론과 환경의 중복 등의 문제가 영유아발달로 통합됨으로써 해소될 수 있으리라 생각한다. 또한 본서를 교재로 사용하는 학생들이나 자녀 양육을 위해 참고하는 부모들도 영유아발달로의 통합을 환영하리라 생각한다.

본 책의 집필 목적은 첫째, 영유아발달의 기초 개념을 정립하고 영유아발달의 단계를 이해하는 전문적 영유아교사를 육성하는데 도움을 주고자 한다. 둘째, 영유아기 발달 연구의 필요성 및 영유아발달 연구방법에 대하여 이해함으로써, 과학적 연구방법을 실제 영유아의 교육과정 및 평가에 적용할 수 있도록 하는 것이다. 셋째, 영유아기에 나타나는 일반적인 행동문제를 발달적 차원에서 살펴보고, 이들을 도울 수 있는 교육적 방안을 제시해 보고자 한다. 넷째, 영유아발달에 영향을 미치는 다양한 환경을 이해하여 영유아 발달을 위한 바람직한 환경을 조성하고자 힘쓰는데 있다.

이와 같은 집필 목적을 이루기 위해 본 책은 총 4부 16장으로 구성되어 있다. 제1부는 영유아발달의 기초를 소개하고 발달에 영향을 미치는 요인과 영유아발달 단계에 대한 전반적인 개요와 영유아발달 연구에 필요한 다양한 연구방법 및 최근 연구동향으로 구성되어 있다. 제2부는 영유아발달의 이해를 돕는 대표적인 발달이론으로 뇌발달이론, 성숙주의이론, 정신분석이론, 행동주의이론, 인지발달이론, 생태체계이론을 중심으로 구성되어 있다. 제3부는 영유아기 발달의 내용을 영역별로 나누어 설명하였는데, 신체 · 운동발달, 인지발달, 언어발달, 정서발달, 사회성 발달로 구성되어 있다. 제4부는 영유아발달에 영향을 미치는 가정내적 환경과 가정외적 환경에 대해 소개하고 있다.

저자들은 이 책을 통해 예비영유아교사, 현직교사, 양육자들이 영유아발달에 대해 흥미를 가지고 공부할 수 있기를 기대하고 영유아발달에 대한 전문적 지식을 갖추게 되기를 바라고 있다. 마지막까지 집필에 힘써 주신 교수님들과 태영출판사 관계자분들께 감사의 말씀을 전한다.

2017년 2월

저자 일동

차 례

제1부 영유아발달의 기초

제2부 영유아발달의 이론

제4부 영유아발달과 생태환경

제 1 부

영유아발달의 기초

제1장 영유아발달의 이해

제2장 영유아발달의 연구

제1장

영유아발달의 이해

1. 발달의 개념
2. 발달의 원리
3. 발달에 영향을 미치는 요인

1. 발달의 개념

1) 영아기

출생부터 36개월까지의 시기로 정의되는 영아기는 인간발달에 기초가 형성되는 결정적 시기이다. 이 시기의 경험은 인간의 전 생애발달에 영향을 주며 발달의 기반을 형성한다. 발달적으로 민감한 시기인 영아기는 신체, 인지, 정서, 사회성 발달이 빠르게 이루어지는 시기이므로 적절한 발달이 이루어지는 것이 중요하다. 이는 이 시기의 발달은 이후의 발달에 긍정적 영향을 줄 수도 있지만, 이 시기에 형성된 결함은 이후 회복이 불가능하기 때문이다.

학자에 따라서 영아를 정의하는 것은 차이가 있다. Field(1997)는 출생부터 2세까지, Schickendanz(2002)는 출생부터 18개월까지를 영아로 보고, 19개월부터 30개월은 걸음마기로 보았다. Edwards와 Liu(2002)는 걸음마기를 18개월에서 36개월의 영아로 언급하였다. 성영혜 외(2003)는 생후 2주에서 15개월까지를 영아기로, 15개월부터 30개월을 걸음마기로 정의하였고, 현정환(2005)은 생후 4주에서 2세까지를 영아기로 구분하였다. 그러나 영유아가 기본적으로 배우고 경험해야 할 보편적인 보육내용을 국가차원에서 마련하고 제시한 표준보육과정에서는 0세에서 2세(36개월)까지를 인간의 삶에서 가장 극적인 변화가 일어나는 영아기로 보고 있다.

영아기는 전 생애발달의 기초가 형성되는 시기이면서, 발달이 급속도로 일어나는 결정적 시기라고 할 수 있다. 출생 후 첫 3년간은 발달이 빠르게 일어나며, 이 시기에 이루어진 발달은 전 생애에 많은 영향을 미친다. 이러한 영아기에 대한 근본적인 이해를 위해서는 영아의 연령 및 월령에 따른 발달적 특징을 알아야 한다. 즉, 각 월령에 따른 영아발달 수준에 대해 인지하고 있어야 한다. 영아발달은 영아의 인지, 신체, 사회성, 정서, 언어 총 5개영역의 발달 항목에 걸친 평균 습득시기를 말한다(김중근, 2005).

2) 유아기

유아기는 3세부터 취학 전까지의 시기로 또래관계 간 상호작용의 기회가 많아지고, 인지능력이 발달하여 많은 호기심과 흥미를 가지고 현상을 적극적으로 탐구해 나간다. 또한 타고난 감각을 토대로 자신의 주변 환경 변화를 이해하면서 신체발달이 이루어진다. 특히, 유아기에 경험하고 학습하는 것은 이후 학령기, 청소년기, 성인기에 이르기까지 인격, 정서, 지능, 대인관계 등의 기초가 되는 중요한 시기이다. 또한 유아기는 Freud의 심리성적 발달 단계 중 항문기, Erikson의 심리사회발달단계 중 자율성 대 수치심의 단계, Piaget의 인지발달단계 중에서 전조작적 사고의 초기에 해당한다. 개인으로서 자신을 의식하기 시작하며, 특징적인 반항과 고집, 자기주장이 나타난다. 이 시기의 유아는 다른 사람들과의 상호의존성을 의식하지 못하는 자기중심적 존재에서 점차 자신의 행동에 타인의 요구를 고려해야 한다는 것을 배우게 된다. 따라서 유아기는 어느 정도 고유한 성격이 형성되어 뚜렷한 개성을 지니게 되며, 자립심이 강해져서 의존과 독립이 균형잡힐 수 있도록 지도해야 한다.

2. 발달의 원리

1) 발달의 일반적 원리

인간발달은 각 단계에 있어 특징이 있으며 이는 교육의 시기를 결정할 수 있게 하는 중요 요인이 된다. 즉, 일정한 기능을 학습할 수 있는 최적의 시기가 있다. 영유아의 심리적 속성의 발달과정에 대한 이해는 부모와 교사에게 필수적인 것이다. 영유아발달에 관한 일반적 원리는 다음과 같다.

(1) 발달의 잠재력

발달은 자연발생적이며 성장하는 영아들이 새로운 것에 호기심을 나타내고 탐색하고자 하며 생각하고 느끼고자 하는 행동에서 찾아볼 수 있다.

(2) 발달은 유전과 환경의 상호작용

인간발달에 있어 유전적 또는 환경적 조건이 작용하는 부분이 다르며 또한 정도에도 차이가 있다. 즉, 신체조건의 경우 눈의 색깔, 성별 등은 완전히 유전적이며 심리적 특성인 지능이나 기질 등은 환경에 의하여 어느 정도 변화가 가능하다.

(3) 발달은 성숙과 학습의 결과

발달은 성장에 의하여 신체부위의 기능이 복잡화 · 기능화되어 가는 성숙과정을 말하며 학습은 경험과 학습의 결과로 이루어지는 행동변화를 의미하는 것으로서 모든 연령과 모든 발달단계의 중요한 과정이다.

(4) 발달의 개인차

성장 · 발달에는 방향이 있으며 누구나 그 방향에 따라 성장, 성숙하려면 그 속도나 성장률은 개인차가 많으므로 집단표준에 너무 집착해서 발달을 진단해서는 안 된다.

(5) 발달의 결정적 시기

모든 발달단계에서 각 시기에 성취해야 하는 발달과업이 있으며, 이 과업을 이루지 못하면 그 시기가 지난 후에는 학습효과가 줄어든다.

2) 발달의 상호작용 원리

영유아기 발달을 설명하는 이론들은 다양하다. 이는 크게 발달을 생물학적 구성의 결과, 환경적 영향의 결과, 생물학적 유전과 환경 사이의 역동적인 상호작용뿐만 아니라 이 둘의 영향에 의한 것이라고 보는 이론으로 나누어진다. 영유아의 발달에 대한 상호작용 이론은 발달을 자연적 또는 교육적 요소보다 훨씬 더 복합적인 것으로 보는 관점이다. 최근 상호작용 이론은 유전과 환경의 영향력에 더하여 문화의 역할을 포함시키고 있는데 Albrecht와 Miller(2001)는 이러한 관점을 바탕으로 영유아발달에 대한 상호작용의 원리를 설명하였다.

(1) 친밀하고 정서적인 관계가 발달의 핵심이며 그 기초가 된다.

Brazelton과 Greenspan(2000)은 영유아의 발달에 있어서 따뜻하고 교육적인 상호작용을 가장 필요한 것으로 고려하였다.

(2) 상호작용이 일어나는 맥락이 상호작용의 형태를 결정짓는다.

상호작용은 사회적, 문화적 맥락을 포함한 다양한 맥락 하에 일어나고 영향을 받는다.

(3) 생물학적 유전과 경험은 역동적인 관계가 있다.

유전적인 요소 또한 영유아기에 최선의 경험을 통해 조정이나 보충이 가능하다는 것을 의미한다.

(4) 영유아와 사회, 문화, 물리적 세계 간의 상호작용은 영유아의 발달을 이끈다.

영유아들이 양육자나 교사로부터 지식과 이해를 직접적으로 얻는 것이 아니라 그들의 경험과 상호작용을 통해 스스로 자신만의 지식과 이해를 만들어 간다는 것을 의미한다.

(5) 놀이가 발달의 상호작용적 매개물이다.

정서적, 사회적, 신체적, 지적 성장은 놀이의 맥락 안에서 일어나며, 놀이는 사물과 자료를 가지고 지원해 주는 성인에 의해 촉진되어진다.

3. 발달에 영향을 미치는 요인

발달이론가들은 발달의 각 영역은 상호 밀접하게 연관되어 있어 한 영역에서의 발달은 다른 영역에 직·간접적으로 영향을 미치고 발달에는 순서가 있으며 그 순서는 일정하지만 속도와 양상은 개인차가 있다고 설명한다(유효순·이성진, 2005). 또한 발달에는 최적의 발달이 이루어질 수 있는 결정적 시기(critical period), 민감기(sensitive period)가 있다(김경희 외, 2013). 생후 2년 동안의 발달은 영아로 하여금 신체적으로 다른 사람에게 덜 의존하게 되고 인지적으로 외부세계를 탐색하고 이해할 수 있으며 사회적으로 타인과의 관계를 형성하는 사회적 존재로 성숙하게 함으로써 이 시기는 발달에 있어 매우 중요한 시기이다(이영 외, 2012).

영유아기의 잠재력을 최대한 발휘하기 위해서는 발달에 대한 기초적인 조건, 즉 충분한 물리적 환경과 일관성 있는 양육, 그리고 영유아의 발달 상황에 맞게 적절하게 제공되어야 하는 도전 과업 등을 고려하면서 전인적인 발달이 이루어질 수 있도록 해야 한다.

이는 긍정적, 반응적, 상호적, 보호적 성인과의 관계가 영유아발달을 촉진하고 관계 속에 존재하는 영유아의 능력에 중요한 영향을 미친다. 영유아는 자신을 보호해 주고, 자존감을 갖게 해 주며, 지역사회와 문화의 중요한 일부가 되도록 도와주고, 사회의 건강하고 친절하고 건설적인 구성원이 되는 방법을 학습하도록 지원해 주는 성인을 필요로 한다.

만약 영유아발달의 제 측면을 설명할 수 있고 여기에 영향을 미치는 요인을 미리 예측할 수 있다면 이러한 지식을 바탕으로 영유아발달에 영향을 주는 변인을 통제할 수 있다. 영유아의 발달 영역별 영향을 미치는 요인은 다음과 같다.

표 1-1 영유아의 발달 영역별 영향을 미치는 요인

발달영역	요인
신체발달	유전, 영양, 환경(빈곤, 스트레스, 부모의 흡연)
정서발달	신체적 건강, 가정환경, 부모와 교사의 관심, 양육태도
사회성 발달	친사회적 도덕추론능력, 공감능력, 조망수용능력, 문제해결기술, 모방, 부모의 양육태도
인지발달	지적 호기심, 풍부한 환경적 자극, 정서적 자극, 기회제공
언어발달	연령, 지능, 성, 형제 수, 형제순위, 가정환경, 교육환경

Schonkoff와 Phillips(2000)는 본성과 양육, 문화, 자기조절 능력, 탐색, 인간관계, 개인차가 영유아발달에 영향을 미친다고 보았다.

첫째, 본성과 양육 모두가 영유아발달에 영향을 미친다.
둘째, 문화는 영유아발달과 양육 및 실제에 영향을 미친다.
셋째, 자기조절 능력은 영유아발달의 중요 지표 중 하나이다.
넷째, 영유아는 활동적인 탐색을 통해 스스로의 발달에 기여한다.
다섯째, 인간관계들 간의 상호적인 영향은 영유아발달의 토대가 된다.
여섯째, 폭넓은 개인차가 영유아발달에 영향을 미친다.

참고 문헌

강경미, 구광현, 백경숙(2005). 아동발달. 서울: 대왕사.

곽금주, 김수정(2004). 어머니의 내적 변인에 따른 영아와의 신체접촉 유형간 비교: 우울, 태도, 양육스트레스를 중심으로. 한국심리학회, 17(1), 1-18.

곽금주, 성현란, 장유경, 심희옥, 이지연, 김수정, 배기조(2005). 한국영아발달연구. 서울: 학지사.

김나영, 이경열, 정옥호, 홍계옥(2005). 영유아발달. 경기: 양서원.

김중근(2005). 영유아 발달 수준에 대한 어머니의 지식 정확도. 원광대학교 대학원 석사학위논문.

김희진, 김언아, 홍희란(2004). 영아를 위한 프로그램 이론과 실제. 서울: 창지사.

박성연, 도현심(2005). 아동발달. 서울: 동문사.

성영혜, 이은진(2003). 보육교사의 직무스트레스와 보육활동과의 관계. 생활과학연구지, 14(1), 143-159.

유효순, 이성진(2006). 아동발달. 한국방송통신대학교 출판부.

이기숙, 이영자(1993). 만 2~3세 영유아를 위한 흥미 영역별 기본 교구와 자료. 아이코리아, 58-61.

이영, 이정희, 김온기, 이미란, 조성연, 이정림, 유영미, 이재선, 신혜원, 나종혜, 김수연, 정지나(2012). 영유아발달. 서울: 학지사.

이영석(1997). 유아교육론. 서울: 형설출판사.

이재연 역(1993). 아동발달. 서울: 문음사.

정옥분(2012). 영아발달. 서울: 학지사.

조복희, 신나리, 안재진, 이정림, 최윤경, 송신영(2009). 한국아동패널 2009. 육아정책연구소.

조성연, 이정희, 천희영, 심미경, 황혜정, 나종혜(2005). 아동발달의 이해. 서울: 신정.

천종후(2000). 태아교육을 통한 기독교교육의 재정립 : 태교의 성경적 의미 고찰. 한세대학교 신학대학원 석사학위논문.

최보가 역(1993). 아동발달. 서울: 형성출판사.

현정환(2003). 보육실습이 예비보육교사의 보육효능감에 미치는 영향. 아동학회지, 24(6), 117-131.

Albrecht, K., & Miller. L. G.(2000). Infant & Toddler Development. MD: Gryphon House, Inc.

Boukydis, Z.(1985). Infant crying: Theoretical and research perspectives. NY: Plenum Press.

Bowlby, J.(1988). A secure base: Clinical applications of attachment theory. London: Routledge.

Brazelton, T. B. & Greenspan, S.(2000). The irreducible needs of children: What every child must have to grow, learn, and flourish. Cambridge, MA: Perseus Publishing.

Edwards. C. P., & Liu. W. L.(2002). Parenting toddlers. In M. L. Bornstein(Ed.). Handbook of Parenting, Second Edition. 1, Children and parenting, 45-72. Hillsdale, NJ: Lawrence Erlbaum.

Escalona, S.(1968). The roots of individuality. Chicago: Aldine.

Field, T.(1997). The treatment of depressed mothers and their infants. In L. Murray & P. J. Cooper(Eds.), Postpartum depression and child development(221-236). New York: Guilford Press.

Herr, A. S., & Swim, T.(1998). Creative resources for infants and toddlers. Albany, NY: Delmar Publishers.

Hollien, H.(1980). Developmental aspects of neonatal vocalization. In T. Murry & J. Murry(Eds.), Infant communication: Cry and early speech(20-85). Houston, TX: College Hill Press.

Ostwald, P. F.(1985). Musical behavior in early childhood. Developmental Medicine and Child Neurology, 15(1), 367-375.

Schickendanz, J. A.(2002). Office of Elementary and Secondary Education. Consultant and contributor to the Early Childhood Educator Academies, Pre-K standards strand. U.S. Department of Education.

Shonkoff, J. P., & Phillips, D. A.(Eds.)(2000). From neurons to neighborhoods: The science of early development. Washington, DC: National Academy Press.

Ziajka, A.(1981). Prelinguistic communication in infancy. New York: Proeger.

제2장

영유아발달의 연구

1. 영유아발달 연구 및 평가
2. 영유아발달 연구방법
3. 영유아발달 연구의 최근 연구동향

1. 영유아발달 연구 및 평가

1) 영유아발달 연구의 목적

발달이란 무엇이며, 영유아들이 왜 그러한 행동을 하는지 궁금증에 대해 알아보고자 하는 것이 영유아발달 연구의 목적이다. 모든 과학적 연구에서는 이론에서 도출된 가설을 토대로 연구가 이루어진다. 이론과 가설은 영유아발달에 대한 확고한 증거를 찾아보고자 하는 여러 활동을 가능하게 한다. 따라서 발달 연구에서 가장 중요한 것은 '영유아발달을 어떻게 연구하는가?'이다. 영유아에 대해 우리가 가지고 있는 질문을 해결하기 위해서는 과학적인 연구가 필요하다. 과학적 연구란 행동과학 또는 경험과학에 기초하여 존재하는 사실이나 현상을 체계적으로 설명하기 위해 관찰된 변수들 간의 관계를 경험적으로 검증하는 일련의 과정이다. 과학적 연구는 경험적, 체계적, 논리적, 객관적, 구체적이고, 검증가능하며, 자기수정의 특성을 갖는다. 예를 들어 만 1세 영아들의 운동발달이나 감각발달, 언어발달이 어떻게 이루어지는가를 영아들의 행동을 중심으로 관찰하여 이를 사실적으로 기술함으로써 연령별 영유아들의 평균적인 발달수준과 개인차를 알 수 있다.

영유아발달 연구의 궁극적인 목적은 영유아 연구결과를 다양한 영역에서 교육적으로 활용하여 영유아의 긍정적 발달을 도모하고 삶의 질을 높이는데 있다. 즉, 유아교육현장에 실천적으로 적용하여 영유아들로 하여금 행복한 삶을 영위할 수 있도록 돕기 위한 것이다. 따라서 영유아발달 연구는 이론적 내용을 바탕으로 실천적 프로그램으로 적용할 수 있기 때문에 매우 중요하다.

영유아발달 연구는 영유아가 어떠한 과정을 거쳐 발달하는지, 왜 그러한 발달과정을 보이는지를 기술하고 설명하고자 하는 것이다. 궁극적으로 영유아의 바람직한 발달을 도모하기 위해 활용하는 데 그 목적이 있다.

영유아발달에 대한 연구는 영유아의 발달과 관련된 문제의 답을 찾기 위해 과학적 방법을 이용한다. 과학적 연구는 객관적이고 체계적이며 검증이 가능한 방식으로 수행되는 것으로(Santrock, 2011), 연구 관심사가 무엇인지 관계없이 해당 주제가 적절한 절차를 거쳐 연구되는 것을 말한다.

2) 영유아발달 평가의 방법 및 활용

영유아발달에 대한 과학적 연구수행을 위해 영유아의 성장과 발달 변화를 기록하고 평가하는 일은 영유아와 교사, 부모 모두에게 필요한 일이다.

영유아를 평가하는 일은 다른 영유아와 비교하여 성장과 발달의 서열을 가리기 위한 것이 아니라 개별 영유아가 지금 어떤 기술을 가지고 있으며, 무엇을 하고 있는지 확인하여 전인적 성장을 위한 적절한 교육활동과 경험을 계획하고 제공하기 위하여 필요하다.

이영자 외(2001)는 발달이 다른 어느 시기보다 급속도로 이루어지는 영유아기의 발달평가는 반드시 필요하며, 적절한 평가를 위해서는 영유아의 욕구, 흥미, 능력에 대한 많은 것을 파악할 수 있어야 함을 제시하였다. 이때 발달적 지연을 발견하면 바로 이를 교정하거나 최소화할 수 있도록 평가와 교육이 통합적으로 이루어지도록 하여 영유아의 전인발달을 도울 수 있다.

(1) 영유아발달 평가의 방법

영유아의 발달평가는 매일매일의 과정에서 비형식적으로 수행되어지기도 하고, 규칙적으로 계획하여 자료나 정보를 수집함으로 얻어지기도 하는 등 매우 다양하므로 상황과 목적에 따라 적절한 평가방법을 선택하여야 한다.

영유아발달의 비형식적 평가방법으로 첫 번째는 관찰법이며, 일상생활에서 가장 자연스럽게 사용할 수 있는 방법이다. 관찰법은 다양한 활동영역, 시간대와 활동내용에 따라 객관적으로 관찰한 내용을 규칙적으로 기록해서 모아둠으로써 각 영유아들의 개별적인 발달 상황을 파악할 수 있게 하는 방법으로, 자연관찰과 구조화된 관찰(사건표집과 시간표집 등)로 나누어지며 자연관찰이 영아를 좀 더 적절하고 정확하게 이해할 수 있는 방법으로 지적되고 있다.

관찰기록 방법으로는 일화식 기록법, 약식 기록법(jotting), 평정척도법 등이 있다. 일화식 기록이란 영유아의 행동 중 발달에 중요하고 흥미 있다고 생각되는 행동 특징과 사건들을 객관적으로 기록해 두는 방법으로 관찰한 날짜와 시간과 함께 기록한다. 각 영유아에 대한 일화기록은 주기적으로 모아서 종합하는 과정이 필요하며 이때 관찰자의 해석과 평가를 기록해 두고, 얻어진 자료는 다음 활동을 계획하는 데 기초자료로 활용할 수 있다.

최근의 관찰을 통한 평가방법들은 영유아가 일상적인 활동을 하는 동안 관찰을 하는 상호작용적인 형태로 자연스러운 상황에서 자료가 수집되며, 자료의 수집과정에서 영유아에게 직접 반응을 요구하지 않고, 관찰한 행동영역에 제한이 적어 사회성 및 행동발달의 평가에 효과적이다(이은해 · 이기숙, 1995; Goodwin & Driscoll, 1980). 일화기록의 상황을 요약해서 약식기록이 이루어질 수 있으며, 미리 작성해 놓은 기록표에 내용을 기록하는 평정척도법을 사용할 수 있다.

비형식적 평가방법으로 두 번째는 영유아의 부모와 면담을 실시하는 것이며, 이는 부모로부터 영유아발달에 대한 정보를 수집하고자 할 때 가장 많이 실시한다. 면담의 경우에는 부모와 언어적으로 정보를 교환할 수 있고 면담용 질문지를 사용하여 보다 정확하게 정보를 파악할 수도 있다.

비형식적 평가방법의 세 번째는 영유아의 다양한 작업 결과들을 체계적이고 주기적으로 수집한 포트폴리오를 분석하는 것으로, 교육과정 내에서 영유아가 진보되어 가는 총체적인 모습을 볼 수 있다. 이를 위해 우선 영유아의 다양한 작품이 분석에 포함되어야 할 뿐만 아니라, 교사관찰기록, 부모-교사 면담기록, 영유아가 받은 주요검사 결과 등의 기록이 포함될 수 있다. 포트폴리오 분석을 시행하기 위해서는 영유아의 다양한 작품을 일정 간격을 두고 수집함으로써 전반적인 발달상황을 평가할 수 있도록 계획하여야 한다. 작품은 정기적이고 체계적인 순서로 수집되어야 하고 다른 표준화 검사나 특정방법과 함께 활용된다면 효과적이다.

형식적인 영유아 발달평가의 경우에는 표준화된 검사들을 사용하는 것이다. 표준화된 검사는 특정영역을 평가하기 위해서 개발된 문항들로 구성된 검사로써 신뢰도와 타당도가 검증된 도구이므로 객관적인 자료를 손쉽게 얻을 수 있는 장점이 있다. 그 중 발달평가도구는 영유아의 발달 상황에 대한 정보를 얻을 수 있는 표준화된 검사로써 신체발달, 의사소통 및 언어발달, 인지발달, 정서발달, 사회적 상호작용발달 등의 전인적 발달 상황에 대한 정보를 얻을 수 있다.

이때 교사는 학기 초에 영유아의 행동이나 발달 특성이 잘 파악되지 않은 상태에서 영유아발달을 평가하기보다는 영유아 보육과정을 운영하면서 관찰한 영유아의 발달 정도를 발달평가도구를 활용하여 평가하고, 그 결과를 영유아의 발달에 적절하며 그 발달을 촉진시켜 줄 수 있는 놀이 계획과 활동 시간대별로 적절한 상호작용 방법의 고안에 적용할 수 있어야 한다.

발달평가에 대한 기록은 영유아에 대한 모든 평가 자료를 통합하여 문장으로 기술한다. 이때 영유아의 현재 발달 수준을 확인하고 그 가능성을 넓혀 주는 방향으로 기술되어야 하며, 영유아들을 비교하고 상대적으로 평가하여 순위를 매기거나 점수를 매기는 방식으로 기술하는 것은 바람직하지 않다. 즉, 영유아가 하지 못하는 것이나 단점보다는 할 수 있는 것이나 장점을 중심으로 기술하는 것이 바람직하다. 그리고 평가자가 아닌 사람이 기록된 평가 결과를 읽어 볼 때에도 평가자와 같은 판단을 할 수 있도록 객관적으로 기술해야 한다.

(2) 영유아발달 평가의 활용

영유아기 발달평가의 결과는 영유아를 보육하는 교사에게 다음과 같이 활용될 수 있다(Herr & Swim, 1998).

첫째, 영유아의 현재 발달수준을 파악하여 영유아 최적의 발달을 도울 수 있다(Wiggins, 1983). 영유아기는 다른 어느 시기보다 발달이 급속도로 이루어지는 시기로서, 영유아의 자조기술, 대·소근육, 인지, 언어, 정서, 사회성 발달에서의 현재의 조건이나 상황에 따라 발달이 적합한 수준에 와 있는지, 발달 영역마다의 수준 차이는 어떤 양상을 보이고 있는지를 파악함으로써 발달상의 개인 간의 차이와 발달 영역간의 개인 내 차이를 발견할 수 있다. 또한 영유아의 경험과 할 수 있는 것을 파악하고 영유아의 장점, 흥미, 태도, 성향을 파악하여 영유아의 실제 상황에서 자신의 지식을 적용할 수 있는 능력을 발견할 수 있다.

영유아발달 평가의 결과는 영유아의 발달 패턴과 개인의 강점 및 약점을 발견하여 영유아의 건전한 성장발육을 도모하는데 도움을 줄 수 있도록 활용할 수 있으며, 개별 영유아의 흥미와 관심을 알 수 있어 발달을 자극할 수 있는 교육 경험을 계획하는데 지침으로 사용할 수 있다.

둘째, 영유아에게 제공하는 경험의 적절성을 평가할 수 있다(Winograd & Perkins, 1996; Wortham, 2001). 즉, 영유아발달에 적절한 프로그램의 계획 및 운영을 위해서 평가가 요구되는 것이다. 이는 교사로 하여금 영유아 프로그램을 위한 계획을 세우는데 바탕이 되고, 개인별 영유아의 발달정도에 맞는 놀이정도를 정할 수 있게 해 준다(최미이, 2005).

셋째, 평가는 시간에 따른 변화와 진전에 주목하면서 영유아의 성장과 발달을 추적할 수 있게 함으로써 학습과 성숙에 대한 증거를 제공해 준다. 영유아에 대한 지속적인 평가는 시간의 흐름에 따라 영유아의 성장 및 발달에서 나타나는 변화를 보다 종합적으로 볼 수 있도록 해 준다.

넷째, 영유아의 발달적 개별성을 고려하여 특별한 도움이 필요한 영유아를 선별하기 위하여 평가할 수 있으며, 이때 발달적 지연을 발견하면 바로 이를 교정하거나 최소화할 수 있도록 개입할 수 있고, 도움이 필요한 영유아들의 문제를 문제유형에 따라 직접적 또는 간접적으로 적절하게 지원해 줄 수 있다.

다섯째, 영유아를 위한 행정적인 결정, 부모와의 면담 및 생활기록부 등의 평가서류를 작성하는데 필요한 정보를 획득할 수 있다. 교사가 객관적으로 작성한 생활기록부 등의 평가서류는 개별 영유아의 현재 상태를 설명해 주고 누적적인 평가 자료가 된다. 영유아발달 평가로 얻은 평가 자료는 영유아의 부모 및 전문가와의 객관적인 상담 시 활용되며 부모들이 자녀에 대한 바른 이해를 갖고 자녀를 교육하는데 있어 교사와 협력 체제를 구축할 수 있다.

여섯째, 평가는 모든 발달영역에 거쳐서 자료를 수집할 수 있도록 한다. 일반적으로 각 개인이 지니고 있는 가치나 편견에 의해서 선별적인 집중을 하게 되기 쉬우며, 이에 따라 특정 발달영역은 간과될 수 있다. 그러나 발달평가는 이러한 경향에서 벗어나 모든 발달영역에 주목하도록 한다.

이처럼 영유아기 발달평가는 개별 영유아나 한 학급의 영유아에 대한 보육을 계획하는 데 가장 중요한 자료로 활용될 수 있다. 또한 평가 결과는 영유아의 장 · 단점을 파악하게 해 주고 이들의 욕구를 만족시키며 동시에 영유아의 전인발달을 자극할 수 있는 교육 경험, 관심 분야에 따른 프로그램과 교수-학습 활동 및 다양한 교수방법을 개발하고 계획하는데 기초가 될 수 있다. 따라서 영유아의 발달에 적합한 보육과정 제공을 위해 영유아발달 평가는 영유아를 이해하는 기초자료로 반드시 필요하며, 이를 위해 영유아발달에 대한 전문적 지식과 평가의 결과를 보육현장에 적절하게 적용하는 방안에 대한 노력이 요구되어진다.

2. 영유아발달의 연구방법

1) 연구방법의 유형

(1) 종단적 연구방법

종단적 연구방법의 목적은 연령 증가에 따른 영유아의 성장 · 발달 특성 및 변화

양상에 대한 이해를 위한 것이다. 특징은 한 연령층이 동일한 대상에 대한 장기적 연구이다. 장점으로는 첫째, 발달에 대한 정확하고 전반적인 정보를 제공하고, 둘째, 질적 자료 수집이 용이하고, 셋째, 발달에 대한 환경과의 상호작용 규명이 용이하다. 단점으로는 첫째, 장기적인 연구로 인해 비경제적이고, 둘째, 연구대상 선정 시의 편파성이 작용될 수 있고, 셋째, 시간경과에 따른 연구 대상자의 탈락 및 그로 인한 연구결과의 편파성이 발생할 수 있고, 넷째, 동일영역의 상이한 검사도구의 반복사용에 의한 편파성이 발생할 수 있고, 다섯째, 연구계획의 변경에 곤란이 생길 수 있다.

(2) 횡단적 연구방법

횡단적 연구방법의 목적은 여러 연령층에 대한 전반적이고 개략적인 발달 특성을 이해하는 것이다. 특징은 다른 연령 집단의 영유아들을 같은 시기에 검사함으로써 발달 변화를 측정하는 방법이다. 장점으로는 첫째, 종단적 연구방법에 비해 경제적이고, 둘째, 발달의 일반적 경향을 이해하는 것이 용이하고, 셋째, 조사, 측정 방법의 타당성 검토가 용이하고, 넷째, 예비 가설의 검토가 용이하고, 다섯째, 연구결과를 즉시 활용할 수 있다. 단점으로는 첫째, 연령별 발달의 세부적 변화를 파악하는 것이 곤란하고, 둘째, 표집된 연령 집단 특성으로 인한 정확한 연구 결과의 도출이 곤란하고, 셋째, 개략적인 발달과정 기술로 인과관계 규명이 곤란하고, 넷째, 각 연령군의 동질성 확보에 문제가 생길 수 있다.

(3) 단기 종단적 연구방법

단기 종단적 연구방법의 목적은 짧은 시간 동안 중복되는 여러 연령층을 대상으로 표집 연구하는 것이다. 특징은 단기간 내에 연령별 발달 특성을 비교적 정확하게 파악하는 것이 가능하다. 장점으로는 첫째, 종단적 접근방법에 비해 경제적이고, 둘째, 표집으로 인한 편파성이 감소되고, 셋째, 출생 동시 집단의 효과 산출이 가능하다. 단점으로는 횡단적 접근방법에 비해 비경제적이다.

(4) 출생 동시 집단설계방법

출생 동시 집단설계의 목적은 시대별 비교를 위한 것이다. 특징은 각 시대의 특성, 다른 시대와의 비교가 가능하다. 장점으로는 시대별 역사적 환경의 영향 규명이 용이하다. 단점으로는 연령별 발달 변화나 경향 파악이 곤란하다.

(5) 발생과정 분석설계방법

발생과정 분석설계의 목적은 세심한 발달 특성을 규명하는 것이다. 특징은 연구대상이 매일 혹은 새로운 과제에 숙달할 때마다 그것이 시작된 시간으로부터의 변화과정을 추정할 수 있다. 장점으로는 첫째, 발생과정의 철저한 규명이 용이하고, 둘째, 발달과정에 대한 독특한 통찰력 제공이 가능하다. 단점으로는 첫째, 연습효과로 인한 발달 경향의 왜곡이 나타날 수 있고, 둘째, 연구대상이 순간적 행동에 대한 집중적 노력이 필요하고, 셋째, 연구대상이 변화할 수 있는 시간 예측이 곤란하다.

(6) 질적 연구방법

질적 연구방법의 목적은 인간 개개인의 존엄성을 강조하고 각 개인 특유의 경험세계를 있는 그대로 의미 있고 가치롭게 이해하는 것이다. 또한 특정한 이론가나 교육 전문가가 설정한 가설이나 이론에 부합되는 영역만을 중요시하고 교육적으로 가치 있다고 보는 기존의 생각을 비판한다. 특징은 연구대상과 친밀감 형성이 중요하고 양이나 수치로 환산하기 힘든 현상을 조사하는 방법으로 결과보다는 과정에 보다 많은 관심을 가진다. 장점으로는 융통성 있는 자료수집이 가능하다. 단점으로는 첫째, 연구자의 많은 경험과 훈련이 필요하고, 둘째, 연구대상 수에 제약이 있다.

질적 연구는 비구조화된 심층면접과 참여관찰로 대표된다. 그러나 최근에는 이 두 방법의 약점을 보완하는 복합적 연구들이 제시되고 있다. 대표적인 유형으로 내용분석연구(content analysis), 질적 사례연구(qualitative case study), 문화기술지(ethnographic study), 행위당사자연구(action research), 근거이론(grounded theory), 역사연구(historical research)가 있다.

(7) 양적 연구방법

양적 연구방법의 목적은 연구결과의 전체적인 경향을 파악하기 위한 것이다. 특징은 다양한 통계방법을 적용하고, 연구상황에 대한 조작이 가능하다. 장점으로는 다양한 연구방법 적용이 가능하다. 단점으로는 다수의 연구대상의 연구가 가능하다.

양적 연구는 실험연구냐 비실험연구냐에 따라 구분된다. 실험연구는 다시 진실험연구(true-experimental design), 준실험연구(quasi-experimental design), 단일사례연구(one-group case study)로 나눌 수 있으며, 비실험연구는 조사연구(survey reseaerch), 상관연구(correlational research), 인과-비교연구(causal-comparative research)로 나눌 수 있다.

(8) 상관 연구방법

상관 연구방법의 목적은 어떤 사건이나 현상에 내재하고 있는 다양한 변인들 간의 관계 패턴이나 경향을 규명하고자 하는 것이다. 목적은 연구대상의 현 상황을 변화시키지 않고 정보 획득이 가능하다. 장점으로는 변인 간 관계 규명이 가능하다. 단점으로는 인간관계 추론이 곤란하다.

(9) 실험 연구방법

실험 연구방법의 목적은 통제된 상황에서 독립변인의 인위적 조작을 통해 종속변인에서 나타나는 변화를 관찰하여 변인 간의 인과관계를 밝혀 내고자 하는 것이다. 특징은 독립변인을 조작하여 종속변인에 대한 효과를 검증하는 것이다. 장점으로는 인과관계 추론이 가능하다. 단점으로는 첫째, 실험실 실험 시 일반화가 곤란하고, 둘째, 현장 실험 시 변인통제가 곤란하다.

실험연구는 양적 연구 중에서 가장 숙련된 기술과 전문적 경험을 요구하는 연구이다. 어느 경우이든 실험연구에서는 실험조건의 계획적인 조작과 통제가 얼마나 완벽하게 이루어지는가 하는 것이 실험의 성패를 좌우한다. 조건이 통제되지 않은 상황에서 이루어진 실험연구는 연구결과의 타당성을 인정받을 수 없다. 따라서 연구자는 실험을 위해 고려해야 할 조건들에 대해 충분히 이해하고 있어야 하며, 연구목적에 적합한 실험설계를 구축하고 효과적인 실험처치를 해낼 수 있는 능력이 필요하다.

2) 연구방법의 절차

연구란 문제를 파악하고 문제에 관련된 기존 문헌을 조사하고, 문제와 관련된 의문을 연구가설로 만들고, 자료를 수집하여 자료를 분석하고 결과를 해석하는 일련의 체계적인 과정을 의미한다.

연구자는 연구 설계 계획서에 따라 연구의 목적을 명확히 정하고, 연구의 목적이나 상황에 가장 적절한 연구방법을 선택하고, 예산이나 시간 등의 상황을 고려해 효율적으로 조사를 진행할 수 있는 것이다. 연구자의 상황에 따라 가장 적합한 형태를 취해 연구의 진행 계획을 수립하면 되는 것이다.

연구 설계의 절차는 연구문제의 성격이나 연구자의 개인적 특성에 따라 조금씩 차이가 있을 수 있다. 그러나 일반적인 연구 설계의 절차는 문제의 제기, 조사

설계, 자료의 수집, 자료의 분석 및 보고서 작성의 단계를 거친다. 여기서는 일반적인 연구 설계의 진행 절차에 대해 살펴보고자 한다.

[그림 2-1] 일반적인 과학적 연구의 진행 절차

(1) 문제제기

① 문제에 대한 정의

과학적 탐구의 절차에서 문제를 정의하는 것은 전반적인 연구 활동의 방향을 결정짓고, 연구결과의 유용성에 막대한 영향을 미친다는 점에서 매우 중요하며, 연구목적을 달성하기 위해 요구되는 구체적인 정보가 무엇인가를 파악하는 것이다.

② 예비조사

연구 문제를 구체적으로 정의하고 확인하기 위한 접근 방법으로 연구 문제의 의의, 수행가능성, 수행방법 등을 좀 더 구체화할 수 있다. 예비조사 방법으로는 문헌조사, 전문가 의견조사, 사례연구 등이 있다.

③ 문제에 대한 접근

문제를 특정화할 때에는 필요로 하는 다양한 대안을 미리 고려할 필요가 있으며, 문제를 해결하는 대안을 광범위하게 탐색하고 개발해야 한다. 대안을 이끌어 내는 방법으로는 과거의 연구 결과, 관련된 이론, 주관적 · 직관적 방법으로 대안을 이끌어 내는 델파이 방법, 집단토론 또는 예비조사 등이 있다.

(2) 조사설계

조사설계는 이미 설정된 연구 문제에 대한 조사를 실시하는데 필요한 제반 설계를 의미하며, 연구에 필요한 계획이 구체적이고 종합적으로 작성되고 확인되어야 한다. 조사설계의 내용으로는 이론적 틀로서의 가설 형성, 조사 방법 결정, 질문지 설계, 표본 설계, 조사 일정 등이 있다.

① 가설 형성

가설의 설정은 연구 목적에 적합한 변수들을 선택하고, 그들간의 관계를 설정해 연구 문제에 대한 가능한 해답을 구할 수 있도록 하는 것이다. 즉, 연구를 통해 검정하고자 하는 둘 또는 그 이상의 변수들 간의 관계에 관한 가정적 명제로 기존 이론으로부터 연역함으로써 구성될 수도 있고, 경험적 사실들에 대한 관찰로부터 귀납적으로 구성될 수도 있다.

② 조사 방법의 결정

조사 방법이란 곧 자료수집의 방법을 결정하는 것을 의미한다. 자료수집의 방법을 결정하기 위해서는 연구의 범위, 기대하는 자료의 질적 수준, 조사 대상 집단의 성격이나 규모, 조사비용이나 시간, 조사의 용이성 등을 종합적으로 고려할 필요가 있다. 자료의 유형에는 현재의 조사 목적에 따라 조사자가 직접 창출하는 1차 자료와 다른 조사자가 다른 조사 목적으로 이미 수집, 정리해 문헌으로 제시한 사내자료, 연구기관보고서, 전문 조사기관에 의한 상업서비스 자료 등의 2차 자료가 있다.

1차 자료 수집방법으로는 관찰조사, 서베이조사, 표적집단 면접법, 패널조사, 실험 등이 있다. 관찰조사는 인간의 감각기관을 매개로 하여 외계의 현상을 파악하는 방법으로 참여관찰과 비참여관찰이 있다. 서베이조사는 사회과학에서 가장 보편적으로 사용하는 자료수집 방법으로 설문지를 이용해 조사대상자들로부터 자료를 수집하는 방법이다. 의사소통의 도구(응답자의 접촉 방법)에 따라 대인 면접법, 전화 면접법, 우편 면접법, 인터넷 면접법 등으로 구분된다. 이외 표적 집단면접법과 패널조사법, 실험 등이 있다.

③ 질문지의 설계

질문지 설계는 1차 자료의 획득을 목적으로 하며, 일반적으로 의사소통 방법을 위한 것으로 질문지라는 자료수집 도구를 사용하여 조사 목적에 해당하는 결정 항목들을 질문지로 표현하는 것이다.

④ 표본 설계

조사 방법과 질문지 설계가 완료되면 조사대상에 대한 특성을 파악하기 위해 표본을 선정해 측정을 실시한다.

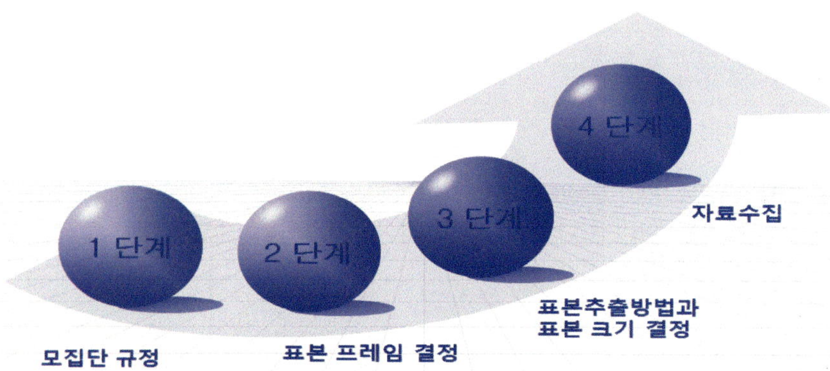

[그림 2-2] 표본 설계의 진행과정

⑤ 조사 일정

연구에 대한 전반적인 계획으로 정확하고 수행 가능한 일정을 수립해야 하며, 조사설계의 전체적인 내용과 전체적인 연구일정이 구체적으로 나타나야 한다.

(3) 자료수집

조사 설계를 통해 조사방법을 결정한 후 질문지 작성과 표본 설계를 하고 나면 본격적으로 자료수집을 해야 한다. 먼저 질문지의 내용이 적절한가를 확인하기 위한 질문지 사전조사를 실시해 질문지를 보완 · 수정해야 한다.

또한 연구목적상 면접원이 필요한 경우 연구 목적에 적격한 면접원을 선발하고, 면접원에 대한 사전 교육을 실시하여 명확한 면접 지침과 시나리오를 주어 조사의 일관성이 유지되도록 해야 하며 실제 조사 시 비표본 오차를 최소화하기 위한 모의 면접을 실시해 잘못을 교정해 나가는 것이 바람직하다.

(4) 자료분석

자료수집 절차가 끝나면 자료에 대한 타당성, 정확성, 일관성 및 객관성 검정을 위한 자료분석을 해야 한다. 자료분석이란 자료의 통계적 분포를 정리하고, 변수간의 계량적 관계분석을 하는 작업으로 변수간의 계량적인 관계분석을 위해 사용되는 비모수 검정, 일원 변량분석, 다변량분석, 상관관계분석, 회귀분석, 중다회귀분석, 요인분석 등이 있다.

자료의 해석이란 주요 변수 간의 관계를 시간적 전후 관계에 따라 명백히 하고, 이들 주요 변수에 적용하는 제3의 변수를 찾아내어 이를 이용하여 변수간의 관계를 정밀화하는 작업을 의미한다.

(5) 보고서 작성

연구 설계는 연구보고서의 작성으로 종결되며, 객관적 기준에 의해 연구의 목적에 충실하게 주요한 사안들을 중심으로 작성되어야 하고 정확성, 명료성, 논리적 체계성을 가져야 한다.

3. 영유아발달 연구의 최근 연구동향

1) 인지혁명

2차 세계대전 이후 과학의 발전과 재정지원에 의해 영유아발달에 대한 연구는 더욱 활발히 이루어졌으며, 특히 컴퓨터의 등장, 생물학의 발전, 연구방법의 다양화는 발달이론과 연구주제를 변화시켰다. 발달연구의 중요 주제로서 인지의 등장, 인간발달의 맥락을 강조하는 전망이 등장하였다.

인간발달에 대한 연구 초기부터 인지는 주된 관심사였으나 연구방법의 모호성으로 인해 제대로 연구되지 못하던 중 1960년대 미국에 Piaget이론이 소개된 이후 주요 연구주제로 재등장하게 되었다. 이는 인지영역에의 주목을 넘어서 인간 이해의 틀을 완전히 바꾸었다는 점에서 인지혁명이라고 불린다. 행동주의의 설명만으로는 정신을 제대로 이해할 수 없다는 인식의 확산은 새로운 연구의 틀이 필요했고 1970년대 컴퓨터의 등장과 연결되면서 정보처리 접근이 등장하였다.

정보처리 접근은 인간의 사고 과정과 발달을 컴퓨터의 작동에 비유하여 설명하려 했다. 즉, 감각을 통해 들어온 환경으로부터의 정보를 수용하는 순간과 가시적 반응이 나타나는 순간 사이에 어떤 과정을 거치는지, 영유아 내부에서 정보를 조작하는 기제가 무엇인지를 조명하고자 하였다.

정보처리 입장은 Piaget와 유사하게 영유아가 환경의 요구에 반응하며 자신의 사고를 수정하는 적극적이고 이성적인 존재로 보았다. 그러나 사고의 과정이 모든 연령에 유사하며 영유아기에만 그 과정이 나타나는 것은 아니므로 발달은 연속적인 상향적 변화라는 입장을 취함으로써 Piaget와 차이가 있다.

인지 과정에 대한 정보처리 입장에서의 연구는 영유아의 다양한 사고 과정을 보여줌으로써 교육적 시사점을 주었으나, 상상과 창의성 같은 비논리적 사고의 연구를 간과하였고, 실험실에서 인위적으로 이루어진 연구결과에 근거한 입장이라는 점에서 비판된다.

2) 발달 맥락을 강조하는 연구의 등장

인간발달의 다양한 측면을 보다 적절하게 이해하기 위해 동물행동학, 생태학적 체계이론, 비교문화 연구와 사회문화적 이론은 발달의 다양한 맥락 또는 환경이 발달에 미치는 영향에 대한 중요성을 강조하게 되었다.

(1) 동물행동학(1960년대)

동물행동학은 진화론적 관점에서 인간 행동을 진화론적 기초와 함께 그 진화된 반응들이 종의 생존과 발달에 어떻게 기여하는지를 과학적으로 연구하는 이론이다. Lorenz는 동물학자로 오리가 부화하자마자 처음 본 움직이는 물체를 어미로 인식하여 따라 다니는 행동을 보고 결정적 시기에 경험된 내용이 각인되어 사라지지 않음을 발견하는 동물행동학의 기초를 확립했다. 이는 영유아발달 초기 특정한 시기에 습득되어야 할 인지적 · 사회적 행동과 관련된 것으로, 개인은 환경의 영향에 반응함을 의미한다.

Bowlby는 동물의 행동에서 쉽게 확인되는 이러한 각인현상을 인간에게서 찾으려 했던 학자로 1960년 말 영국의 정신분석학자였다. 그는 동물행동학적 이론을 인간의 발달, 특히 영유아와 어머니 간의 관계를 이해하는 데 적용하였다. 즉, 영유아와 보호자(환경)의 관계성에 대해 연구를 통해 미소짓기, 옹알이, 붙잡기, 울기 등과 같은 영유아의 선천적인 행동은 양육자인 어머니를 가까이 머물게 하며 자신이 안전하게 보호되고 건강하게 성장하는 데 필요한 자극과 애정을 이끌어 내게 된다고 보았다. 이처럼 Bowlby는 영아의 미소, 옹알이, 울음 등 선천적인 행동반응을 통해 결정적 시기가 생후 3년간이라 믿었으며 이를 통해 정서적 유대인 애착이론을 제시하였다.

(2) 생태학적 체계이론

1970년대 이후 등장한 인간발달 연구의 또 다른 흐름은 변증법적 사고였다. 인간의 고등정신 과정이 여러 상황의 통합의 과정을 걸쳐 발달한다는 변증법은 변화의 역동성을 강조하고 있다. 발달의 역동성에 영향을 미치는 사회 · 역사적 맥락이 고려되고 인간의 전 생애로 발달의 시야가 넓어지면서 영유아발달이론은 1970년대 말 생태학적 체계이론이라는 보다 넓은 틀을 갖게 되었다.

생태학적 체계이론은 미국의 심리학자 Bronfenbrenner로서 발달 현상은 마치 러시아 인형 셋트처럼 영유아를 둘러싸고 복잡한 수준의 체계와의 관계 속에서 이해되어야 함을 강조하였다. 즉, 영유아가 가지고 있는 생물학적 속성이 환경의 영향력과 상호작용하며 발달이 일어난다고 본 점에서 그의 관점을 생물학적 모델이라고 한다.

그는 영유아에게 영향을 수는 환경을 미시체계, 중간체계, 외체계, 거시체계, 연대체계의 다섯 수준으로 분류하였다. 미시체계는 개인을 중심으로 가장 안쪽에 위치하는 환경으로 영유아가 직접적으로 접하는 환경에 대한 상호작용을 강조하고 있다. 중간체계는 미시체계와 연결되어 있는 가정, 학교, 이웃, 유아원 등의 기관과 영유아발달 간의 관계성을 강조하고 있다. 외체계는 영유아가 직접적으로 접촉하고 있지는 않지만 영유아에게 영향을 주는 환경 예를 들어, 부모의 직장, 보건소, 복지부 등을 의미한다. 거시체계는 영유아가 속해 있는 사회의 가치, 법률, 관습을 의미한다. 연대체계는 영유아의 환경에서 발생하는 사건들의 양식과 생애에서 전환점이 되는 사건을 의미한다.

(3) 비교문화 연구와 사회문화적 이론(1980년대)

비교문화 연구는 영유아의 발달을 문화 간에, 각 문화 내에서 민족과 사회계층

집단 간에 비교함으로써 발달이론들이 모든 영유아들에게 보편적으로 적용될 수 있는지 또는 특정 환경조건에 제한되는지를 알게 해 주었다.

Vygotsky는 특정문화에서 영유아가 적절하게 사고하고 행동하는 법을 습득하려면 사회적 상호작용, 특히 성인 간의 대화가 필수적이라는 주장은 비교문화 연구를 통해서 확인되었다.

20세기 중반 이후에는 여러 발달이론들의 차이가 나타났다. 첫째, 발달의 상이한 측면에 초점을 두고 있다는 것이다. 예를 들어 정신분석이론, 동물행동학적 이론은 영유아의 사회 · 정서적 발달을 강조하지만 Piaget이론, 정보처리이론, Vygotsky 이론은 사고 과정에서 변화에 초점을 두고 있다. 둘째, 각 이론은 영유아의 천성과 발달에 대한 시각을 달리하고 있다. 셋째, 각 이론은 장 · 단점을 가지므로 하나의 이론이 발달을 완전히 설명하지 못한다. 각 이론의 영유아발달에 대한 기여 부분을 인식하고 그것들을 통합하여 영유아발달을 이해하려는 절충적 접근이 필요하다.

참고 문헌

이영자, 이종숙, 신은수, 곽향림, 이정욱(2001). 교사평정용 영아발달 평가도구. 아동학회지, 22(2), 255-275.

이은해, 이기숙(1995). 유아교육 프로그램 평가척도의 타당화를 위한 연구. 유아교육연구, 15(1), 157-178.

최미이(2005). 영아 발달평가에 대한 보육교사의 인식과 실시 현황조사. 덕성여자대학교 교육대학원 석사학위논문.

Herr, A. S., & Swim, T.(1998). Creative resources for infants and toddlers. Albany, NY: Delmar Publishers.

Santrock, J. W.(2011). A topical approach to life-span development(6th Ed.). New York: McGraw-Hill Humanaities.

Wiggins, G. P.(1983). Assessing student performance. San Francisco, CA: Jossey-Bass.

Winograd, P., & Perkins, F. D.(1996). Authentic assessment in the classroom: Principlcs and practices. In R. E. Blum & J. A. Arter(Eds.), A handbook for student performance assessment in an era of restructuring. Alexandria VA: Association for supervision and curriculum development.

Wortham, S. C.(2001). Assessment in early childhood education(3rd Ed.). Columbus, OH: Merrill Prentice-Hall.

제 2 부

영유아발달의 이론

제3장 뇌발달이론
제4장 성숙주의이론
제5장 정신분석이론
제6장 행동주의이론
제7장 인지발달이론
제8장 생태체계이론

제3장

뇌발달이론

1. 뇌발달 연구
2. 뇌의 구조와 기능
3. 영유아의 뇌발달
4. 뇌발달에 영향을 주는 환경적 요인
5. 뇌발달의 핵심원리
6. 뇌발달이론에 근거한 양육방향

1. 뇌발달 연구

뇌연구는 MRI(magnetic resonsace imaging: 자기공명영상), EEG(electroencephalogram: 뇌전도), 코티솔(cortisol) 연구 등의 과학기술의 덕분이라고 할 수 있다. MRI는 뇌에 대한 구조적인 정보를 제공하고 뇌의 기본적인 구성요소인 뉴런의 분포나 뇌피질의 두께 등을 알려 준다. 특히 fMRI(functional magnetic resonsace imaging: 기능성 자기공명영상)는 뇌의 해부학적 구조에 대한 영상만을 제공하는 MRI는 달리 두뇌 활동의 혈류산소 수준을 통해 뇌 활성화 정도를 고차원 해상을 통해 볼 수 있다. fMRI는 신체의 여러 부위가 작용할 때, 또 인지과제를 해결할 때 뇌의 변화를 알 수 있다.

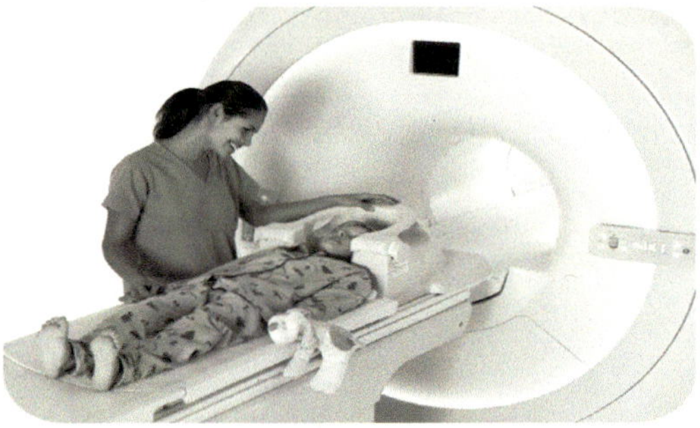

[그림 3-1] 뇌 검사

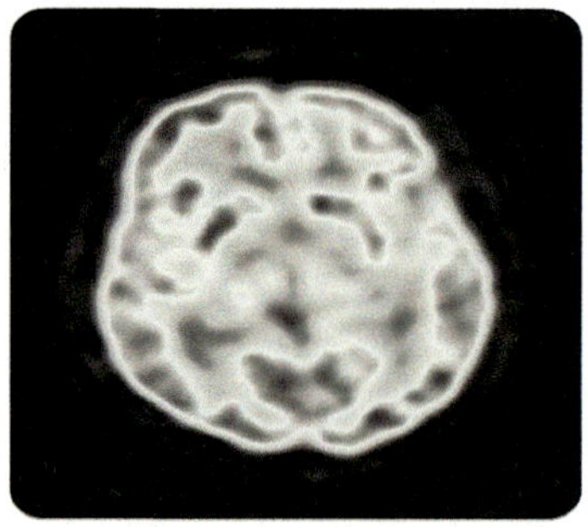

[그림 3-2] 뇌 촬영 사진

EEG는 뇌의 전기적 출력에 관한 해독장치로 뇌의 상태를 규명하면서 뇌파를 분석함으로써 뇌기능을 탐지한다. 뇌를 자극했을 때 뇌의 어떤 부분이 다른 부분보다 더 활동적인지 파악하고 그 도출된 뇌파에 따라 해당 부위의 인지기능을 밝히는 데 사용된다.

뇌파의 종류	주파수 대역	뇌파의 형태	뇌의 상태
Delta	0.5–4 Hz		숙면상태
Theta	4–7 Hz		졸리는 상태, 산만함, 백일몽 상태
Alpha	8–12 Hz	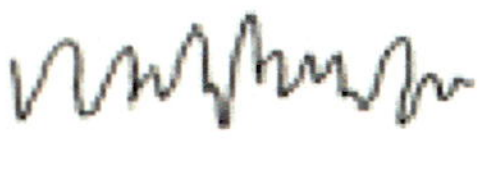	편안한 상태에서 외부 집중력이 느슨한 상태
SMR(Sensory Motor Rhythm)	12–15 Hz		움직이지 않는 상태에서 집중력을 유지
Beta	15–18 Hz		사고를 하며, 활동적인 상태에서 집중력 유지
High Beta	18 Hz 이상		긴장, 불안

[그림 3-3] 뇌파(Streetlight's Blog: Naver Blog)

뇌연구를 위한 또 하나의 방법은 스트레스 상황에 직면했을 때 분비되는 코티졸 호르몬의 분비 정도를 측정하여 분석하는 것이다. 영유아를 대상으로 하는 코티졸 연구는 채취방법에 따라 혈액, 타액, 비뇨 측정방법으로 나누어질 수 있는데, 이 중 타액채취 방법이 개발되면서 코티졸 연구가 활성화되었다.

2. 뇌의 구조와 기능

최적의 뇌발달 환경을 알기 위해서는 뇌에 대한 기초지식을 아는 것이 필요하다.

인간의 사고, 감정, 언어 등은 뇌의 어떤 기관에서 담당하며 언제 발달이 이루어지는지, 뇌는 어떤 과정을 거쳐서 발달하게 되는지 등 뇌를 이해하면 뇌발달을 위한 교육과 학습방법을 알 수 있다.

1) 뇌의 구조

뇌는 인간의 신체기관 중 가장 복잡하고 섬세하게 연결되어 있는 신경회로 덩어리다. 뇌는 호흡, 혈압, 심장박동과 같은 생명기능을 담당하는 뇌간이 먼저 만들어진 뒤, 감정을 담당하는 변연계가 만들어지며, 마지막으로 이성을 주관하는 대뇌피질이 만들어진다(MacLean, 곽윤정, 2013, 재인용).

뇌간은 가장 먼저 발달하는 뇌부위로 수정에서 생후 15개월까지 현저하게 발달하며 그 주요 임무는 자기보존이다. 갓 태어난 신생아도 생존하는데 필요한 기본적인 기능들, 즉 호흡이나 체온조절과 같은 기능을 수행하는 것을 보면, 뇌간의 발달이 가장 먼저 이루어짐을 알 수 있다.

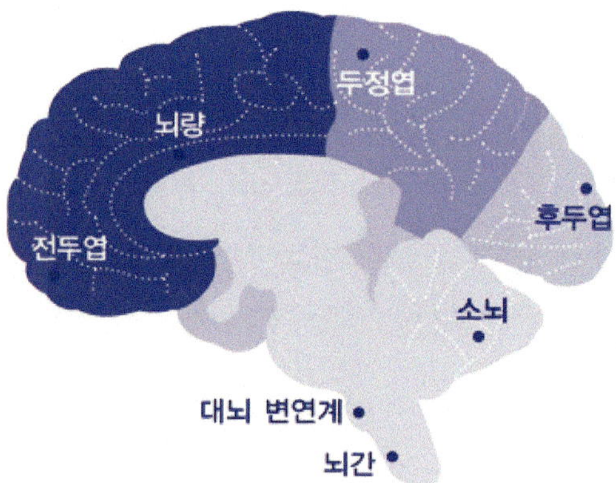

[그림 3-4] 뇌의 구조(Hanson, & Medius, 2010)

변연계는 정서, 수면, 호르몬, 성욕 및 냄새를 담당하며, 생후 15개월에서 4세 무렵까지 활발하게 발달한다. 변연계에는 기억장치인 해마도 포함되어 있다. 해마는 새로운 내용을 배우게 되면 그 내용을 뇌 속에 머물게 하면서 학습과 기억이 되도록 도와주는 기관이다. 변연계에는 시상하부도 포함되어 있는데, 호르몬 방출과 음식 섭취, 수면 등을 조절한다.

뇌의 뒤쪽 아래에는 소뇌가 있는데, 소뇌는 뇌에서 차지하는 부피가 전체의 10%에 불과하지만 뇌 신경세포의 50%가 들어 있다(Daniel, 2010). 소뇌는 동작과 자세, 걸음걸이 등 운동과 관련된 것을 조절한다.

대뇌피질은 뇌의 가장 바깥쪽에 자리잡고 있으며, 뇌의 약 80%를 차지한다. 대뇌피질은 진화적으로 볼 때 가장 최근에 만들어진 기관으로서 생각하고, 판단하고, 감정을 조절하게 한다. 대뇌피질은 다른 부위에 비해 늦게 발달하며, 성인기까지도 계속 발달한다.

2) 대뇌피질

대뇌피질은 전체가 균일하지 않으며, 조직과 기능이 다른 여러 구획을 갖고 있다. 가장 눈에 두드러지는 것은 좌반구와 우반구의 분리이다. 두 개의 반구를 연결하는 것은 뇌량이라는 커다란 섬유 덩어리이다. 뇌량은 한쪽 반구가 하는 일을 다른 쪽 반구에 전하여 뇌작용을 통합하는 걸 돕는다(Cohen, 2004). 두 개의 반구는 모양은 똑같지만 각기 기능이 다르고, 신체의 다른 영역을 통제한다. 좌반구는 신체의 오른쪽 부분을 통제한다.

좌반구는 청각, 언어능력, 언어기억, 의사결정 등과 같은 언어적인 활동과 기쁨과 같은 긍정적 정서의 표현 등을 관장한다. 또 순서대로 질서있게 배우고 익히며 일을 부분적으로 나누어 보고 이에 따라 수행하게 한다.

우반구는 신체의 왼쪽 부분을 통제한다. 공간지각 능력, 즉 거리지각, 지도 읽기, 기하학적 도형에 대한 이해를 관장하며, 촉각, 음악과 같은 비언어적 소리, 슬픔과 같은 부정적 정서의 표현을 관장한다. 또 일을 전체적으로 볼 수 있고 이에 따라 수행하게 한다.

그러나 어떤 특정 과제를 수행할 때 좌뇌만 혹은 우뇌만을 사용하는 것은 아니다. 좀 더 세심하고 순서적인 사람이 있는 반면에, 좀 더 전체적이고 변칙적인 사람이 있다. 사람마다. 좌뇌, 우뇌에 대한 상대적 선호도가 있다고 말할 수는 있지만, 좌뇌, 혹은 우뇌만을 절대적으로 사용하는 독점성을 갖고 있다고는 말할 수 없다(조형숙 외, 2013).

또한 다른 중요한 피질 구획은 4개의 엽, 즉 전두엽, 두정엽, 측두엽, 후두엽으로 구성되어 있다. 전두엽은 네 개 엽 중 가장 부피가 넓은 엽에 해당하며 추리, 계획, 운동, 감정, 문제해결에 관여한다. 뇌의 앞쪽 절반에 해당하는 전두엽은 크게 세 개 영역으로 나뉜다. 첫째 영역은 걷고, 씹고, 손가락과 발가락을 움직이는 활동과 같은 신체 운동을 조절하는 운동피질이다. 둘째 영역은 동작을 계획하는 전 운동 영역이다. 셋째 영역은 계획, 예측, 판단, 조직화, 충동조절, 표현과 같은 실행 기능과 관련된 전전두엽이다. 전전두엽은 인간의 뇌에서 가장 발달한 부분으로, 전체 대뇌피질의 30%를 차지한다. 전전두엽은 실수로부터 학습하거나 계획을 수립하고 목표에 도달하기 위해 행동을 목표와 일치시키도록 돕는다(조형숙 외, 2013). 특히 전두엽은 윤리, 도덕성과 관련이 있다. 전두엽 기능에 문제가 생기면 기억, 판단, 계산 등의 인지능력이 저하될 뿐만 아니라, 인성과 도덕성에도 문제가 생겨 반사회적 행동을 저지르는 범죄자가 될 위험이 높다(곽윤정, 2013).

측두엽은 양쪽 귀 주변과 위쪽에 위치하고 있다. 측두엽에는 청각피질이 있어서 듣는 능력과 관련된 중요한 역할을 담당한다. 측두엽의 뇌세포가 파괴되거나 손상을 입으면 귀에 아무런 이상이 없어도 소리를 들을 수 없으며, 소리가 들어왔다고 해도 그 소리가 어떤 소리인지 구별하지 못한다. 좌측 측두엽에는 브로카 영역과 베르니케 영역이라는 언어의 핵심 중추가 있다. 이들이 함께 작용해 언어를 습득하게 하고 모국어와 외국어를 구분하도록 해 준다. 우측 측두엽은 좌측 측두엽과 달리 음악과 관련된 소리나 언어 속에 포함되어 있는 감정적 뉘앙스들을 인식한다.

머리 위쪽에서 뒤쪽을 향해 내려가는 부위를 차지하고 있는 두정엽의 역할은 크게 두 가지로 나뉜다. 하나는 피부감각, 운동감각과 같은 일차 체감각이며, 또 하나는 감각통합과 공간인식이다. 두정엽은 신체를 움직이는 기능뿐만 아니라 사고 및 인식기능 중에서도 수학이나 물리학에서 필요한 입체적, 공간적 사고와 인식기능, 계산 및 연상기능 등을 수행하며, 외부로부터 들어오는 정보를 조합하는 역할을 한다. 또한 문자를 단어로 조합해 의미나 생각을 만들기도 한다.

후두엽은 뇌의 중간 뒤쪽에 위치하며 시각피질이 있어 주로 보는 것과 관련된 중요한 역할을 한다. 후두엽의 뇌세포가 파괴되거나 손상을 입으면 눈에 이상이 없다 해도 눈앞에 보이는 사물을 인식할 수 없다. 후두엽은 사물의 위치, 빠르기, 크기 등을 인식할 수 있을 뿐만 아니라 색, 모양, 질감 등에 대한 정보를 처리하기도 한다. 또 이차적인 사물을 보고 입체적인 모양으로 상상하고 사고하는 역할도 담당한다.

그러나 대부분의 인식작용은 뇌의 특정 영역에서만 이루어지는 것이 아니라 뇌의 여러 부분의 복잡한 상호작용에 의존한다고 할 수 있다.

3) 신경계의 발달

몸의 다른 기관들처럼 인간의 뇌는 특정한 기능수행을 전담하는 세포들의 집합체이다. 뇌세포는 두 종류의 신경세포로 구성되는데, 하나는 신경세포, 즉 뉴런이고, 다른 하나는 신경교세포다. 뇌세포 중에서 대부분이 신경교세포이고 10-15%가 신경세포다(조형숙 외, 2013).

뉴런은 다른 뉴런에서 정보를 입수하고, 수신정보를 종합하고, 수정한 정보를 다른 여러 뉴런으로 보내는 기능을 한다. 두개골 속에는 2,000억 개 남짓한 뉴런이 빼곡이 들어 있으며, 각 뉴런은 평균 5,000여 개의 다른 뉴런과 연결되어 있다. 모두 1,000조개의 뉴런 접속이 이루어져 있다는 얘기이다. 뉴런은 세포몸체, 수상돌기, 축색돌기, 말초심경섬유로 구성되어 있다. 세포몸체엔 세포핵이 들어 있다.

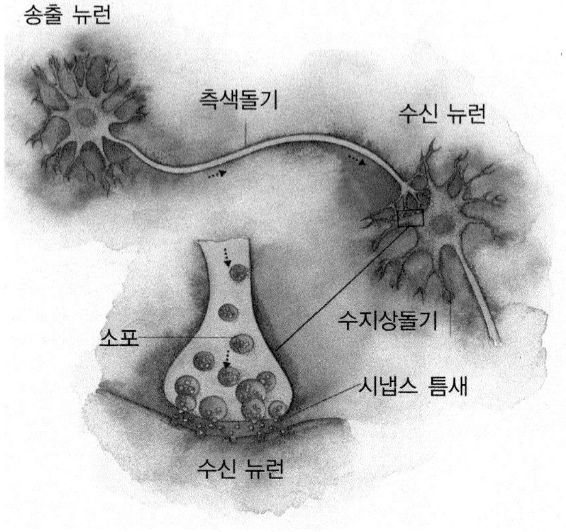

[그림 3-5] 뉴런(Cohen, 2004)

세포몸체에 연결되어 있는 관모양의 축색돌기는 끝 부분에 위치해 있는 말초신경섬유를 통해 다른 세포로 정보를 전달한다. 세포몸체에서 사방으로 튀어나온 것은 수상돌기이다. 세포몸체와 수상돌기는 다른 뉴런들로부터 정보를 수신한다. 두 개의 뉴런이 연결되는 지점, 즉 뉴런의 말초신경섬유와 또 다른 뉴런의 수상돌기가 연결되는 부분을 시냅스라고 부르는데, 시냅스를 통하여 세포와 세포 사이에서 자극이 전달된다(Cohen, 2004).

정보가 시냅스를 통과하는 데에는 두 가지의 중요한 기제가 작동해야 한다. 첫 번째는 전기작용이다. 인간의 뇌에는 항상 약한 전력이 흐르고 있다. 하나의 뇌세포에서 다른 뇌세포로 정보를 전달할 때 전기가 필요하다. 전기신호가 전달되는 데에는 시냅스 말단에 있는 소포들이 틈새를 향하여 폭발하게 만든다. 소포엔 신경전달물질 분자가 가득 담겨 있으며, 소포가 폭발하면 속에 든 신경전달물질이 시냅스 틈새로 방출된다. 신경전달물질은 약 50개가 있는 것으로 알려져 있는데, 이런 물질들은 단독으로, 또는 서로 협력하여 뇌 활동을 조절한다. 또 어떤 물질은 세포를 자극하여 흥분 가능성을 높이며, 또 어떤 물질은 억제력을 갖고 있어서 흥분 가능성을 낮춘다(Cohen, 2004).

두 번째는 뇌세포 하나에서 만들어지는 수초 혹은 미엘린이라고 부르는 물질이다. 수초는 두 가지 작용을 한다. 수초가 감싸고 있는 축색을 전기로부터 보호하고, 뇌세포 간의 정보전달 속도를 높여 준다. 정보를 전달하기 위해서 축색으로는 끊임없이 전기가 흐르게 된다. 이렇게 되면 축색이 손상을 입을 수도 있는데, 수초가 만들어지면서 이러한 손상을 방지해 준다. 또한 느리게 전달되는 뇌세포의 정보를 빠르게 전달시킨다(곽윤정, 2013). 수초화는 5세까지 급속도로 증가하고 6세가 되면 서서히 안정되지만 20세까지도 계속 이루어진다(Berk, 2000).

시냅스는 태내에서 25% 형성되고 나머지 75%는 출생 후 10세까지 꾸준히 형성된다. 즉 태어나서 10세 정도가 될 때까지 계속해서 인간이 살아가는데 필요한 다양한 기능과 능력을 담당하는 뇌의 시냅스가 만들어진다. 시냅스는 5세까지 급격히 증가하다가 5-10세까지는 급격히 감소한다. 그 이유에 대해서는 정확히 밝혀지지 않았으나 불필요한 시냅스를 제거하고 필요한 시냅스를 유지시킴으로써 뇌가 균형을 형성하기 때문이라고 한다. 즉 뇌가 효율적으로 작동하고 기능하기 위해서 사용하지 않는 뇌세포들의 연결들을 과감히 제거한다는 것이다. 그래서 자주 사용하는 시냅스는 살아남고, 자주 사용하지 않는 시냅스는 자연적으로 소멸하게 된다(곽윤정, 2013).

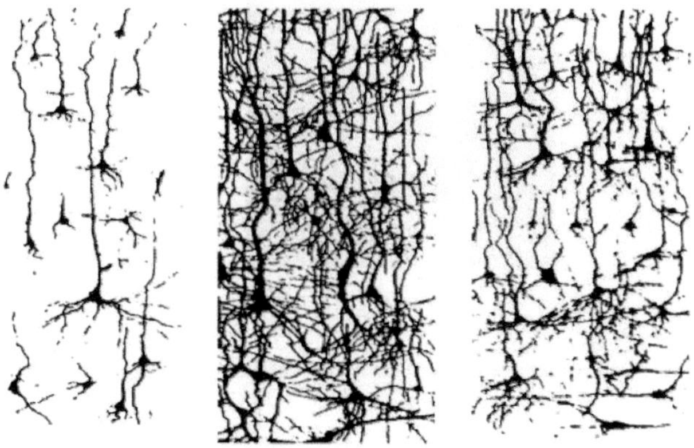

출생시: 시냅스밀도 빈약, 6세: 학습민감기의 과잉연결, 14세: 유용한 정보만 기억

[그림 3-6] 시냅스의 증가와 감소(Shore, 1997)

신경교세포는 뇌의 관리 기능을 수행하는데, 특히 뉴런들에게 영양분을 공급하고 제자리를 유지하게 만드는 일을 한다. 신경교세포는 정보전달에는 직접 관여하지 않지만 혈뇌장벽 형성, 영양분 운반, 면역체계 조정, 죽은 뉴런 제거, 뉴런의 구조적인 지지 등을 담당한다(Jesen, 1998). 태내에서는 주로 뉴런 이동시 구조적 지지를 제공하던 신경교세포는 출생 후에는 축색돌기 주변에 정보전달의 효율성을 증진시키는 절연체인 지방물질을 증가하는 수초화의 기능을 한다.

3. 영유아의 뇌발달

인간의 뇌는 처음부터 완성되는 것이 아니라 시기별로 성장한다. 특히 뇌발달은 동시에 이루어지는 것이 아니라 결정적 시기가 있다. 뇌발달 단계를 살펴보면, 첫 번째 단계는 오감이 발달하는 단계로 0-3세까지를 말한다. 이 시기에 아이의 뇌는 폭발적으로 성장한다. 인지, 정서를 비롯해 인간의 모든 정신활동이 골고루 발달하는 시기이다. 두 번째 단계는 전두엽이 가장 활발하게 이뤄지는 단계로 3-6세까지를 말한다. 이 시기에는 사고, 판단, 주의력, 언어, 감정, 도덕성 등 인간으로서 살아가는 데 필요한 모든 지적 기능과 성품의 기초를 이루게 된다.

1) 출생 전

임신 직후 수정된 세포는 급격한 세포 분열에 들어가고, 수정 후 3주가 되면 내배엽, 중배엽, 외배엽으로 발달하는데 이 가운데 외배엽은 신경체계, 감각기관, 피부상치 조직, 머리카락, 분비선, 손톱, 발톱, 치아가 된다(강경미 · 구광현 · 백경숙, 2005).

태내에서 수정된 직후 뇌가 처음으로 생성되었을 때는 척수만 존재하는 상태이며, 수정 후 25일이 되면 등쪽으로 신경들이 모여서 신경관을 형성하면서 발달하기 시작한다. 30일이 넘으면서 앞부분이 부풀어 오르면서 뇌가 만들어지고 분화가 시작되면서 중뇌, 소뇌, 연수의 세 가지 구조로 발달하게 되고 100일 정도 되면 구조가 다 만들어진다. 그 이후부터는 뇌세포들이 급속하게 증식되기 시작한다. 태아기 동안 1분에 25만 개라는 놀라운 숫자의 뇌세포를 만들어 내며 엄마 뱃속에서 수정된 지 9개월경이 되면 완전한 뇌의 형태를 갖추게 된다(곽윤정, 2013).

뇌는 정자와 난자가 만나 수정된 후 약 25일 정도에 겨자씨 정도의 크기가 된다. 임신 7개월 정도가 되면 탁구공만한 크기가 되고, 9개월이 되면 성인의 주먹만한 크기로 커진다. 이때 뇌의 크기는 뇌세포, 즉 뉴런의 양적 증가만을 의미하는 것이 아니다. 뉴런과 뉴런을 연결하는 신경통로, 즉 시냅스가 형성되면서 뇌의 발달이 이루어진다. 태아는 8주 후부터 신생아와 비슷한 수면 주기와 수면 패턴을 보이고, 바깥에서 들리는 소음과 큰 소리, 음악 등에 대해서 반응을 보이는데, 이것이 뇌가 질적 증가를 하고 있다는 것을 보여 준다.

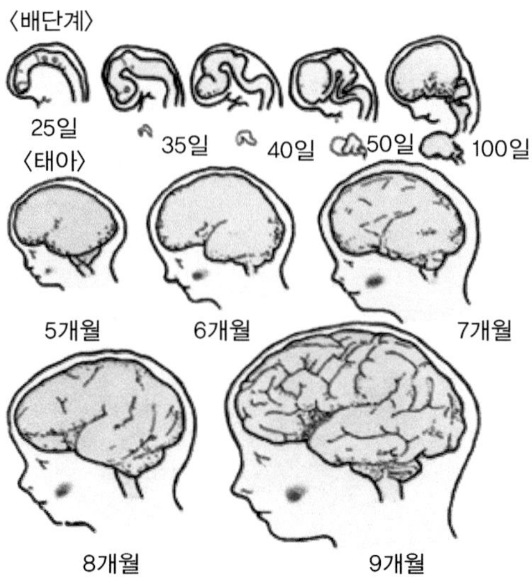

[그림 3-7] 태아의 뇌발달(http://www.4baz.com)

2) 0-12개월

아기가 막 태어났을 때 뇌의 무게는 약 350그램 정도로 어른 뇌의 무게인 약 1.4킬로그램의 1/4 정도이다. 아기가 태어날 때는 뇌세포의 15-17% 정도만 연결회로망, 즉 시냅스가 형성되어 있다. 이 상태에서 아기가 엄마의 목소리, 촉감, 다양한 소리 등의 자극을 경험하면 연결회로망이 점점 증가한다. 그래서 생후 3년 만에 뇌의 무게는 1,000그램까지 증가한다. 이는 뇌세포 수가 증가하는 것이 아니라 뇌세포 간의 연결회로망, 즉 시냅스가 증가해 뇌의 무게가 폭발적으로 늘어나는 것이다.

신생아의 뇌는 뇌세포간의 연결회로망이 만들어져 있지 않다. 생후 3개월 동안 여러 자극을 받으며 보고, 만지고, 느껴야 뇌세포간의 연결이 이루어진다. 그래서 생후 3개월 정도가 되면 서로 정보를 주고받을 만한 뇌세포끼리 시냅스를 형성한다. 생후 2세가 되면 아이는 더 많은 경험과 자극, 정보를 접하게 된다. 이때 복잡한 시냅스 연결망이 만들어지면서 뇌의 무게도 폭발적으로 증가한다(곽윤정, 2013).

생후 2세까지의 뇌발달 속도는 생애 전체 중 가장 빠르다. 즉 뇌세포간의 연결이 되는 시냅스가 일생 중 가장 빠른 속도로, 그리고 가장 많이 만들어지는 시기이다. 아이가 보고, 듣고, 체험하고, 냄새를 맡고, 맛을 보는 것과 같은 모든 경험들이 시냅스 형성에 기여한다.

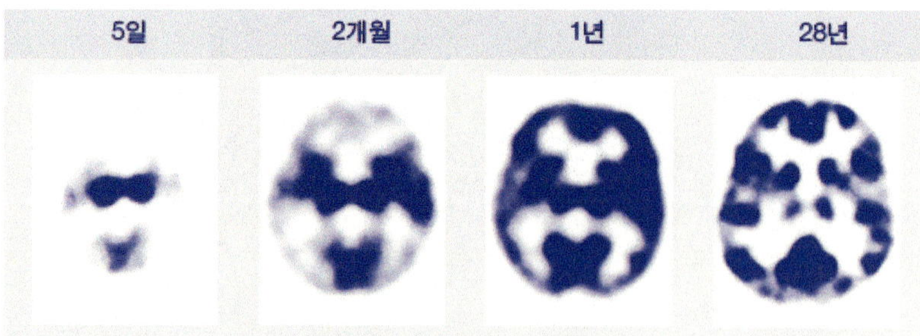

[그림 3-8] 연령별 뇌발달(Families & Work Institute, 2001)

[그림 3-8]에서 까맣게 보이는 부분이 시냅스인데 이 시냅스가 생후 2개월에서 1년 사이에 가장 많이 변화하고 증가하는 것으로 보인다. 특히 이 시기는 오감과 신체발달과 관련된 뇌세포가 활발하게 시냅스를 만드는 시기로 다양한 감각적 자극과 신체활동이 매우 중요하다. 또한 정서발달과 관련이 있는 변연계가 생후 8주부터 발달하기 시작하면서 아기들은 고통, 아픔 등을 표현할 수 있다. 따라서 생후 초기는 변연계가 건강하게 발달할 수 있는 정서 및 감정과 관련된 좋은 자극을 경험해야 하는 시기이다.

3) 1-3세

이 시기는 언어와 이차 정서발달이 이루어지는 시기로 뇌세포 간의 시냅스가 이전보다 훨씬 복잡한 그물망으로 형성되고 대뇌피질의 밀도도 높아진다.

언어는 좌측 측두엽이 담당하는데, 우측 측두엽이 음악과 관련 있는 소리나 말 속에 포함된 감정의 뉘앙스를 파악하는 기능을 담당한다면, 측두엽은 자음과 모음, 단어의 의미, 언어라는 상징과 기호를 다룬다.

생후 6개월 정도가 되면 아기들은 소리의 차이를 구별하기 시작한다. 6개월 이후가 되면 소리의 구별을 넘어서 단어를 알아차리기 시작한다. 그리고 모국어에 맞춰 뇌의 시냅스도 만들어진다. 엄마, 아빠로부터 자주 듣게 되는 모국어가 아기에게는 중요한 언어환경이 되고 뇌를 발달시키는 자극이 된다. 듣고 경험하는 자극에 따라 뇌는 새롭게 배열되고, 이러한 자극과 경험에 맞게 시냅스가 형성되는 것이다. 이 시기 동안 모국어를 지속적으로 들으면서 시간이 어느 정도 지나면 만들어진 시냅스가 견고하고 튼튼하게 자리를 잡게 되어 모국어를 들었을 때 더 효율적으로 빠르게 처리할 수 있게 된다. 반면에 자주 사용하지 않거나 경험하지 않는 시냅스들은 가지치기가 일어난다. 즉, 뇌의 효율성을 위해서 자주 쓰이지 않는 시냅스는 과감히 없애 버리고, 자주 접하고 많이 사용하는 자극에 맞게 꾸며지는 것이다(곽윤정, 2013).

이차 정서는 기쁨, 슬픔, 분노, 공포 등의 일차 정서보다 복잡하고 다면적인 성격을 지닌 정서로 질투, 당황, 창피함, 죄책감 등과 같은 정서를 말한다. 일차 정서는 선천적으로 가지고 태어나는 정서로서 배고픔, 안락함 등의 욕구와 관련이 있으며, 이차 정서는 어떤 사건으로 인해 경험하게 되는 두 개 이상의 정서가 복잡하게 섞인 상태로서 전두엽의 발달을 통해 이루어진다. 전두엽의 시냅스는 생후 1년 이후 복잡해지면서 정서발달을 이끈다.

4) 4-6세

4-6세에는 전두엽의 발달이 주를 이루게 된다. 전두엽은 사람다운 생각과 활동을 할 수 있도록 모든 기능을 담당하고 다른 대뇌피질을 진두지휘한다. 기억을 하게 하고 상황에 맞는 언어표현을 하게 하고, 사람들의 눈치를 살피게 하고, 중요한 의사결정을 제대로 하도록 도와준다.

전두엽은 우리가 무엇인가 새로운 것을 배우게 되었을 때 그것을 기억하도록 명령을 내리는 역할을 한다. 기억해야 할 것과 그냥 지나쳐도 될 내용을 선택적으로 구별하는 기능을 담당하고, 새로 익힌 정보와 이전에 배운 정보를 잘 분류해 정리해 두고 있다가 필요할 때 꺼내 쓰도록 만드는 역할을 한다(곽윤정, 2013).

전두엽이 하는 두 번째의 역할은 언어를 사용할 수 있게 하고 지능을 갖게 하는 것이다. 언어를 주로 관장하는 영역은 왼쪽 뒤에 있는 측두엽이지만 전두엽과 함께 기능해 언어를 보다 용이하게 활용하도록 하고 기억하게 한다. 왼쪽 측두엽에는 브로카 영역과 베르니케 영역이 있다. 이 두 영역은 언어라는 상징을 담당한다. 브로카 영역에서는 표현하고 싶은 생각이나 말을 언어로 드러낼 수 있도록 하고, 베르니케 영역에서는 상대의 질문과 의도에 맞게 의미를 담아서 말을 하도록 한다. 브로카 영역과 베르니케 영역에서 의미를 담아 말을 할 수 있도록 하지만 이 때도 전두엽의 도움을 받아야 한다. 전두엽이 이전에 학습한 내용을 기억하고 그 내용 중 상황에 맞는 말과 내용이 무엇인지 판단하는 기능을 하기 때문에 완벽한 언어를 구사하기 위해서는 전두엽이 함께 작용해야 한다(곽윤정, 2013).

전두엽의 세 번째 역할은 정서조절과 관리다. 뇌구조 중에서 감정이 발생되는 것은 대뇌피질 안쪽에 자리잡고 있는 변연계, 특히 편도체다. 이 곳에서 우리가 느끼는 온갖 종류의 감정들이 발생한다. 편도체에서 발생한 정서를 관리하고 통제하는 것은 전두엽이다. 감정을 그대로 드러낼지, 아니면 참고 감정을 다스릴 것인지를 고민하고 결정하는 것이 전두엽이다(곽윤정, 2013).

4. 뇌발달에 영향을 주는 환경적 요인

뇌발달은 유전과 환경적 요인에 의해 영향을 받는다. 우리가 이미 태어날 때 가지고 태어난 유전인자는 우리의 뇌가 어떻게 발달할지를 결정한다. 환경은 발달의 전반적인 방향에 영향을 줄 뿐만 아니라, 두뇌의 신경회로의 망이 어떻게 구성되는지에도 영향을 준다. 영유아기 뇌발달에 영향을 주는 환경적인 요인들은 크게 스트레스, 애착, 어머니 우울, 영양, 수면 등이 있다.

1) 스트레스

우리 몸에서는 스트레스를 받으면 코티졸이라는 스트레스 호르몬을 방출한다. 코티졸은 대사, 면역체계, 뇌발달에 영향을 준다. 코티졸은 뇌세포와 뇌세포가 연결되어 있는 시냅스를 만드는 과정을 방해한다. 시냅스가 많이 만들어져야 똑똑한 뇌가 되는데, 스트레스 호르몬이 시냅스 형성과정을 방해하는 것이다(곽윤정, 2013).

코티졸은 뉴런을 파괴하는 과정에서 두뇌를 취약하게 하고 두뇌의 어떤 부위에 있는 시냅스 수를 줄임으로써 두뇌를 바꾸어 간다. 이런 식으로 스트레스를 주는 경험이나 이상적인 경험은 신경학적 발달을 손상시키고 두뇌의 기능을 손상시킨다. 만성적으로 높은 수준의 코티졸을 분비하는 아이들은 그렇지 않은 아이들보다 더 많은 발달지체를 겪는 것으로 나타났다(Gunnar, 1996).

그러나 어떤 아이들은 다른 아이들보다 스트레스를 더 잘 견딘다. 생후 첫 해에 민감하고 따뜻한 양육을 받은 아이들은 사소한 스트레스에 반응하는 일이 더 적다. 그리고 코티졸을 분비하여 스트레스에 반응할 때마저도 훨씬 더 신속하고 효율적으로 이런 반응을 줄일 수 있다(Families & Work Institute 편, 2001).

2) 애착

애착은 아이와 양육자 사이에 형성되는 정서적 유대감을 의미하며, 애착관계 형성의 결정적 시기는 0-3세다. 영유아가 부모나 양육자와 형성하는 애착 안정성이 뇌발달에 미치는 영향을 밝히는 연구들은 대부분 스트레스 호르몬인 코티졸의 정도를 분석함으로써 이루어지고 있다(정미라 · 권정윤 · 박수경, 2011). 영아의 애착 안정성과 코티졸 반응성 간의 관계를 분석한 연구는 안정애착이 영아의 스트레스에 대한 코티졸 반응을 조절하는 것으로 보고하고 있다(Gunnar, Brodersen, Nachmias, Buss, & Rigatuso, 1996). 즉 불안정한 애착을 형성한 유아들은 코티졸 수준이 유의하게 높게 나타난다. 또 불안정한 애착을 형성한 영아들도 좌측 전두엽의 활동이 감소한 것으로 보고하였다(Dawson, 2001). 우리나라에서도 애착장애를 가진 유아들이 사회성, 언어, 정서 및 행동조절 능력, 인지발달 등 발달의 거의 모든 부분에서 문제를 보였고, 특히 이들의 뇌대사량 감소가 나타났다고 하였다(신의진, 2002). 부정적인 애착경험은 신경생물학적인 변화를 일으켜 뇌의 기능적인 변화까지 유발시킬 수 있음을 알 수 있다.

3) 어머니의 우울

어머니의 우울 또한 영아의 뇌발달에 영향을 주는 주요변인으로 연구되어 왔다. 우울증을 앓고 있는 어머니가 양육하는 영아는 인지, 사회, 정서발달은 물론 뇌 활동에도 부정적인 영향을 받는 것으로 나타났다(정미라 외, 2011). Dawson 등은 우울증을 앓고 있는 어머니가 양육하는 영아들의 대뇌활동이 감소했음을 밝혔다(Dawson, Gronfer-Klinger, Panagiotides, Hill, & Spieker, 1992). 또 어머니의 불안이나 적대감보다는 우울증이 영아들의 전두엽의 뇌파(EEG) 패턴 간에 관계가 있다는 연구결과가 있다(Dawson, Frey, Panagiotides, Osterling, & Hessel, 1997). 또 우울증을 앓는 어머니의 영아기 자녀들의 좌측 전두엽 활동이 감소되는 것으로 나타났다(Dawson, 2001). 이와 같이 어머니의 우울은 영아의 뇌 활동에 변화를 야기하고 부정적인 정서의 강도를 증가시키거나 부정적인 정서 조절을 어렵게 하는 것으로 나타났다.

4) 영양

영양과 뇌발달의 관계를 밝히는 연구에서는 아침식사의 중요성을 강조하고 있다. 연구 결과 탄수화물이 풍부한 아침식사는 정신적인 수행능력을 유지시키는데 도움이 된다고 하였다(Wesnes, Pincock, Richardson, & Hails, 2003). 비타민과 그 외 미네랄 보충물들도 학습, 기억 및 지능을 촉진한다고 알려졌다(Hutchinson, 1994). 생선류에 포함된 오메가 3지방산은 호르몬 균형과 저항력에 중요한 요소로 작용하면서 정상적인 뇌발달과 기능유지에 필수요소로 밝혀지고 있다(Richardson & Montgomery, 2005). 또한 유제품과 잎야채에 있는 칼페인은 시냅스를 청소하는 역할을 하여(Howard, 1994) 시냅스의 신경전달의 효율성을 높이며 학습을 촉진한다(Jesnen, 2005). 이 외에 수분도 뇌발달에 영향을 주는 것으로 알려져 있다(Jesnen, 2005).

5) 수면

수면에 대하여 지금까지 밝혀진 연구결과에서 가장 중요한 것은 잠을 자는 동안에도 뇌는 계속 활동을 하며, 잠을 자는 동안에 이루어지는 뇌의 활동이 건강한 뇌 상태를 유지하는데 결정적인 역할을 한다는 것이다(곽윤정, 2013). 렘(REM)수면은 잠을 자고 있는 사람의 눈동자가 빠르게 움직이고(Rapid Eye Movement) 때로는 갖가지 표정의 변화가 나타나기도 하는 수면을 말한다. 렘수면은 몸은 이완되어 있지만 뇌는 깨어 있을 때와 크게 다르지 않을 정도로 활발하게 움직이고 있는 상태이다. 인간에게 렘수면은 매우 중요하다. 학습된 정보들을 수면시간 동안 뇌에서 다시 정리하고 저장하기 때문이다. 렘수면은 학습뿐만 아니라 집중력과 정서상태에도 영향을 줄 수 있다. 렘수면 동안에 뇌는 머리 속에 들어온 온갖 정보와 자극들을 정리하면서 어느 정도 정돈상태가 된다. 이렇게 잘 정리가 되어야 다음 날 자극과 정보를 수월하게 받아들인다(곽윤정, 2013).

5. 뇌발달의 핵심원리

1) 뇌의 가소성

가소성은 물리학적 개념으로 외부의 힘을 물체에 계속 가하게 되면 그 힘을 제거해도 물체가 원래 상태로 돌아가지 않는 성질을 말한다. 이러한 개념이 인간의 뇌에도 적용된다. 우리 뇌는 약 1,000억 개의 신경세포로 이루어져 있다. 이 각각의 뇌세포는 개개의 형태로 있을 때는 특별한 능력을 발휘하지 못하다가 시냅스라는 연결망을 통해 작동이 되면 비로소 능력을 발휘한다. 뇌는 세포끼리 연결이 많이 이루어질수록 정보를 효과적으로 잘 처리한다. 이때 뇌세포간의 연결, 즉 시냅스는 외부의 자극 혹은 정보에 의해서 만들어지는데, 이러한 특성을 뇌의 가소성이라고 한다. 낱낱의 뇌세포들이 무수히 많은 시냅스를 만들어 내는 과정이 바로 가소성이며, 이 가소성을 통해 잠재력이 발현되어 능력이 되는 것이다(곽윤정, 2013).

2) 뇌발달의 민감기

뇌의 각 영역은 발달하는 최적의 시기가 존재한다. 뇌발달의 첫 번째 단계는 오감이 발달하는 단계로 0-3세까지를 말한다. 이 시기에 아이의 뇌는 폭발적으로 성장한다. 인지, 정서를 비롯해 인간의 모든 정신활동이 골고루 발달하는 시기이다.

두 번째 단계는 전두엽이 가장 활발하게 이루어지는 단계로 3-6세까지를 말한다. 전두엽은 사고, 판단, 주의집중력, 언어, 감정 등 인간의 뇌에서 일어나는 모든 기능과 작용에 적극적으로 관여한다. 도덕성과 인간성까지 담당하는 전두엽은 인간으로서 살아가는 데 필요한 지적 기능과 성품의 기초를 세우게 된다.

세 번째 단계는 언어발달의 단계로 6-12세까지를 말한다. 인간의 언어는 주로 측두엽에서 담당하는데 특히 좌측 측두엽에서는 언어라는 상징이 갖고 있는 의미를 이해시키고, 말의 형태로 표현하도록 만들어 준다. 세 번째 단계 이전까지 모국어를 학습했다면 이 단계부터는 모국어와 다른 언어를 구별하고 이해하는 능력이 급격하게 성장한다.

네 번째 단계에서는 후두엽이 발달하는 단계로 초등학교 고학년 이상의 연령이 이에 속한다. 이 시기에는 시각피질이 자리잡고 있는 후두엽이 가장 활발하게 발달한다. 이와 같이 뇌의 각 영역은 발달의 최적기가 있으므로 양육환경은 이러한 단계에 맞게 조성되어야 한다(곽윤정, 2013).

3) 뇌발달과 초기경험

태아는 출생 시 태내에서 형성된 25%의 두뇌 신경세포 회로망을 가지고 태어나 대략 10세가 될 때까지 환경적 개입으로 나머지 75%의 신경 세포망을 후천적으로 구성해 간다. 이 중 특히 출생 후 3년 동안의 영아기에 시냅스가 급속도로 증가하여 이후 7년 동안은 안정적으로 그 수준을 유지하는데 이 때의 시냅스 수는 성인의 2배이다. 이후 두뇌는 과도한 시냅스를 선택적으로 제거해 가면서 시냅스 밀도가 점차 감소하여 사춘기 후반에 이르면 전체 시냅스의 반이 사라져 성인의 수준으로 일정해진다. 어떤 시냅스가 유지되고 어떤 시냅스가 사라지게 되는지에 대한 결정에는 경험이 중요한 역할을 한다. 특정 자극이 유입되어 해당 신경 통로가 반복적으로 활성화되면 그 곳의 시냅스가 받는 화학신호의 강도가 증가하여 어떤 수준에 이르게 되었을 경우 그 시냅스는 제거되지 않고 계속하여 유지하게 된다. 반대로, 충분히 이용되지 않는 시냅스들은 사라지게 된다. 영유아들이 갖는 경험은 그들의 뇌가 성인이 되었을 때 어떤 망을 형성할 지에 영향을 미치게 된다(이경은, 2006).

4) 사고와 감정의 상호작용

과거에는 인지와 정서는 관련성을 가지지 않고 각각 독립적으로 작용하는 처리 과정으로 간주되었다. 그러나 최근 두뇌 연구들을 통해 뇌의 구조 및 기능이나 신경전달물질과 같은 화학작용의 기전들이 하나둘씩 밝혀지면서 인지와 정서는 상호작용의 연결 구도를 가진다는 과학적 근거들이 제시되고 있다(이경은, 2006).

첫째, 뇌의 구조를 살펴보면 우선 크게 신피질과 변연계는 연결되어 이루어져 있다. 신피질은 주로 이성을 담당하는 부위이고 변연계는 정서처리에 관여하는 부위이다. 조금 더 세밀히 살펴보면 청각을 제외한 모든 감각정보를 피질로 흘려보내는 기관인 시상과 정서담당의 편도, 그리고 인지과정을 담당하는 피질과 서로 밀접하게 연결되어 있다. 정서를 담당하는 편도체와 시상 사이는 한 시냅스의 거리이기 때문에 정서가 포함된 정보는 깊은 흔적을 남겨 생생한 기억을 촉진시킨다(김유미, 2002). 또한 정서 조절의 편도체는 학습과 기억을 담당하는 해마와 이웃하고 있어 기억에 직접적 영향을 준다. 스트레스를 받으면 뇌의 아래쪽 생존을 담당하는 부위들만 활성화되고 피질 부위는 거의 활성화되지 못하나 이완상태일 때는 대뇌피질이 전체적으로 활성화된다(김유미, 2002).

둘째, 신경전달물질이 관련된 생화학적인 관점에서 볼 때, 정서에 관여하는 노르에피네프린, 코티졸, 엔돌핀, 세로토닌 등과 같은 신경전달물질은 인간의 인지를 관장한다. 즉 노르에피네프린, 코티졸의 농도가 적절하게 유지되고 세로토닌과 엔돌핀이 적절하게 분비되었을 때 정서 상태가 안정되어 최적의 학습이 이루어질 수 있다.

5) 뇌발달의 메카니즘

뇌세포는 외부의 충격으로 인해 손상을 입기도 하지만 아무런 자극을 받지 못해 활성화가 되지 않는 시간이 길어지고 반복되면 스스로 퇴화해 버린다. 근육과 마찬가지로 뇌는 사용할수록 단단해지고 튼튼해진다. 뇌세포가 서로 정보를 교환하면서 더 많은 시냅스를 만들기 때문이다. 한 번의 시행으로 만들어진 시냅스는 그렇게 단단한 연결회로망은 아니다. 하지만 반복적으로 정보를 주고받고 자주 사용하면 단단해지고 견고한 상태가 되어진다. 반대로 사용하지 않으면 근육이 사라지는 것처럼 뇌세포간의 시냅스도 점차 약해지고 퇴화되어 버린다. 그리고 결국에는 뇌세포가 손상되기도 한다. 이것은 공부에 대해서만 적용되는 것이 아니라 대인관계 기술, 정서통제 및 조절능력에도 적용된다. 사람들과 원만하게 지내고 다른 사람을 이해하고 공감하는 행동들을 경험해 보지 않고 연습해 보지 않으면, 대인관계의 기술과 공감능력이 전혀 없는 사람이 될 수도 있다(곽윤정, 2013).

6. 뇌발달이론에 근거한 양육방향

뇌발달을 기반으로 유아교육에서 지향해야 할 방향은 다음과 같다.

첫째, 풍요로운 환경을 제공해야 한다. 4-12세 사이에 있는 아동의 뇌가 성인의 뇌보다 훨씬 더 많은 에너지를 소모한다는 사실에 비추어 볼 때, 이 시기가 학습고조기임을 알 수 있다(Chugani, 1998). 따라서 이 시기에는 의미를 탐색하려는 뇌의 욕구에 부응하는 경험이 제공되어야 하고, 이를 위해 교사들은 다양하고 풍요로운 경험을 제공해야 한다. 이때 교사들은 풍요로운 경험이 단순히 많은 교재·교구 및 학습활동을 부여하는 것이 아니라 유아에게 선택의 기회, 도전적 분위기 및 피드백이 있는 경험임을 명심해야 한다. 실제의 교수-학습 과정에서 풍요로움을 증가시키기 위해서는 게임, 움직임, 미술, 음악 등을 활용하는 것도 유용한 방법이 될 수 있다(Jensen, 1998).

둘째, 유아교육의 내용을 뇌발달 원리와 순서를 적용하여 재구성할 필요가 있다. 태내기부터 시작되는 뇌발달은 구조적인 측면에서 전두엽부터 측두엽, 후두엽의 순서로 발달되므로 학습도 이와 연계하여 이루어져야 한다. 이런 측면에서 뇌과학자들은 영유아에게 형식적인 학습을 서두를 필요가 없으며, 뇌발달의 자연적 성숙과 인지발달의 정도를 고려하여 학습의 적기를 파악하여 학습을 시작해야 함을 강조하고 있다(Blackmore & Frith, 2005). 따라서 뇌발달 시기와 각 시기의 특성을 고려한 적기교육과 흥미중심, 놀이중심 교육의 원리를 적용한 교육을 계획함으로써 학습의 효과를 높이기 위한 방안이 강구되어야 한다(정미라 외, 2011).

셋째, 학습자의 사회문화적인 배경을 강조하는 동시에 개별 유아의 특성을 반영하는 교육이 이루어져야 한다. 학습은 각자의 뇌에 맞는 적절한 학습전략을 수립할 때 효과적으로 이루어질 수 있다. 뇌과학자들은 뇌발달에서 뇌의 구조나 기능은 개인이 처한 고유한 문화나 환경적인 차이에 따라 다르게 변화되는 사례를 통해 인간 뇌의 보편성과 고유성을 입증하고 있다(Blakemore & Frith, 2005). 생물학적 차원에서 학습의 과정은 신경세포 간의 연결이며, 경험은 이러한 연결방식에 영향을 미쳐 정신적 행위를 일으키는 신경통로의 형성을 결정하는 것이다. 따라서 학습에서 영유아의 사회문화적인 특성을 이해하는 것이 중요하며, 이를 고려한 교육 계획이 이루어져야 한다(정미라 외, 2011).

넷째, 인지와 정서는 서로 연계되어 있으므로 유아교사는 정서적 유대관계 형성을 통한 지적 능력의 학습을 도모해야 한다. 뇌과학자들은 학습에서 정서가 미치는 영향을 고려하여 인지적 학습을 위한 정서적 유대관계 형성의 중요성을 밝히고 있다(Wolfe & Brandt, 1998). 신경정보는 뇌에 도달하기 이전에 변연계에 먼저 도달하는데, 이는 인지적 욕구를 다루기 전에 먼저 정서적 욕구가 먼저 충족되어야 한다는 것을 의미한다. 인지과정과 관계된 뇌 회로와 정서와 관련된 뇌 회로는 부분적으로 중복되며, 전전두엽에서는 정서적 정보와 인지적 정보가 수렴된다. 따라서 뇌기반 학습은 기존의 전통적 학습이론이 개념의 이해와 기억에 중점을 두는 것과는 달리 정서와 동기, 능동적 의미학습과 다양하고 풍부한 경험을 강조해야 한다. 학습의 효율성을 높이기 위해서는 인지적 기능만을 강조하는 교수-학습 접근은 한계가 있으므로 개인의 특성에 기초하되 정서를 매개로 학습자의 흥미-동기, 사회적 상호작용을 중시하는 학습이 되어야 한다. 즉, 학습자의 부정적 정서를 최소화하고 긍정적 정서를 유발하는 학습환경을 조성함으로써 학습자의 인지적 기능을 극대화해야 한다(정미라 외, 2011).

참고 문헌

강경미, 구광현, 백경숙(2005). 아동발달. 서울: 대왕사.

곽윤정(2013). 내아이를 위한 두뇌발달 보고서. 서울: 지식너머.

김유미(2002). 두뇌를 알고 가르치자. 서울: 학지사.

______(2006). 뇌발달 접근에서 본 유아교육의 방향. 유아교육연구, 26(4), 31-49.

신의진(2002). 유아기의 부적절한 양육이 두뇌 발달에 미치는 효과: 애착장애 아동의 두뇌양전자 방출단층촬영 및 자기공명영상 소견을 중심으로. 한국과학재단연구보고서.

이경은(2006). 뇌과학에 기초한 영아기 경험의 중요성에 대한 고찰 및 교육적 시사점. 중앙대학교 사회개발대학원 석사학위논문.

정미라, 권정윤, 박수경(2011). 영유아 관련 뇌 기반 연구에 대한 고찰. 유아교육연구, 31(2), 207-231.

조형숙, 박은주, 강현경, 김태인, 배정호(2013). 유아발달. 서울: 학지사.

Berk, L. E.(2000). Child Development(5th ed.). Boston, MA: Allyn & Bacon.

Blakemore, S. J., & Frith, U.(2005). The learning brain; Lesson for education. Developmental Science, 89(6), 459-471.

Chugani, R. J.(1998). A critical period of brain development: studies of cerebral glucose utilization with PET. Prev Med. 27, 184-188.

Daniel, G. M.(2010). 뇌는 알고 있다 (김승환 역). 서울: 부키(원저출판 2006).

David Cohen(2004). 마음의 비밀(원재길 역). 경기: 문학동네(원저출판 1996).

Dawson, G,, Ashman, S. B., Hessel, D., Spieker, S., Frey, K., & et al.(2001). Automatic and brain electrical activity in securely – and insecurely – attached infants of depressed mothers. Infant Behavior & Development, 24, 135-149.

Dawson, G,, Gronfer-Klinger, L., Panagiotides, H., Hill, D., & Spieker, S.(1992). Frotal lobe activity and affective behavior of infants of mothers with depressive symptom, Child Development, 70(5), 1058-1066.

Dawson, G., Frey, K., Panagiotides, H., Osterling, J., & Hessel, D.(1997). Infants of depressed mothers exhibits atypical frontal brain activity: A replication and extention of previous findings. Journal of Child Psychology & Psychiatry, 38,

179-186.

Families & Work Institute 편(2001). 유아의 두뇌발달 (곽노의, 김유미 역). 경기: 양서원 (원저출판 2000).

Gunnar, M. R.(1996). Quality of care and the buffering of stress psychology: Its potential in protecting the developing human brain. University of Minnesota Institute of Child Development.

Gunnar, M. R., Brodersen, L., Nachmias, M., Buss, K,, & Rigatuso, J.(1996). Stress reactivity attachment security. Development Psychobiology, 29, 191-204.

Hanson, R., & Medius, R.(2010). 붓다 브레인(장주영, 장현갑 역). 서울: 출광출판사(원저출판).

Howard, P.(1994). Owner's manual for the brain. Austin, TX: Leomian Press.

Hutchinson, M.(1994). Megabrain power. New York: Hyperion Books.

Jesen, E.(1998). Teaching with the brain in mind. Verginia: ASCD.

_______(2005). Teaching with the brain in mind(2nd ed.). Alexandria, VA: Association for Supervision and Curricurum Development.

Richardson, A. J., & Montgomery, P.(2005). The Oxford-Durham study: A randomized controlled trial of dietary supplementation with fatty acids in children with Developmental Co-cordination Disoder. Pediatrics, 115(5), 1360-1366.

Shore, R.(1997). Rethinking the brain : new insights into early development. New York: Families and Work Institute.

Wesnes, K. A., Pincock, C., Richardson, G. H., & Hails, S.(2003). Breakfast reduces declines in attention and memory over the morning in school children. Appetite, 41(3), 329-331.

Wolfe, P. & Brandt, R.(1998). What do we know from brain research? Educational Leadership, 56(3), 8-13.

http://www.4baz.com

Streetlight's Blog: Naver Blog

제4장

성숙주의이론

1. 성숙주의이론의 개념
2. 홀의 발달론
3. 게젤의 성숙론
4. 성숙주의이론의 시사점

1. 성숙주의이론의 개념

성숙주의이론에서는 인간발달의 과정이 유전적으로 결정되어져 있다고 설명한다. 즉, 인간은 태어날 때부터 발달의 유전적 청사진이 이미 존재한다는 것이다. 따라서 성숙주의이론은 인간발달의 보편성에 관심을 두고, 유아 자신의 유전적 시간표에 따라 발달하도록 돕는 양육 환경을 제공할 것을 강조한다.

성숙주의이론에서는 환경 속의 여러 상황이 과정에 영향을 줄 수는 있으나 이런 것들이 발달을 초래하지는 않는다고 보고 있다. 따라서 유아들간의 발달 속도에 차이가 나타나는 것은 유전적으로 다르기 때문이며 이 이론에서는 유아마다 성숙 속도가 다르다고 보았다. 또한 행동에서의 차이는 주변에서 흥미있는 놀잇감이 많고 적은 데서 오는 경험의 차이 때문이 아니라 유전 형질의 차이 때문이라고 본다.

유전적 성숙주의 견해는 읽기 학습도 말하기나 걷기와 같은 방법으로 습득된다고 본다. 따라서 읽기 준비가 안된 유아는 신체적으로나 정신적으로 미성숙하기 때문이라고 생각한다. 즉, 어느 정도의 지각적, 운동적, 지적 성숙이 이루어져야 학습이 이루어진다고 보고, 경험은 학습에 별로 영향을 주지 못하며 성숙이 이루어지기 전에 갖는 경험은 실제 학습에 해를 끼칠 수도 있다고 본다.

유전적 성숙주의이론에서는 학습 준비가 되었을 때 학습을 증진시키는 방법에 대해서 특별한 제안을 하지 않고 있다. 이 견해에서는 유아가 어떤 것을 학습할 준비가 되었을 때 그것을 학습하는 방법도 터득하고 있으리라고 가정한다. 유전적 성숙주의이론에서는 학습 동기는 성숙적 준비도 수준과 조화를 이루어진다고 본다. 즉, 유아가 어떤 것을 학습할 준비가 되었을 때 유아는 그것을 학습하고 싶은 욕망을 느낀다는 것이다. 따라서 학습의 제시 시기는 유아의 성숙 수준이 특정한 학습의 준비도에 이르렀을 때라고 본다.

2. 홀의 발달론

Granville S. Hall

Hall(G. S. Hall, 1844-1924)은 미국 최초의 심리학 박사이며, 1892년 미국심리학회를 창설하여 초대회장을 역임한 20세기 초 가장 영향력 있는 미국의 심리학자이다. Hall은 독자적인 아동심리학을 발전시키고 과학적인 아동연구 방법으로 질문지법을 최초로 고안하였다. 아동연구 운동을 주도하면서 아동에 대한 과학적인 이해를 토대로 교육과정의 구성을 주장하였다. Hall은 Darwin의 생물학적 진화론의 개념을 인간 발달의 연구에 적용하여, 인간의 모든 발달은 유전적 요인에 의해 결정된다고 보았다.

Hall은 인류의 발전 과정이 야만사회에서 문명사회로 발달하였듯이 개인의 발달 또한 유아기로부터 청년기를 거쳐 성인이 된다고 보았으며, 인간 발달 단계를 다음의 4단계로 구분하여 설명하였다(정옥분, 2003).

- **유아기**(출생 후-4세) : 유아가 기어다니는 것은 인간 종족이 네 발을 사용하던 무렵의 동물적 단계를 반복하는 것이다. 이 시기에 유아는 감각발달이 우세하며 자기보존에 필요한 감각운동 기술을 습득하게 된다.
- **아동기**(4-8세) : 고기잡이와 사냥이 주요활동이던 시대를 반영한다. 이 시기에 아동은 숨바꼭질이나 총놀이, 활쏘기 놀이를 한다.
- **전 청년기**(8-12세) : 수천 년 전 미개사회의 단조로운 삶을 반영한다. 이 시기에 아동은 읽기, 쓰기, 셈하기 등의 일상적인 훈련과 연습을 하게 된다.
- **청년기**(사춘기-25세) : 이 시기를 '질풍노도의 시기'라고 하였으며, 청년기가 혼란스러운 것은 인간의 진화 과정에서 과도기적 단계를 반영하기 때문이라고 생각했

다. 즉, 아동도 아니고 성인도 아닌 모호한 위치에서 청년은 자아의식과 현실 적응 사이에서 갈등을 경험하게 되고, 이로 인한 긴장과 혼란이 이 시기를 질풍 노도의 시기로 만든다는 것이다. 그러나 청년기는 보다 높은 수준의, 그리고 보다 완전한 인간 특성이 새로이 탄생하는 시기로서 현대문명 사회를 반영하는 청년 후기가 되면 성숙기에 도달하게 된다.

3. 게젤의 성숙론

Arnold L. Gesell

Gesell(A. Gesell, 1880-1961)은 미국 위스콘신의 알마에서 태어났으며, 메사추세츠 주의 클라크(Clark)대학에서 심리학을 공부하여 1906년에 심리학 박사학위를 취득하였다. Gesell은 거기에서 반복발생설에 관심을 가졌던 스탠리 홀의 영향을 받았다. Gesell은 예일(Yale)대학에서 의학도 연구하여 1915년 박사학위를 받았으며 1911년 예일대학의 아동발달 연구기관인 예일 클리닉(Yale Clinic)의 소장으로 일하면서 연구원들과 함께 발달심리학에 많은 업적을 남겼다. Gesell은 퇴직 후에는 게젤 아동발달연구소를 설립하여 연구활동에 몰두하였다.

Gesell은 영유아의 발달은 유전적으로 프로그램화된 내적인 생물학적 시간표에 따라 이루어진다고 보는 사전 결정론의 입장을 취하면서 인간의 모든 성장의 기본 방향은 배아(embryo)처럼 사전에 이미 결정된 성숙틀을 누구나 가지고 있어 그에 따른다는 배아모형을 제안하였다(이명조, 2008). 즉, 예정된 발달론을 주장하였다. 성숙은 보편적 발달순서가 있으며 유아는 자기 수준에 맞도록 조절하는 자기 규제력이 있다는 것이다.

Gesell은 유아 자신의 속도에 맞는 발달을 허용해야 한다고 믿었다. 유아들은 자연스럽게 일정한 성장단계에 도달하면 단계에 맞는 행동을 할 수 있기 때문에 부모들은 유아의 자연스러운 성장과정을 지켜보고 이해하며 기다려 주어야 한다는 것이다.

Gesell은 성숙이론의 주요 개념으로 성숙, 학습 준비도 등을 제시하였고 객관적이고 체계적인 연구를 통해서 이러한 개념들을 과학적으로 입증하였다. Gesell은 아동이 환경보다는 성숙에 의해 성장한다는 발달의 예정론을 주장하였다. Gesell 이론에서 '성숙'은 발달 과정을 방향짓는 가장 중요한 기제이다. 성숙의 과정은 인간의 생이 시작하는 수정의 순간부터 예정된 발달의 순서에 따라 진행된다.

Gesell은 아동의 행동발달을 단계로 나누어 설명하였다. 아동이 발달하는 과정을 보면 미숙한 반응(불균형 상태)을 보이다가 시간이 흘러 아동이 성숙해지면서 성숙한 반응(균형 상태)이 나타난다. 미숙한 반응과 성숙한 반응은 반복적으로 나타나는데, 성숙 상태에서 다시 미숙한 상태로 갈 때는 이전의 미숙한 행동을 그대로 반복하는 것이 아니라 이전에는 성숙되지 않았던 부분이 성숙되어 미성숙의 정도가 향상된다. 즉 미숙한 행동에서 성숙한 행동의 방향으로 반복적으로 발달이 진행된다.

아동이 불균형 상태일 때는 미숙한 반응과 행동이 나타나며, 균형 상태일 때는 성숙한 반응과 행동을 나타낸다. 일반적으로 아동이 미숙한 상태, 즉 불균형 상태일 때는 다루기가 힘들므로 간섭하지 않고 아동 스스로 자발적이고 자연스럽게 그 상태를 지나가도록 허용하는 것이 좋은 훈육방법이다. 즉 아동이 자아통제와 자기훈육을 통해 균형 상태로 전환하여 스스로 행동을 수정할 수 있도록 성인은 인내하고 허용적인 태도를 취하는 것이 좋다(유효순, 1998).

성숙주의에서는 학습 준비도를 강조하는데, 학습 준비도란 유아에게 무엇을 가르치기 위해서는 유아가 성숙될 때까지 기다려야 한다는 학습의 시기에 관한 개념이다. 유아가 배울 준비가 되어 있지 않다고 여겨지면 유아가 준비를 할 때까지

기다려야 한다는 것이다. 즉, 인간의 내부에는 발달과 성숙을 위한 내적인 성장 시간표가 있어 이에 따라 신체적, 정서적, 사회적 성장을 이루며, 이를 교육이나 다른 인위적 방법으로 앞당기거나 늦추려 하는 것은 의미가 없다고 보았다. 이러한 의미에서 Gesell은 연령별 표준행동목록(normative data)의 준거를 제공하여 유아의 신체적, 정서적, 지적 발달에 대한 성숙 정도를 객관적으로 파악할 수 있게 하였다. 표준행동목록은 모든 성장영역과 문화적 상황에서 보편적인 행동발달 변화와 기본적인 유사성을 나타낸다. Gesell은 표준행동목록(normative data)을 제시함으로써 성인이 유아의 발달에 지나친 기대를 하거나 유아의 발달 수준을 넘어서는 성취를 강요하지 말 것을 경고하였다. 표준행동목록은 Gesell이 오랜 기간 유아의 행동관찰과 부모면담을 통해 유아가 각 연령별로 할 수 있는 것과 할 수 없는 것을 밝혀내어 연령별 유아 행동의 표준이 되는 목록을 만든 것이다. 즉, 표준행동목록은 인간 발달의 규칙성과 보편성을 보여주는 것이다.

Gesell과 Thompson은 쌍생아가 생후 46주가 되었을 때 한 아이에게 계단 오르기 연습을 6주간 시켰다. 그 결과 이 아이는 계단을 오르는데 26초가 소요되었다. 반면에 계단 오르기를 연습하지 않은 아이는 계단을 오르는데 49초가 걸렸다. 그러나 계단 오르기 훈련을 시키지 않았던 아이에게 그 후 2주간 연습을 시켰더니 처음에 연습을 시켰던 아이보다 훨씬 빠른 10초 정도에 오를 수 있게 되었으며, 처음에 연습을 한 아이는 이 사이에 진보를 거의 보이지 않았다고 보고하였다. 이러한 결과는 연습이란 적절한 성숙상태의 준비가 없으면 비효과적임을 시사하는 것이다(김영옥 · 백혜리 · 최미숙 · 황윤세, 2009).

그러나 Gesell의 성숙이론은 발달에 관해 개인의 유전적 요인을 지나치게 강조하고 있으며 표준행동목록의 규준이 획일적이라는 비판을 받고 있다. 또한 어떤 연령에서도 있을 수 있는 변이에 대해서 아무런 설명도 제시해 주지 않은 점과 규준이 미국 중류 가정의 유아들을 대상으로 하였기 때문에 다른 문화배경을 가진 유아에게까지 적용하는 데에는 한계가 있다는 점이 지적되고 있다. 더불어 Gesell

은 환경이 단순히 내적 유형화를 유지하는 것 이상의 큰 역할을 유아발달에 미칠 수 있다는 점을 간과했다는 비판을 받고 있다.

4. 성숙주의이론의 시사점

위에서 살펴본 바와 같이 성숙주의이론은 인간의 성장 및 발달의 가능성에 대한 믿음에서 출발하며 유아가 새로운 것을 배울 수 있는 준비가 되었을 때 적절한 환경을 구성해 주고 활동을 제공해 주어야 한다고 본다. 성숙이론은 부모나 교사들이 미리 설계해 놓은 틀에 유아들을 맞추려고 강요해서는 안 되며, 유아들이 성장의 기본적인 힘을 표현할 때 거기에서 나오는 단서에 따라야 한다고 주장한다. 유아의 성장과 발달은 외부로부터 의도적인 자극이나 훈련보다는 타고난 내재적인 힘이나 유전적인 구조에 바탕을 두고 이루어진다. 따라서 성인은 유아의 발달을 돕기 위해서 개입을 최소화하고 유아가 발달적 준비가 되어 있을 때 발달수준에 적합한 활동을 제공하여 스스로 선택할 수 있도록 해야 한다. 즉, 유아의 현재 능력에 알맞은 경험과 발달에 적합한 교육 실제를 제공하여 유아의 흥미와 욕구에 따라야 한다는 것이다.

성숙주의이론의 교육적 시사점은 성숙주의는 인간의 성장 및 발달의 가능성에 대한 믿음에서 출발하며 유아가 새로운 것을 배울 수 있는 준비가 되었을 때 적절한 환경을 구성해 주고 활동을 제공해 주어야 한다고 본다. 또한 성숙주의는 인간의 성장 및 발달에 대하여 내적인 성장 시간표와 학습 준비도를 강조한다. 따라서 교육을 통해 유아가 보다 빨리 성장하도록 기대하고 재촉하는 것이 아니라 스스로 성장할 기회를 주는 것이 바람직하다는 관점을 제시한다. 즉, 성장과 활동의 주도

권은 유아 자신에게 있다고 본다. 성숙주의자들에게 있어서 '가르친다는 것'의 의미는 유아가 갖고 있는 본질적인 욕구와 흥미를 반영하여 편안하고 허용적인 환경을 제공해 주는 것이다(지옥정 외, 2013).

참고 문헌

강문희, 김매희, 유정은(2007). 아동발달론. 경기: 공동체.

김영옥, 백혜리, 최미숙, 황윤세(2009). 아동발달론. 경기: 공동체.

심성경, 김경의, 이효숙, 변길희, 박유미, 박주희(2010). 아동발달. 서울: 학지사.

유효순(1998). 아동발달. 서울: 창지사.

이명조(2008). 영유아발달과 교육. 경기: 양서원.

정옥분(2003). 아동발달의 이론. 서울: 학지사.

지옥정, 김수영, 정정희, 고미애, 조혜진(2013). 유아교육개론. 서울: 창지사.

제5장

정신분석이론

1. 프로이드의 심리성적 발달이론
2. 에릭슨의 심리사회적 발달이론

1. 프로이드의 심리성적 발달이론

Sigmund Freud

정신분석이론은 인간의 행동을 마음과 성격에 의해 이해하고자 하는 이론으로 인간의 성격발달에 대해 깊은 관심을 두고 있다(김영옥 외, 2009). Freud의 이론은 성격발달 단계에서 성적 욕구를 강조했기 때문에 심리성적 발달이론(psychosexual developmental theory)이라 하고, Erikson은 성적 욕구가 해결되는 사회문화적 환경을 중시하였기 때문에 심리사회적 발달이론(psychosocial developmental theory)이라 한다(이경님, 2014). 정신분석이론은 아동의 초기 경험이 아동발달에 중요한 영향을 미친다고 보아 부모의 양육태도와 성격발달의 밀접한 연관성을 강조하고 있다.

Freud(1856-1939)의 이론은 많은 비판에도 불구하고 성격 발달에 관한 근본적인 가설을 제공하였으며, 무의식의 영역을 개척했다는 점에서 심리학 발달에 크게 기여하였다. 그의 성격발달이론 특징은 첫째로 '성격 발달'의 최초 모형을 제시했다는 것이고, 둘째로 유아기까지 기본적 성격의 골격이 형성된다는 것이며, 셋째로는 부모와의 관계가 아동의 성격발달에 결정적 영향을 미침을 지적한 점에서 아동발달과 육아의 이해에 크게 기여하였다. 즉, Freud는 아동의 첫 생애 몇 해 동안 부모가 아동의 공격적이고 성적인 욕구를 잘 조절하는 것이 아동의 건강한 성격발달에 결정적인 요인이라 본다(Berk, 2008).

1) 기본 개념

(1) 의식 수준

Freud에 의하면 인간을 성욕과 공격성에 의해 움직이는 존재이며 충동적이고 비이성적이며, 때로는 자신도 의식하지 못하는 무의식적 동기에 영향을 받는 존재로 보았다. 그는 기본 개념으로 인간의 정신세계를 빙산에 비유하여 물 위에 떠 있는 작은 부분을 '의식(consciousness)', 물 표면에 나타났다 잠겼다하는 부분을 '전의식(preconsciousness)', 물 속에 잠겨 있는 가장 큰 부분을 '무의식(unconsciousness)'으로 구분하여 설명하였다(심성경, 2013).

첫째, 의식은 자신의 능력으로 떠오를 수 있고 현재 지각하고 있는 행위나 생각, 감정들을 의미한다.

둘째, 전의식은 이용 가능한 기억으로 주의를 집중하고 노력하면 알 수 있는 정신작용이며 자신의 힘으로 지배 가능한 영역이다.

셋째, 무의식은 인간행동의 동기로 작용되며, 개인이 자신의 힘으로 떠올릴 수 없는 생각이나 감정, 혹은 충동들이 억압되어 있다. 성욕이나 공격성과 같은 원시적인 동기는 무의식 속에 있다. 이러한 무의식의 내적 갈등을 전의식에서 의식으로 끌어올려 통찰하여 그 갈등을 해결하는 과정이 정신분석이다.

(2) 성격 구조

Freud는 인간의 성격의 구조를 원초아(id), 자아(ego), 초자아(superego)로 나누었다(이경님, 2014).

첫째, 원초아는 무의식을 구성하는 핵심요소로서 쾌락의 원리에 따라 움직인다. 생득적인 것으로 기본적인 생물적 반사, 충동, 본능을 포함하며 생후 18개월까지 영아의 행동을 지배한다. 쾌락은 긴장감소를 의미하는 것이다. 예를 들어 아기의 배고픔은 긴장을 초래하며 이는 즉시 울음이나 신체활동으로 표현된다. 어머니에 의해 배고픔이 충족되면 긴장이 감소되고 영아는 만족하게 된다. 원초아의 긴장 해소를 위한 방법, 즉 고통을 피하고 쾌락을 추구하기 방법은 재채기, 눈깜박임 같은 반사작용을 포함해서 영상을 떠올려 긴장을 해소하는 방법도 포함된다. 원초아는 즉시 만족되어야 하기 때문에 충동적, 원시적이며 현실과 타협하지 않는 일차적 과정이다(이형득, 1987).

둘째, 자아는 현실과 타협하고 현실을 인식하는 현실 원리에 따라 움직인다. 즉 현실에 적응하는 기능의 주체로 본능적 욕구와 현실에서의 갈등 상황을 타협하고자 할 때 발생한다(심성경, 2013). 생후 18개월에서 2세 사이에 원초아의 정신적 에너지가 변형되어 출현한다. 자아는 마음 속의 것과 외계의 것을 구분할 줄 알기 때문에 현실의 원리에 근거하여 행동한다. 즉 영아는 성장하면서 자신의 욕구가 현실 상황에 따라 만족될 수도 있고 그렇지 않을 수도 있다는 것을 알게 되므로 현실과 타협을 통해 욕구 만족을 지연할 수 있게 된다. 이와 같은 현실적 사고 과정을 이차적인 과정이라 부른다. 자아는 원욕과 초자아 사이에서 현실적으로 조절하는 역할을 하므로 건강한 성격의 요소가 된다(Crain, 2000).

셋째, 초자아는 도덕적이고 윤리적인 측면의 성격으로서 쾌락보다 완전함을 추구하는 기능의 주체이며, 현실보다는 이상을 대표한다(심성경, 2013). 초자아는 3-6세 경 부모에 의한 동일시에 의해 발달된다. 초자아는 양심과 자아이상으로 구성되는데 양심은 부모의 처벌에 의해 자아이상은 부모의 칭찬에 의해 영향을 받게 된다. 초자아는 옳고 그름을 판단하며, 해야 될 것과 하지 않아야 될 것을 결정하게 된다. 따라서 초자아는 성격의 도덕적 영역을 담당하는 역할을 하게 된다(Santrock, 2005).

이 세 가지 성격 구조 중 어느 것이 우세하냐에 따라 성격 특성이 결정된다. 원초아가 지배적이면 본능적 욕구를 통제하지 못하고 사회적 윤리에도 별다른 관심을 보이지 않게 되고, 자아가 우세하면 현실적인 사람이 되고, 초자아가 강하면 도덕적인 사람이 된다. 자아가 성격의 집행자로서 원초아와 초자아를 적절히 중재하여 3가지 성격 구조가 조화를 이를 건강한 성격이 발달한다(한유미, 2014).

본능적인 욕구를 추구하는 원초아와 이를 억제하려는 초자아 간에는 긴장상태가 발생한다. 이때 자아가 본능적인 욕구와 이상적인 욕구를 현실적인 측면에서 제대로 중재하지 못하면 인간은 갈등을 겪게 된다. 이러한 갈등은 인간에게 불안한 마음을 갖게 하고, 이를 억제하고 방어하기 위해 방어기제를 사용하게 된다. 방어

기제는 갈등 상황을 피하거나 스트레스 불안, 좌절로부터 자신을 보호하기 위해 사용되는 기제이다.

2) 심리성적 발달 단계

Freud에 의하면 개인의 성격은 영유아기의 여러 가지 경험에 의해 형성되며, 생후 6년까지 기본 골격이 형성되고 그 이후에는 마무리 단계에 지나지 않는다 하였다. 그는 성적인 본능을 가장 중요한 본능으로 보고 성적 본능 에너지를 리비도(libido)라고 가정하고, 리비도가 어디에 위치하느냐에 따라 욕구충족의 정도에 따라 성격 특성이 달라질 수 있으며 인간의 성격은 5세경에 거의 완성된다고 보았다(심성경, 2013). 각 단계마다 출현하는 욕구가 충분한 만족을 얻지 못하거나 과다하게 충족되면 고착현상이 나타난다.

Freud의 심리성적 발달 단계는 다음과 같다.

(1) 구강기(oral stage, 출생-1세경)

생후 18개월까지의 기간으로 이때 리비도가 입과 혀, 입술 등 구강으로 집중하므로 영아가 생리적 쾌감을 얻는 주 기관은 입과 그 주위가 된다. 원초아가 행동을 지배하고 모든 만족의 근원은 먹는 것이다. 아기는 구강적 만족감을 위해 젖을 빨고 음식을 씹는 것으로 성적인 욕구를 충족시킨다. 이 시기에 구강적 욕구가 결핍되거나 과잉 충족되면 다음 발달 단계로 이행하지 못하고 이 시기에 고착되면 손가락 빨기, 과식, 수다떨기, 손톱 깨물기 등 구강적 성격을 지니게 된다. 즉 구강 공격적 성격은 신랄한 논쟁과 비판을 좋아하고 구강 수동적 성격은 낙천적 성격, 수동적이고 미성숙하여 남에게 잘 속는다(이경님, 2014).

(2) 항문기(anal stage, 2-3세경)

이 시기는 리비도가 항문으로 옮겨가는 시기로 대변을 보유했다가 배설하는 쾌감을 통해 리비도의 만족을 얻는 시기이다. 이 시기에 배변훈련을 하면서 본능적 충동을 외부로부터 통제받게 된다. 이 시기에 원초아와 자아의 지배하에 현실적인 방법으로 절충을 통해 만족을 추구한다. 배변훈련의 경험은 영유아의 성격형성에 영향을 주는데 너무 강압적이거나 방임적이면 고착현상이 일어나 항문기적 성격을 지니게 된다. 즉 항문 강박적 성격은 고집이 세고 소극적이며 청결과 질서 정리 정돈에 집착한다. 또한 항문 폭발적 성격은 폭력적, 공격적이며 잔인한 성격을 들 수 있고, 낭비가 심할 수 있다(이경님, 2014).

(3) 남근기(phallic stage, 4-6세)

이 시기는 리비도가 성기에 집중되어 성기의 자극을 통해 쾌감을 느끼는 시기이다. 이 시기의 유아들은 자신이나 다른 성의 성기에 호기심을 보인다. Freud는 남근기에 가장 중요한 현상을 오이디푸스 콤플렉스(Oedipus complex)와 엘렉트라 콤플렉스(Electra complex)로 보았다. 즉 동성의 부모에 대해 질투를 느끼면서 이성의 부모에 대해 성적인 애정과 접근을 시도한다.

오이디푸스 콤플렉스는 남아에게 나타나는데 남아는 어머니를 성적 애착의 대상자로 원하나 가장 큰 경쟁자인 아버지가 어머니를 좋아하기에 아버지를 질투하고 미워하지만 아버지가 자신을 사랑한다는 것을 알고 갈등한다. 어머니에 대한 애정의 경쟁 상대인 아버지에게 적대감을 느낄 뿐만 아니라 자신의 성기를 제거할 것이라는 거세불안까지 상상한다. 그리하여 남아는 어머니에 대한 성적 욕망을 무의식적으로 억압하고, 아버지를 동일시하는 것으로 심리적 갈등을 해결하고 초자아가 발달된다. 이러한 과정에서 남아는 아버지의 도덕적 가치체계를 내면화하고 양심과 남성적 역할을 습득하여 자아이상을 발달시킨다.

엘렉트라 콤플렉스는 이러한 심리적 현상이 여아에게 나타나는 것으로 이 시기에 여아는 남근을 부러워하는 남근선망이 생기고 사랑의 대상으로 아버지를 원하나 어머니에 의해 좌절되기에 자신의 어머니를 동일시하려고 한다. 동일시를 통해 자신의 심리적 갈등을 해결함과 동시에 초자아가 발달하여 여성적 역할을 학습한다.

남근기에 고착된 남아는 경솔하고 과장이 심하며 야심이 강하고, 여아는 난잡하며 유혹적이다(심성경, 2013).

(4) 잠복기(latent stage, 6-12세)

이 시기에는 공격성과 성적 본능이 특정 부위에 집중되지 못하고 잠복된다. 이 시기의 리비도의 지향 대상은 동성의 친구로 동일시의 대상도 주로 친구가 되며 이전의 성적 에너지는 부모의 애정의 발달과 동성친구와의 강한 유대, 지적 호기심, 운동 등에 집중된다. 이 시기에 동성간의 우정에 고착되면 생식기에 가서도 분리되지 못하고 동성애로 발전할 수 있다, 잠복기의 아동은 사회적, 도덕적 가치를 습득하게 되고 초자아가 발달하게 된다(심성경, 2013).

(5) 생식기(genital stage, 12세 이후)

사춘기에 접어들면서 생식기관이 발달되고 2차성징이 발현된다. 이 시기에 리비도는 다시 성기에 초점을 맞추며 성적 에너지가 동성친구에게 집중되었던 것이 점차적으로 이성으로 대상이 옮겨진다. 이 전의 원초아, 자아, 초자아 간의 균형이 깨지면서 다시 갈등과 혼란을 겪게 된다. 이 때 자아는 억압과 같은 방어기제를 통해 쾌락에 의존하는 원초적 기능을 제어하고, 합리화나 퇴행 등의 방어기제를 통해 초자아적 기능을 조절함으로써 이러한 갈등에 대처한다. 이 시기의 이성에 대한 성적 욕구는 심미적 활동, 예를 들어 독서, 사회봉사활동, 친사회적 활동 등 사회에서 기대되는 활동을 통하여 승화시킬 수 있다. 그러나 성적 에너지가 해소되지 못하면 자아와 초자아 간에 심각한 위기에 처하게 되어 부적절한 발달로 발전되어 문제행동, 우울 등의 부적응으로 나타나기도 한다.

3) 교육적 시사점 및 평가

Freud의 이론은 인생 초기 경험의 중요성, 특히 부모-자녀 관계를 중요시하여 부모의 역할과 자녀양육에 대한 관심을 새롭게 조명하였다. 또한 부모-자녀 간의 애착, 형제관계, 공격성, 도덕성, 성 역할 등 발달에 대한 연구를 활발하게 하는데 큰 역할을 하였다(Berk, 2012). 그리고 무의식의 영역을 개척하였고, 성격발달에 관한 기본적 가설을 세운 것에 대해 정신 의학과 심리학에 크게 기여하였다.

그러나 Freud의 성격발달이론은 성적인 욕구를 지나치게 강조하여 특히 인간을 성욕과 과거의 경험에 의해 지배되는 수동적이고 소극적인 존재로 보았다는 점에서 비판을 받는다.

또한 오이디푸스 콤플렉스, 엘렉트라 콤플렉스 등 여성의 열등감에 대한 그의 편견은 비교문화 연구 결과 등에서 그 보편성을 증명하지 못했다. 그리고 그의 개념과 가설들이 신경증 상대의 성인환자의 임상적 자료를 근거하여 구축하였기에 정상인이나 아동의 발달을 설명하는 데 무리가 있다고 보았다(홍순옥 외, 2013).

2. 에릭슨의 심리사회적 발달이론

Erikson(1902-1994)은 Freud의 영향을 받아 그의 정신분석이론을 기초로 하여 성격발달이론을 제시하였다, 그러나 Freud가 성적 요인을 강조한 반면 Erikson은 사회적 요인, 또래관계를 포함한 인간관계에서 상호작용의 중요성을 더 강조하였기 때문에 그의 이론을 심리사회적 발달이론이라고 한다(심성경, 2013). Erikson은 원초아의 본능적 힘보다 자아의 기능을 더 중요시하며, 건강한 자아와 자아정체감을 더 강조하였다. 즉 의식적 자아의 성장에 관심을 가졌다. 각 단계에서 인간은 개인적 욕구나 사회적 욕구의 통합을 필요로 하는 특별한 문제에 직면하게 되는 심리적 위기를 설명하고 있다. 각 발달단계는 중요한 사회적 대행자(social agent)가 있으며, 이들에 의해 사회적 요구가 주어지게 된다. 영유아기에는 부모가, 학령기에는 교사가 또래집단, 이웃 등이, 청소년기에는 친구나 역할 모델이, 성인기에는 연인이나 배우자가 주요 사회적 대행자라고 할 수 있다(이경희, 2000).

Erik H. Erikson

1) 발달 단계

Erikson은 개인이 하나의 특별한 발달 단계에서 심리사회적 위기에 적절하게 대처하는 방법에서 나타나는 태도, 혹은 일반적 감정 등을 심리사회적 감각이라고 하며, 일생을 8단계로 나누어 유형별로 설명하였다. 즉 성격발달이 이루어지는 사회적 환경을 아주 중요시 여겼기 때문에 심리사회적 이론이라 하였고, 생을 8단계로 나누어 각 단계마다 겪게 되는 위기를 성공적으로 해결하면 건강한 자아가, 그렇지 못하면 부정적 자아의 성격이 발달된다고 보았다. 또한 한 단계의 해결은 다음 단계의 과제를 처리하는 기초가 된다(Kaplan, 1998)고 하였다. 심리사회적 발달 단계는 다음과 같다.

(1) 1단계: 기본적 신뢰감 대 불신감(0–18개월)

생후 18개월까지이며, 영아는 자신을 돌봐 주는 주양육자와 사회적 관계를 맺게 되는데 그들의 양육방식이나 태도에 의해 아기의 신뢰감이나 불신감 발달이 결정된다(김미영, 2013). 즉 영아는 양육자와의 관계에서 따뜻하고 반응적인 양육과 같이 기본적인 욕구가 일관성 있게 충족되면 이 세상은 좋은 곳이라는 신뢰감과 확신을 갖게 된다. 이렇게 기본적인 신뢰감이 형성되면 세상에 대한 예측성이 희망이라는 것을 알게 되며 인생을 살아가는데 가장 먼저 터득해야 하는 것이다(홍순옥 외, 2013). 그러나 기본적인 욕구가 좌절되거나 일관성 없는 양육자의 보살핌은 불신감을 발달시킨다. 양육자에 대한 신뢰와 불신은 세상에 대한 믿음과 불신으로 발전할 수 있으며 영아가 성장한 후 평생 영향을 줄 수 있다.

[그림 5-1] 신뢰감과 불신감의 발달

(2) 2단계: 자율성 대 수치심 및 회의감(18개월-3세)

18개월에서 3세 사이의 영아는 놀이와 일상생활에서 외부환경에 대하여 자신의 능력을 시험하고자 한다. 즉 이 시기의 영아는 새로운 운동 기술 등을 사용하여 스스로 선택하거나 결정하기를 원한다. 이 과정에서 영아가 양육자로부터 적절한 격려를 받거나 성공을 경험하게 되면 자율성을 발달시키고, 양육자에 의해 제지받거나 실패를 경험하게 되면 자신에 대한 수치심을 발달시키게 된다. 따라서 이 시기에는 영아가 적절한 성취감을 획득할 수 있도록 양육자의 지지와 배려가 특히 필요하다(이경님, 2013). 이 시기의 쟁점은 자율적이고 창의적이 되느냐 아니면 의존적이고 자기회의 가득한 부끄러운 사람이 되느냐 하는 것이다. 이 시기의 영아는 다른 사람들에게 여전히 의존하고 있지만 자신의 자유로운 선택의 자율성도 경험하기 시작한다. 따라서 떼쓰기나 완강한 거부 등이 나타나지만 이 시기의 중요한 과업은 자기통제이다. 그 중 배변훈련과 같은 배설기능의 통제가 중요하다. 영아는 자신의 행동을 통제할수 있는 정도를 스스로 발견하는 과업이 요구된다.

따라서 영아에게 스스로 탐색할 기회가 주어지고 독립심이 조장되면 자율감이 형성되고 그런 기회가 주어지지 않고 지나친 사랑과 과잉보호를 받게 되면 세상에 효과적으로 대처할 자신의 능력에 회의를 느끼고 수치심을 갖게 된다.

(3) 3단계: 주도성 대 죄책감(3-6세)

이 단계는 3세에서 6세까지로 Freud의 남근기에 해당되며, 이 시기의 유아는 행동 범위로 확대되고 확실하게 자기주장도 하게 된다. 자신의 행동을 스스로 계획하고 목표를 수행하는 능력을 갖게 되며 유아가 의도한 바를 성공적으로 실행되면 주도성을 형성한다. 좌절되면 지나친 죄의식을 발달시키게 된다. 이 단계에서 경험하는 심리사회적 갈등은 주도성 대 죄책감이다. 이 시기에 부모나 교사가 유아 스스로 활동을 하도록 격려한다면 주도성이 발달하지만 부모 또는 교사의 지나친 통제로 유아가 스스로 과제를 완수할 수 있는 기회를 박탈하였을 경우에 자신감을 잃을 뿐 아니라 죄책감을 갖게 된다.

이 시기에 터득해야 하는 것은 목적의식이다. 주도성을 발달시키는 과정에서 목표를 설정하는 것이 보이고 목적에 따라 활동하는 경향이 늘어나며 독립된 인격체로 살아갈 수 있다. 이 시기에 자신의 신체에 대한 탐색, 성기에 대한 호기심 등으로 처벌을 받거나 비난을 받게 되면 죄책감이 발달하고 주체적인 행동을 방해한다(홍순옥 외, 2013).

(4) 4단계: 근면성 대 열등감(6-11세)

이 단계는 6-11세 시기로 Erikson은 자아성장의 결정적 시기로 보았다. 이 시기는 역동적이고 활동적인 시기로 가정을 벗어나 사회에 의해 조직적인 학교생활을 통해 지적 능력과 그 사회에서 요구하는 규범과 행동양식을 익힘으로써 근면성 발달의 결정적 시기이다. 이 시기에 학교생활이나 친구관계에서 순조롭게 적응하고 학습이 잘 이루어지면 만족감을 느끼고 근면성을 형성하지만 학교생활에서 부모나 교사로부터 자신의 일을 인정받지 못하거나 무능감이 생기면 열등감을 발달시킬 수 있다(이경님, 2013).

이 시기에는 부모나 교사가 학업에만 관심을 갖지 말고 아동의 잠재력을 키워주며 격려하는 태도와 성실히 학습할 수 있는 환경과 성취감 및 유능감을 획득할 수 있는 발달 수준에 적합한 과제의 부여가 필요하며 또래관계도 중요하다.

(5) 5단계: 자아정체감 대 역할 혼미(12-18세)

이 단계는 13세경부터 사춘기에 이르는 시기로 급속한 성적 성숙이나 새로운 사회적 압력과 요구에 대응해야 한다. 청소년은 이 시기를 통해서 자신이 하고 싶고 되고 싶은 자아와 자신에게 적합한 성적 역할에 대해 재통합하게 된다(김미영, 2013).

청소년들의 새로운 과제는 자아정체감의 확립에 있다. 그러기에 청소년들은 '나는 누구인가'라는 의문과 함께 고민하고 자신과 현실에 대해 정확히 의식하면 자신의 역할, 능력, 직업선택, 가치관에 대해 정체감을 가지게 된다. 그러나 자신의 정체감에 대해 고민한 적이 없거나 방황하여 문제를 해결하지 못하면 정체감을 확립하지 못해 역할 혼미에 빠지게 된다. 자아정체감의 확립은 성인기 이후의 안정된 삶과 적응의 기초가 된다. Erikson은 이 시기를 1단계인 구강기와 함께 인간발달에서 가장 중요한 시기로 보았다(이경님, 2014).

(6) 6단계: 친밀감 대 고립감(성인 초기)

성인 초기에 해당되는 시기로 타인과 자신의 정체성을 통합하여 친밀감을 나눌 수 있는 관계를 형성하는 것이다. 진정한 친밀감은 합리적인 자아정체감이 형성되었을 때에만 가능하며 이는 우정과 사랑 모두에서 필요하다(김미영, 2013). 이 단계에서 이성이나 동성에 대해 배려하고 이타적 행동을 보인다면 친밀감을 발달시키게 된다. 이러한 친밀감은 자신의 이익과 관계없는 상대방에 대한 순수한 사랑을 의미하고 친밀감은 사랑과 결혼으로 나타난다. 진정한 정체감 형성은 성인기의 적절한 친밀감의 발달을 통해 이루어진다. 그러나 대인관계에서 단절되거나 자신의 이익이 우선인 대인관계는 고립감을 낳게 한다.

(7) 7단계: 생산성 대 자기 침체성(성인 중기)

이 시기의 주요 발달 과제는 친밀감을 가진 두 남녀가 다음 세대에 관심을 가지고 그들의 친밀감을 확대시켜 생산성을 획득하는 것이다. 일이나 직업 관계에서도 건설적으로 되어 자녀를 출산하고 키우고, 자신의 일에 창의적인 성취나 업적을 통해 생산성을 발휘하며 사회적으로는 후세대를 양성하는데 노력을 기울인다. 자신이 가지고 있는 것을 타인이나 사회와 나누지 못할 때 침체감에 빠지게 된다(이경님, 2014).

(8) 8단계: 자기통합감 대 절망감(노년기)

성인기 후기인 마지막 단계는 신체적 노쇠, 직업에서의 은퇴, 배우자의 죽음 등으로 인생에 대해 무력감을 느낄 수 있게 하면서 한편으로는 자신의 존재에 대해 성공과 실패를 받아들임으로써 도달하게 되는 자아통합의 단계로 설명될 수 있다(김미영, 2013). 반면, 후회하며 통탄하고 자신의 삶을 공허하다고 느끼게 되면 절망감에 빠진다고 하였다.

표 5-1 심리사회적 발달 단계

단계/연령	심리사회적 발달 위기	주요 사건	중요 관계	심리사회적 양식	덕목	부적응	내용
1단계 (0–18개월)	신뢰감 대 불신감	수유	어머니	받고: 주고	희망	감각왜곡–거부	반응적이고 따뜻한 양육자에 의해 기본적 욕구가 충족되면 신뢰감이 형성된다.
2단계 (18개월–3세)	자율성 대 수치감	배변 훈련	부모	보유: 배설	의지	충동성–강박	배변, 식사, 걷기, 탐색, 말하기 등을 스스로 할 수 있으면 자율성이 발달하고, 그렇지 못하면 수치심이나 회의감이 초래된다.
3단계 (3–6세)	주도성 대 죄책감	탐색	가족	창조: 시도	목적	냉혹–억제	목적 있고, 책임 있는 사회화된 행동에 참여할 수 있을 때 주도성이 발달하고, 그렇지 못하면 죄책감이 발달한다.
4단계 (6–12세)	근면성 대 열등감	학교	이웃, 학교	솔선적 시도: 협력적 시도	유능성	좁은 안목–무능	새로운 인지적, 신체적 기술을 숙달하는데 에너지를 쏟을 때 근면성이 극대화되며 그렇지 못할 때 열등감이 발달한다.
5단계 (13–19세)	정체감 대 역할 혼미	친구관계	또래 집단	자아확인: 상호작용	소속감	광신–거절	청소년은 '나는 누구인가?'라는 질문에 답을 구하려고 애쓰며, 성적, 정치적, 직업적 정체성을 확립하려고 하며, 이에 실패하면 정체감 혼란에 빠진다.
6단계 (20–24세, 성인 초기)	친밀감 대 고립감	애정관계	이성, 친구	양보: 자아 발견	사랑	난잡–배타적	성인 초기에는 타인과의 사랑과 동반자 의식을 추구함으로써 친밀감을 발달시킨다. 거절당할까 두려워서 이를 포기하면 고립감을 느끼게 된다.
7단계 (25–64세, 성인 중기)	생산성 대 침체성	직업과 자녀 양육	배우자, 동료	출산: 양육	배려	과대확장–거부	중년기에는 의미있는 직업이나 창조적인 활동, 가족부양 등을 통해 다음 세대에 기여한다. 그렇지 못하면 침체감에 빠진다.
8단계 (65세–죽음)	자아통합감 대 절망감	인생에 대한 회고	인류	실존확인: 현실수용	지혜	무례–절망	자신의 삶을 돌이켜 보고 긍정적인 평가를 하는 노인은 통합감을 가지며, 그렇지 못한 경우는 목표 달성을 못했다고 후회하고 절망감을 경험한다.

2) 교육적 시사점 및 평가

Erikson은 Freud의 이론을 기초하여 확장시키면서 정신분석이론의 신뢰도와 적용가능을 증가시켰다. Erikson에 의하면 발달은 정상적인 성인이 전 생애에 걸쳐 이루어진다고 보고, 인간발달의 8단계를 통해 자아발달 과정을 다루어 인간이 관계 속에서 발달하는 과정을 설명하는데 기여하였다(문혁준 외, 창지사).

Erikson은 Freud 이론에서 심리성적 단계에 대해 심리사회적 단계를, 생물학적 영향에 대해 문화적 영향을, 자아방어에 대해 자아정체감을, 비정상적인 연구대상 대신에 정상적인 연구대상을, 특정한 문화적 시각에 대해 비교문화적 시각을, 아동기에 대한 성인의 회상 대신에 아동에 대한 관찰을, 그리고 아동발달에 성인발달을 첨가시켰다(Miller, 2011).

그러나 Erikson의 연구방법에 대한 부분은 비판의 대상이 되고 있다. 발달 단계 설정의 근거가 부족하고 각 단계가 그 다음 단계로 어떻게 전환되는지에 대한 설명이 모호하다는 점이다. 또한 Freud와 마찬가지로 인간의 초기경험을 중요시하면서 인간을 수동적이고 비판적으로 본 측면이 있다.

참고 문헌

김연진, 이경화, 김지혜(2014). 영아발달. 서울: 태영출판사.
김영옥, 백혜리, 최미숙, 황윤세(2009). 아동발달론. 경기: 공동체.
심성경(2013). 영아발달. 경기: 공동체.
이경님(2014). 영아발달. 동아대출판부.
이경희(2000). 아동발달과 부모교육. 경기: 교문사.
한유미(2014). 영아발달. 서울: 창지사.
홍순옥, 박순호, 김인순(2013). 영아발달. 경기: 양서원.

Berk, L. E.(2008). Infants and children(6th Ed.). Ma: Addison-Wesley.
Crain, W.(1992). Theories of Development: Concepts and Application. Pearson.
Santrock, J. W.(2005). 아동발달 심리학(Child development). 곽금주, 정윤경, 김민화, 박성혜. 송현주 역. 서울: 박학사.

제6장

행동주의이론

1. 파블로프의 고전적 조건형성이론
2. 왓슨의 행동주의이론
3. 스키너의 조작적 조건형성이론
4. 반두라의 사회학습이론

1. 파블로프의 고전적 조건형성이론

Ivan P. Pavlov

정신분석이론은 인간행동의 원천을 무의식적 동기와 욕구에 있다고 보는 관점이고, 행동주의이론은 관찰 또는 측정이 가능하고 기록할 수 있는 인간의 행동을 보는 관점이다. 행동주의 이론에 따르면 인간은 외부 환경의 자극에 반응하는 수동적인 존재이므로 인간의 발달은 환경의 영향에 의해 결정된다는 것이다. 발달은 학습에 의해 이루어지며 학습의 법칙이나 원리에 따라 진행된다고 한다. 학습에 의해 나타나는 결과가 바로 행동의 변화이고 이것이 발달이라는 것이다. 인간의 행동은 외부 환경에 의해 형성된다는 것을 전제로 학습화되는 과정을 강조한다. 학습이론은 행동주의에 바탕을 둔 이론이다. 행동주의 이론에 기초를 두고 있는 대표적인 학습이론에는 고전적 조건화와 조작적 조건화가 있고 사회학습이론이 있다. 행동주의와 사회학습이론을 대표하는 이론가들은 고전적 조건화이론을 전개한 Pavlov를 시작으로 하여 Watson, Skinner, Bandura 등이 있다.

고전적 조건형성이론(classical conditioning theory)은 러시아의 생리학자인 Pavlov가 제시한 이론이다. 그는 자극과 반응 간의 관계를 최초로 연구하였다. 개의 타액분비에 관한 연구를 하였는데 개가 입 안에 실제 음식이 들어가기 전에 침을 분비한다는 것을 발견했다. 이는 음식을 주기 직전 종소리를 들려주는 반복된 절차를 통해 음식이 없이도 종소리만 듣고도 침을 흘린 것이다. 조건 자극인 종소리와 조건반사인 침의 분비 사이의 연합을 조건화 또는 학습이라고 하며, 개는 종소리만 듣고도 침을 분비하는 것을 학습한 것이다. 이러한 학습은 반응적 조건화(respondent conditioning)라고 한다.

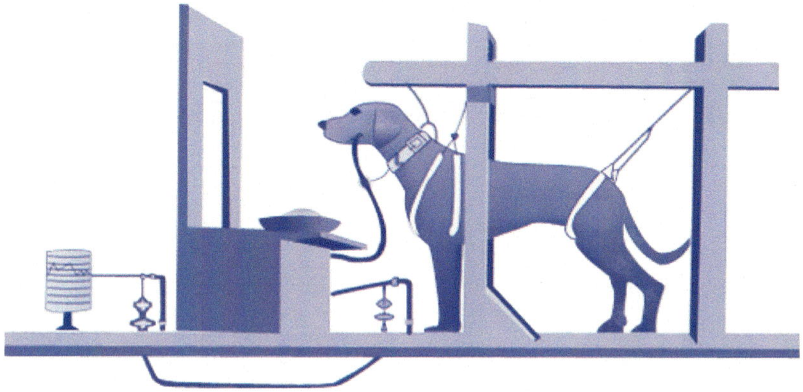

[그림 6-1] Pavlov의 타액분비 조건형성에 관한 실험장치
출처: Rice, 1998, 김미영, 2010: 193 재인용

1) 주요 개념

음식물로 인해 침을 분비하는 것은 무조건 반사이고, 타액을 분비하는 것과 전혀 관계가 없는 어떤 조건을 주어 그에 대해 타액을 분비하게 하는 과정을 고전적 조건형성이라 한다. 이 실험에서 조건자극(CS)이 무조건 자극(US)보다 먼저 주어진다. 즉 Pavlov는 개에게 음식물을 주기 직전에 먼저 종소리를 들려주었다. 처음에는 종소리가 개에게 아무런 영향을 주지 못한다.

고전적 조건형성은 일정한 자극에 의해서 선천적으로 유발되는 반응을 그것과 아무런 관계가 없는 중립자극과 연결시킴으로써 그 중립자극이 조건자극으로 변화되어 조건반응을 일으키게 한다는 것이다. 이러한 조건자극으로 인하여 일어나는 조건반응은 주어진 자극에 대한 새로운 반응으로써 학습된 반응이다.

(1) 무조건 자극(US: Unconditional Stimulus)

- 무조건 반응을 불러일으키는 자극
- 개가 침을 흘리도록 원인을 제공하는 음식물

(2) 무조건 반응(UR: Unconditional Response)

- 선천적이고 영구적인 반응
- 음식물이 입 속에 들어오면 자동적으로 침을 흘리는 반응

(3) 중립자극(NS: Neutral Stimulus)

- 중성자극, 무조건 반응을 불러일으키지 못하는 자극
- 처음에 들려주는 종소리

(4) 조건자극(CS: Conditional Stimulus)

- 조건형성 이후에 중성자극이 반응을 일으키면 이 중성자극이 바로 조건자극
- 종소리와 음식물을 연결하면 종소리만 듣고도 침을 흘리게 되는데 이때 종소리가 조건자극

(5) 조건반응(CR: Conditional Response)

- 조건자극에 나타나는 반응
- 종소리에 침을 흘리는 반응

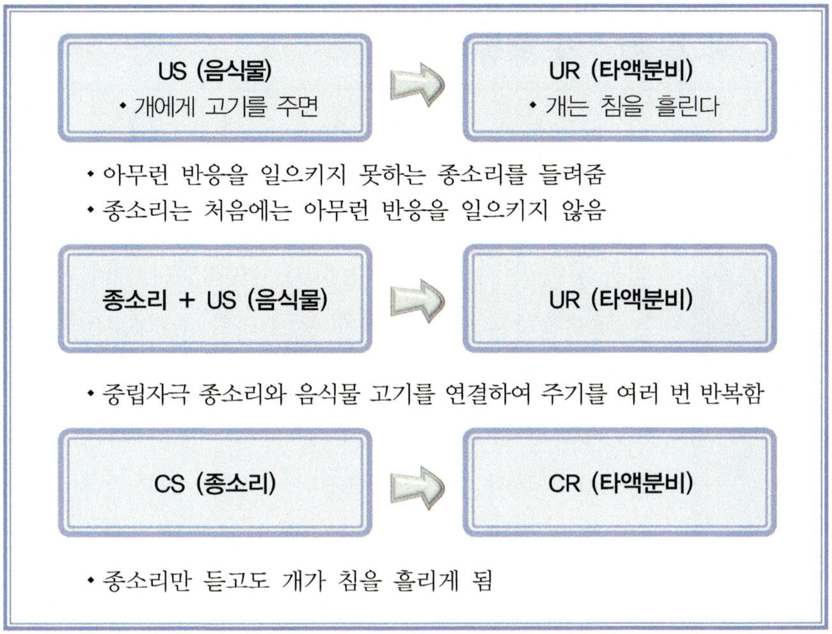

[그림 6-2] 고전적 조건형성 실험

2) 교육적 시사점 및 평가

Pavlov는 현대 학습이론의 아버지라 불리우며 소화생리학자로 자극과 반응 간의 관계를 최초로 연구한 학자이다. 인간의 감정이나 행동은 후천적인 조건형성의 결과로 보기 때문에 선천적인 반응에만 초점을 두는 고전적 조건형성에는 한계가 있다. 동물을 대상으로 한 Pavlov의 고전적 조건화를 유아의 정서 연구에 적용시킨 사람은 Watson이다. 이 이론의 한계점으로는 실험 상황에서 동물을 대상으로 한 연구결과를 인간의 행동에 동일하게 적용하였다는 점에서 비인간적이며, 실험실 내에서 이루어진 행동변화를 일반화하기가 어렵다는 것에 이론의 한계가 있다.

2. 왓슨의 행동주의이론

John B. Watson

Watson은 Pavlov의 동물을 대상으로 한 고전적 조건화 실험을 유아 정서연구에 적용하여 실험하였다. 어린 유아가 전에는 무서워하지 않았던 쥐를 큰 소리와 조건화시킴으로써 쥐를 무서워하게 되는 것을 보여 주었다. 그는 11개월이 된 자신의 아들 Albert가 놀이용 쥐에게 다가갈 때마다 쇠막대기를 두드림으로써 무서움을 조장하였다. 전에는 쥐를 무서워하지 않던 Albert는 그러한 상황을 몇 번 경험한 후 쥐를 보기만 해도 울기 시작하였다. 연구의 윤리적 문제가 제기되기는 했지만 그와 같은 실험을 반복하자 토끼, 모피코트, 흰 털이 달린 사물 등을 보고서도 놀라게 되었다. 이 실험을 통해 인간이 가지는 두려움, 분노, 사랑 등의 정서 역시 조건화에 의해 학습된다고 하였다(Crain, 1992). 이와 같이 고전적 조건화의 학습은 의식적인 통제가 불가능한 반사행동, 정서반응, 내장운동에서 나타난다는 것이다. 인간의 학습, 즉 발달을 이러한 측면에서만 설명한 고전적 조건화는 발달이 학습과 동일함을 보여준 것이다.

Watson의 실용적인 업적 중 하나는 조건 형성된 정서를 탈조건화하는 방법으로 토끼에 대한 공포반응을 제거한 예를 들 수 있다. 높은 의자에 앉아 간식을 먹고 있는 토끼를 무서워하는 아이에게 토끼장에 있는 토끼를 멀리서 보여주었다. 그 후 아이가 두려움을 약간만 느낄 정도의 거리에 토끼를 두었으며, 아이가 너무 두려워하지 않도록 주의하면서 이를 반복한 결과 마침내 아이는 한 손으로 과자를 먹으면서 다른 손으로 토끼와 놀 수 있게 되었다(조성연 외, 2006).

1) 주요 개념

Watson은 출생 직후에는 학습되지 않은 세 가지 정서반응—공포, 분노, 사랑—만이 있다고 하였다. 이 세 가지 조건자극과 정서반응에서 서로 다른 신체반응을 관찰할 수 있다(강봉규 외, 2006).

(1) 공포

Watson에 따르면 공포반응을 일으키는 대부분의 자극은 학습된 것이라는 것이다. 공포를 일으키는 무조건 자극으로 갑작스런 소음과 신체를 지탱하는 힘을 상실할 때(아기의 머리가 갑자기 뒤로 젖혀지는 경우처럼)를 들고 있다. 좀 더 나이든 아동들은 낯선 사람, 쥐, 개, 어둠 등과 같은 다양한 종류의 것들도 무서워하게 되고, 공포를 느낀 아동은 갑자기 움찔거리거나 깜짝 놀라고 숨을 가쁘게 쉬며, 주먹을 꽉 쥐고, 눈을 꽉 감거나 뒹굴고 우는 등의 행동을 한다는 것이다.

(2) 분노

분노는 처음부터 학습된 것이 아니라 신체적인 움직임을 하지 못하게 할 경우에 보이는 반응이다. 예를 들면, 2세 된 영아를 붙들어서 가고 싶은 곳으로 못하게 하면, 그 아이는 소리를 지르고 몸을 경직시킬 것이다. 길 한가운데서 막대기처럼 뻣뻣하게 주저앉아 버틴 채 얼굴이 새파랗게 질릴 때까지 고함지른다. 처음에는 분노를 일으킨 한 상황, 즉 강제로 붙잡혀 있는 것에 대한 반응이었지만 나중에는 다른 여러 상황에서도 분노를 나타내게 된다는 것이다. 영유아가 하기 싫어하는 어떤 행동들을 요구할 때, 즉 세수를 하라거나 변기에 앉으라거나 옷을 벗으라거나 목욕을 하라는 등의 말을 들었을 때 화를 내게 된다는 것이다. 이와 같은 명령들은 그러한 상황과 신체적 구속 사이에 연결이 되기 때문에 분노를 일으키게 된다.

(3) 사랑

사랑이란 쓰다듬어 주거나 가볍게 흔들거나 톡톡 건드림으로써 자동적으로 일어나는 반응이다. 이 때 영유아는 미소짓거나 소리내어 웃거나 즐거운 소리를 내는 등 다정하고 유순하며 보기에 좋은 유쾌한 반응들을 한다. 영유아는 처음에는 어떤 특정인에게 애정을 느끼지 않지만 곧 애정을 느끼도록 조건형성이 된다. 엄마의 얼굴은 아기에게 사랑을 전해 주는 행동과 함께 나타나기 때문에 엄마의 얼굴은 그 자체로서 엄마에 대한 좋은 감정을 일으키게 하는 조건자극이 된다. 후에는 어떤 식으로건 엄마와 연결된 사람들이면 모두 이와 같은 반응을 일으키게 된다. 그러므로 타인에 대한 부드럽거나 긍정적인 감정은 2차 조건형성을 통해 학습되어지는 것이다.

2) 교육적 시사점 및 평가

정신분석이론이 주목받던 시기에 아동 연구에 영향을 준 또 다른 관점은 Locke의 백지설에 영향받은 행동주의였다. 미국의 행동주의는 Watson에 의해 창시되었으며, 그는 심리학이 객관적인 과학이 되려면 보이지 않는 정신보다는 자극과 반응 같은 직접 관찰 가능한 것을 연구해야 한다고 주장하였다. 행동주의에 따르면 발달은 개체의 내적인 힘이 아닌 외적인 힘, 즉 다양한 환경에 의해 일어나므로 아동은 환경에 비해 상대적으로 수동적 위치를 차지한다는 것이다. 또한 아동발달이 양적인 것이며 누적적이고 연속적인 특성을 갖는다는 것이다. 이와 같은 Watson의 입장은 Pavlov의 동물 학습에 관한 연구에 자극받은 것이었다.

Watson 이후 행동주의는 여러 학자들의 연구를 통해 심리학의 대표적인 이론 중 하나로 발전하였다. 이 이론은 학습상태가 이루어지는 방법인 조건반사를 이용하여 과학적으로 설명함으로써 이후 학습이론의 발전에 중요한 기초를 제공하였다. 그러나 아동의 발달이 전적으로 조건형성에 의해 이루어질 수 있다는 극단적인 환경주의적 입장을 주장하여 반감을 일으키기도 하였으며 인간을 기계처럼 개념화 한다는 점도 많은 비판을 받았다.

3. 스키너의 조작적 조건형성이론

Skinner는 고전적 조건형성이론을 수용하여 조작적 조건형성이론(operant conditioning theory)으로 발전시켰다. 그는 인간의 행동이 반응행동보다는 조작행동에 의해 더 많이 좌우된다고 보았다. 인간의 행동이 그 행동의 결과에 의해 변화된다고 보고, 환경을 조작하여 행동의 반응을 일으킬 수 있다고 하였다. 모든 행동이 환경에서 주어지는 단서와 행동 결과의 상호관계에 대한 분석으로 이해될 수 있다는 이론이다.

Burrhus F. Skinner

[그림 6-3] Skinner 상자

출처: 서봉연 외, 1983 재인용

Skinner는 조건형성의 원리를 설명하기 위해 "스키너 상자"를 만들어 실험을 하였는데 쥐가 지렛대를 누르는 행위는 먹이가 나오기 때문인 것으로 보고 보상(강화물)이 행동을 조작한다고 하였다. 먹이를 받아먹을 수 있는 긍정적 결과를 여러 번 반복하게 되면 쥐는 점차 지렛대 누르기와 먹이와의 관계를 학습하게 된다. 이러한 과정을 통해 쥐는 지렛대를 누르는 행동을 학습하게 되는 것이다. 이러한 실험을 통해 인간은 스스로 어떤 행동을 하고 그 행동의 결과가 긍정적일 때, 그와 같은 행동이 나타날 확률이 높아진다는 것이다. 즉 보상이 주어지거나 긍정적인 강화를 받게 되면 그 행동은 반복되어 나타나고, 강화되지 않거나 처벌받은 행동은 다시 발생할 확률이 줄어든다.

1) 주요 개념

(1) 조작적 행동

조작적 행동은 제시되는 자극없이 자발적으로 방출되는 반응으로 원래의 환경을 조작하여 어떤 결과를 낳게 하는 행동이다. 즉 조작적 조건화에 의해 습득된 행동을 말한다. 강화를 받는 행동은 지속적으로 유지되고 강화를 받지 못하는 행동은 소멸되는데 이처럼 강화에 의해 조작적 행동이 조건화되는 것이다. 조작적 조건화는 학습하는 사람으로 하여금 어떤 행동패턴을 발달하게 한다(강문희 외, 2007; 김영옥 외, 2009).

(2) 강화

강화는 한 행동에 뒤따르는 자극이 그 행동을 다시 일으킬 가능성 또는 확률을 증가시키는 것으로 행동재현의 가능성을 높인다. 강화는 의도하는 행동의 빈도를 증가시키기 위해 강화를 활용한다. 강화에는 정적 강화와 부적 강화, 일차 강화와 이차 강화가 있다.

정적 강화는 반응 후 반응확률을 증가시키는 자극이다. 즉 아동이 원하는 자극을 제시하는 것으로 아동이 바람직한 행동을 했을 때 그 아동이 원하는 선물을 주거나 칭찬을 하는 것이다. 부적 강화는 반응확률을 높이기 위해 아동이 싫어하는 자극이나 대상을 제거시켜 주는 것이다. 부적 강화는 행동 후에 싫어하는 혐오자극, 꾸중, 잔소리, 청소, 전기충격 등을 제거해 줌으로써 행동의 확률을 증가시키려는 것이다(김영옥 외, 2009).

일차 강화는 생리적 욕구를 감소시키는 것, 자연적인 강화 속성, 무조건적이고 학습이 필요없는 것을 일차 강화라 하고, 이 때 사용되는 것(예, 음식, 물)을 일차 강화물(강화요인)이라 한다. 이차 강화는 생리적 욕구를 감소시키지 않는다. 학습이 필요한 사회적 강화로 이 때 사용되는 것(예, 부모의 미소나 칭찬, 주의를 기울여주는 것, 돈, 관심, 칭찬, 애정 등)을 이차 강화물이라고 한다(강문희 외, 2007).

(3) 벌

벌은 바람직하지 않은 행동을 감소시키기 위한 행동통제 기법이다. 바람직하지 않은 행동 뒤에 불쾌한 자극을 주거나 특권을 박탈하여 그 행동을 억제시키고자 하는 것이다(김영옥 외, 2009).

(4) 행동형성

행동형성은 목표가 되는 복잡한 행동이나 기술을 학습시키는 것이다. 행동형성의 과정은 이미 일어나고 있는 행동 중 목표로 삼고 있는 바람직한 행동에 가까운 행동을 찾아내는 데서 시작하여 의도하는 행동에 점차적으로 강화를 함으로써 목표행동을 형성할 수 있도록 만들어 가는 것이다(김영옥 외, 2009).

2) 교육적 시사점 및 평가

Skinner는 인간의 행동에는 고전적 조건형성으로 설명되는 음식물의 타액 분비나 큰 소리에 놀라는 반응과 같은 수동적이고 기계적인 반응행동만 있는 것이 아니라 능동적 존재인 유기체가 자발적으로 행동을 일으키기 위한 조작 행동도 가능하다고 주장하였다. 그러므로 조작적 조건형성에서는 자극이 반응을 유도한다는 고전적 조건형성과는 달리 자극이 주어지기 전에 먼저 반응이 일어나야 한다는 것을 강조한다. 즉 고전적 조건형성에서는 자극의 반응에 선행하였으나 조작적 조건에서는 반응이 자극에 선행한다(김미영, 2012). 조작적 조건형성의 학습이론은 아동발달에서 단계를 설정하지 않는 이론으로 기본원리는 인간 대부분의 행동은 자극과 반응 간의 관계를 학습한 결과로 설명한다.

이 이론은 영유아교육 프로그램에 광범위하게 적용되고 있다. 영유아는 계속적인 반복, 연습 및 모방을 통해 학습자에게 강화나 보상을 줄 때 학습을 잘하게 된다는 것이다(김미영, 2010). 학습이론에서 강화와 모델링은 유아의 바람직하지 못한 행동을 제거하고 사회적으로 수용되는 바람직한 행동으로 형성시키는 주요 기제이다. 이러한 원리는 아동의 행동형성 및 문제행동 수정을 위한 교육 프로그램에 지대한 영향을 미쳤다. 또한 외현적 행동의 즉각적인 원인에 대한 학습이론의 강조는 중요한 임상적 통찰과 실제적 적용을 가져왔다. 조작적 조건형성의 원리는 동물사육사들이 동물에게 사람이 원하는 어떤 행동을 형성시키는 데에도 사용되고 있다.

그러나 이 이론은 다음 몇 가지 한계점을 지니고 있다. 첫째, 동물실험에서 얻어진 원리를 인간에게 적용함에 따라 고전적 조건화이론은 반사반응과 같은 단순한 행위는 설명할 수 있으나 인간의 복잡한 행위는 설명할 수 없다는 점이다. 둘째, 인간을 보는 관점이 적극적이고 주도적인 존재가 아니라 환경에 의해 통제되는 소극적 존재로 보고 있다는 점이다. 발달에 있어서 환경을 강조한 나머지 생물학적인 영향을 무시한 것이다. 셋째, 학습이론은 아동을 환경적 자극에 단순히 반응하는 피동적인 존재로 보고 아동의 사고나 정서발달을 간과한다는 점이 비판을 받고 있다(김영옥 외, 2009).

Skinner 이론은 고전적 조건형성의 한계를 극복하고 학습이론의 범위를 상당히 넓혔다는 평가를 받고 있다. 또한 조작적 조건형성의 원리를 이용한 행동수정기법은 아동의 문제행동을 수정하고 바람직한 행동을 학습시키는데 유용하게 활용되고 있다.

4. 반두라의 사회학습이론

Bandura의 사회학습이론은 인간이 강화나 처벌 없이도 타인의 행동을 관찰하고 모방함으로써 행동, 사고, 감정을 학습한다고 보는 관점이다. 학습은 보상과 벌에 의해 이루어진다는 행동주의이론과 달리, 인간의 행동변화는 환경을 선택하는 인간의 내적 동기와 관련되어 있어 아동 자신이 모델의 행동을 관찰하여 이를 모방함으로써 이루어진다는 것이다. 이 이론은 관찰학습 또는 모방학습이라고도 말한다(Bandura & Walters, 1963).

Albert Bandura

사회학습이론은 눈으로 보이는 대상을 관찰함으로써 모델에 의한 모방, 동일시 등을 다룬다. Bandura(1977)에 따르면 성 역할의 발달, 공격적 행위, 친사회적 행동 등은 다른 사람을 관찰하여 모방한 행동이라 한다. 그러나 그는 아동들은 보이는 모든 행동을 자동적으로 모방하지는 않는다고 한다. 관찰학습이론에서는 먼저, 아동들이 모델에 주의를 기울였다가, 관찰한 내용을 기억하고, 행동하기 위해 움직임을 동원하고, 동기가 작용하여 모방행동을 일으킨다는 것이다.

관찰학습, 즉 사회학습과정에서는 관찰자의 집중능력이나, 관찰대상의 흥미를 끄는 요소, 외부의 상황들이 작용하여 관찰학습의 효과를 결정짓는다. 또한 공격적인 행동에 대해 보상받지 않는 장면이라도 그 장면을 자주 접하는 아동들이 훨씬 더 공격성을 보인다고 한다(Bandura & Walters, 1963).

Bandura는 행동의 원동력이 환경이라는 초기 행동주의의 기본적인 가정에서 벗어나 발달과정이 개인과 환경 간의 상호성에 의한다는 상호결정론(reciprocal determination)적 입장을 취했다. 또한 자기효능감(self efficacy), 즉 자신이 어떤 일을 잘해 낼 수 있다는 개인적 신념이 발달됨으로써 아동은 어떤 행동을 모방할 지를 결정하는데 도움을 받게 된다고 보았다(권민균 외, 2012).

1) 주요 개념

(1) 관찰학습의 인지과정

사회학습이론의 중심은 관찰 학습이며, 직접적인 강화를 받지 않더라도 관찰과 모방을 통해 학습이 가능하고 또 다른 아동이 보상이나 벌을 받는 것을 관찰함으로써 간접적 강화를 받게 된다는 것이다. 모델이 하는 행동을 보고 강화를 받는 것을 대리적 강화라 하고, 다른 사람의 행동을 관찰함으로써 학습되는 현상을 관찰학습이라고 한다. 이 때 대리적 조건화에 의한 학습이 가능한데 직접적인 개인적 경험뿐만 아니라 타인의 경험을 관찰하는 것만으로도 행동이 조성되고 강화될 수 있다.

관찰학습은 다음의 네 가지 인지과정을 거쳐서 일어난다. 즉 모델의 행동에 주의를 기울이는 주의과정, 관찰된 내용을 기억하는 파지과정, 모방하려는 행동을 직접 해 보는 운동재생과정, 모방행동에 대한 보상이 주어짐으로써 관찰행동의 발생비율을 높이는 동기화과정이다.

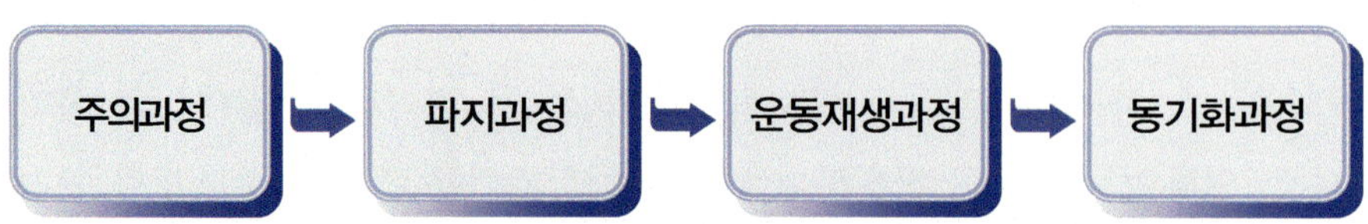

[그림 6-4] 관찰학습의 인지과정

① 주의과정(attention process)

주의는 모방대상에 관심을 기울이는 과정이다. Bandura는 관찰한 것만 학습한다는 관점에서 관찰자의 선택적 주의집중은 과거의 강화에 영향을 받는다고 주장한다. 주의는 또한 관찰자의 욕구, 흥미 같은 심리적 특성들에 의해 좌우되는 것으로 사람들에게 노출된 모든 것이 자동적으로 학습되지 않는다는 것이다(강문희 외, 2007; 김영옥 외, 2009).

② 파지과정(retentional process)

파지는 모방대상이 행동을 상징적인 형태로 기억해 두는 과정이다. 모델을 관찰한 후 일정기간 동안 모델의 행동을 언어적 방법이나 심상을 사용하는 상징적인 형태로 기억함으로써 영속적 기억 속에 파지된다. 이렇게 상징적으로 표상할 수 있어 관찰에 의한 학습이 가능한 것이다. 학습한 내용을 실제로 기억하지 못하면 효과가 없음을 뜻하기 때문에 상징적 부호화와 연습과정을 포함한다. 파지는 한 사건을 내면화하고 나중에 그 순서를 재생하도록 해 준다(강문희 외, 2007; 김영옥 외, 2009).

③ 운동재생과정(motor reproduction process)

운동재생은 학습된 것을 어느 정도 정확하게 재생하는가 하는 과정이다. 행동을 정확하게 재생하려면 필요한 운동기술을 갖추어야 한다. 운동재생은 기억되어 있는 내용을 정확하게 재생하는 과정으로 학습자의 운동기술과 신체적 능력, 성장과 연습이 필요하다. 이 과정에는 모델의 행동을 비교하면서 계속 자기의 행동을 수정하여 모델의 행동을 재생할 수 있게 해 주는 교정적 피드백이 필요하다(강문희 외, 2007; 김영옥 외, 2009).

④ 동기화과정(motivational process)

수행은 강화와 동기적 변인들에 의해 좌우된다. 위의 모든 과정을 통하여 습득된 행동은 강화요인과 동기화 수준에 따라 모방될 수도 있고 안 될 수도 있다. 사람들은 자신이 배운 것 모두를 실행하지 않기 때문이다. 강화는 학습을 수행으로 옮기게 하는 역할을 하고 이미 학습한 것을 활용하도록 동기부여한다(강문희 외, 2007; 김영옥 외, 2009).

(2) 상호결정론

Bandura는 발달과정에서 개인, 행동, 환경 간의 관계는 양방향적이라고 주장한다. 개인은 아동의 인지능력, 신체적 특성, 성격, 신념, 태도 등을 말하며, 이는 행동이나 환경에 영향을 미친다. 아동의 행동은 자신에 대한 느낌, 태도, 신념에 영향을 미친다. 환경도 행동에 영향을 미친다. 아동의 행동의 결과나 아동이 관찰하는 모델은 아동 자신의 행동에 영향을 미치고 아동의 행동은 자신의 환경에 영향을 미친다. 사회학습이론에서 아동의 발달은 아동과 환경 간의 계속적 상호작용에 의해 이루어진다는 것이다. 따라서 아동은 자신의 발달과정에서 능동적으로 참여하는 존재라는 것을 알 수 있다(김영옥 외, 2009).

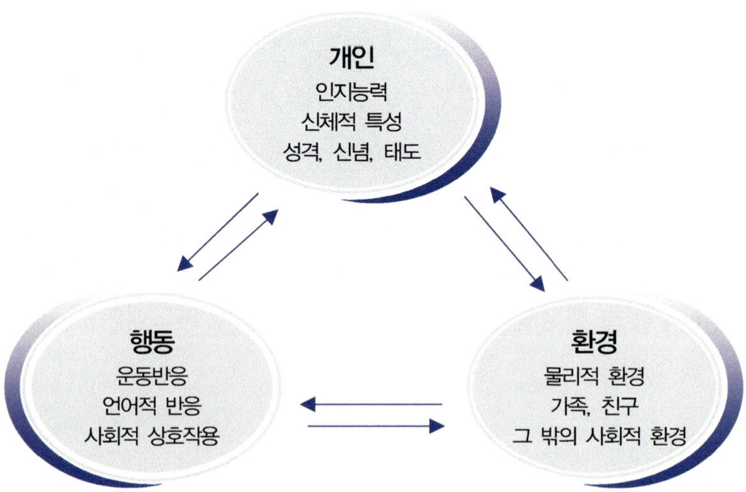

[그림 6-5] Bandura의 상호결정론

(3) 자기효능감

사회학습이론에서 중요한 요소 중 하나는 자기효능감이다. 자기효능감은 자신이 어떤 일을 잘해 낼 수 있다는 개인적 신념으로서 어떤 행동을 모방할 지를 결정하게 된다. 자신감이 부족한 사람들은 자신의 결점에 주의를 집중하고 있기 때문에 당면 과제에 충분한 주의를 기울이지 않아 실제보다 어렵다고 생각하게 되어 실패의 가능성이 높아지게 된다. 자기효능감을 높이기 위해서는 자신이 하는 일에 대해 믿음을 가지고 스스로 수행하며 자기개발을 위해 노력하는 것이 필요하다(강문희 외, 2007).

2) 교육적 시사점 및 평가

Bandura를 비롯한 사회학습이론가들은 쥐와 같은 동물보다 아동을 대상으로 연구하였기 때문에 아동의 발달이나 행동을 설명하는데 도움이 되고 있다. 특히 아동의 공격적인 행동이나 친사회적인 행동, 성 역할 등의 발달이 다른 사람을 관찰하고 모방함으로써 배울 수 있다는 것을 보여주고 있다. 그러나 모방을 통한 학습은 아동의 능동성을 간과하고 있다는 점을 지적받고 있다. 모델링과 강화가 아동의 발달을 완전히 설명하지 못한다는 한계점이 있으나 Bandura가 인지의 역할을 강조하여 아동이 자신의 학습 과정에서 적극적인 역할을 하는 존재임을 인정했다는 점은 주목을 받고 있다.

사회학습이론은 전통적인 학습이론인 행동주의의 제한점을 보완하면서 학습이 일어나는 사회적 상황을 강조하고 아동이 자신의 발달에 능동적인 영향을 미친다는 점을 인정하였다. 아동발달에서 사회적 · 정서적 · 동기적 측면을 고려함으로써 인간발달에 대한 이해를 넓혔다. 또한 관찰학습과 상징적 표상을 통해 인간의 사고가 사회와 어떻게 연관되는가를 구체적으로 보여 주었다. 그러나 인지발달과정에 대한 설명이 없고, 발달이 관찰학습에 어떻게 영향을 미치는가 하는 점은 규명되지 않았다. 또한 아동의 관찰학습이 사회·경제적 지위나 문화, 성 등 인구학적 요인에 따라 다를 수 있음에도 불구하고 그에 대한 설명은 불충분하다는 한계를 지니고 있다(Miller, 1993; 김영옥 외, 2009 재인용).

참고 문헌

강문희, 김매희, 유정은(2007). 아동발달론. 경기: 공동체.

강봉규, 신현숙, 장선철(2006). 아동발달. 서울: 태영출판사.

곽노의, 김경철, 김유미, 박대근(2007). 영유아발달. 경기: 양서원.

권민균, 문혁준, 권희경, 성미영, 신유림, 안선희, 안효진, 이경옥, 천희영, 한유미, 한유진, 황혜신(2012). 아동발달. 서울: 창지사.

김미영(2010). 아동발달. 경기: 정민사.

김영옥, 백혜리, 최미숙, 황윤세(2009). 아동발달론. 경기: 공동체.

서봉연 역(1983). 발달의 이론. 서울: 중앙적성출판부. Crain, W. C.(1980). Theories of Development.

윤영애, 강순미, 조대헌(2011). 아동발달. 서울: 태영출판사.

이명조(2005). 영유아발달과 교육. 경기: 양서원.

조성연, 이정희, 천희영, 심미경, 황혜정, 나종혜(2006). 아동발달의 이해. 서울: 신정.

Bandura, A.(1977). Social Learning Theory. Englewood Cliffs. NJ: Prentice-Hall.

Bandura, A. & Walters, R. H.(1963). Social learning and personality development. New York: Holt, Rinehart & Winston.

Berk, L. E.(2006). Child Development(7th ed.). Boston, MA: Allyn & Bacon.

Miller, P. H.(1993). Theories of Development Psychology(3rd ed.). NY: W. H. Freeman and Company.

Rice, F. P.(1998). Human Development(3rd ed.). NY: Prentice-Hall.

제7장

인지발달이론

1. 피아제의 인지발달이론
2. 비고스키의 사회문화적 인지발달이론
3. 정보처리이론

1. 피아제의 인지발달이론

Jean Piaget

Jean Piaget(1886-1980)는 1986년 스위스 Neuchatel에서 태어났다. 어려서부터 과학에 깊은 관심을 가졌던 그는 10세에 공원에서 본 흰 참새에 대한 논문을 발표하고, 21세에 자연과학 분야에서 박사학위를 받았으나 지식의 근원에 관한 문제를 알고자 아동심리 분야에서 연구를 하기 시작하였다. 1920년 Alfred Binet의 심리측정 연구실에서 지능검사 항목에 대한 아동의 반응에 대한 연구를 하는 중 Piaget는 아동의 오류 반응이 일관성이 있다는 것을 알아냈으며, 이를 통하여 아동사고의 기저에는 성인과는 다른 체계가 있음을 발견하였다(Marc & Michael, 2009). 이런 관심은 그의 자녀들을 직접 관찰하고 기술하면서 체계화시켜 나갔다. 아동의 지식이 어떻게 발달하며, 문제들을 어떻게 생각하고 어떻게 해결해 가는지, 즉 인지발달이 어떻게 이루어지는지를 설명하고자 하였다. 수많은 논문과 저서를 낸 Piaget는 현재 인지발달심리학에서 가장 영향력 있는 연구자(Bidell & Fisher, 1972)로 꼽히고 있다.

1) 주요 개념

(1) 도식

Piaget는 인간의 신체가 구조를 갖는 것처럼 정신에도 구조가 있다고 믿었으며, 이러한 정신구조를 설명하기 위해 도식(schema)이라는 용어를 사용하였다(유안진 외, 1998). 아동은 자기 자신만의 인지적 세계를 창조해 나가는데, 이때 사용하는 것이 도식이다. 도식이란 정보를 조직화하여 해석하는데 사용하는 '이해의 틀'로서 아동의 정신세계에 이미 존재하고 있다. 아동은 태어날 때부터 반사능력을 가지고 태어나는데, 이 반사행동을 통해서 주위세계를 해석하며 이후, 이들 반사 구조가 변화하면서 인지가 발달하게 된다. 예를 들면, 갓 태어난 신생아는 빨기와 같은 단순한 반사운동적 도식만을 갖는다. 그래서 신생아는 출생시 입 안에 들어간 것은 무엇이나 빨지만 점차 우유를 제공하는 자극(젖꼭지)과 우유를 제공하지 않는 자극(손가락)을 구별하게 된다. 도식은 최초에 빨기반사와 같은 감각운동적 도식을 가지고 태어나기 때문에 아기의 경우에는 사고과정에 쓰이기보다는 활동적 또는 행동적 유형으로 나타난다(김미영, 2010).

(2) 적응, 동화와 조절, 평형

Piaget는 아동들의 인지발달과정은 적응(adaptation)의 과정이라고 하였다. 즉 아동들이 세상에 적응해 가는 과정이 곧 인지발달과정이라는 것이다(Lamp et al., 2002). 아동들은 새로운 대상을 만나게 되면 자신이 기존에 가지고 있는 이해의 틀에 맞추어서 대상을 이해하려고 한다. 이를 동화(assimilation)라고 한다. 아기는 주변환경을 자기가 이미 가지고 있는 도식에 동화시키는 것이다. 예를 들면, 어떤 아기가 자기 집에 있는 반려견을 통해 강아지라는 말과 개념을 배웠다. 그 아기는 한동안 강아지와 같은 특징을 가진 털이 달린 네 발 동물은 무조건 '강아지'라고 부른다. 동화과정을 통해 새로운 정보를 받아들이는 것이다. 그러다 어느 날 아기가 동네에서 고양이를 보았다. 아기가 고양이를 보고 강아지라고 하자 어머니가 저것은 강아지가 아니라 '고양이'라고 말해 주었다. 이때 아기는 고양이를 이미 가지고 있는 '강아지'라는 기존의 틀로는 이해할 수 없는 새로운 대상에 맞닥뜨리게 되고 이미 가지고 있는 인지구조를 변화시킴으로써 새로운 대상을 이해한다. 이러한 과정을 조절(accomodation)이라고 한다. 아동은 이미 가지고 있는 도식을 주변 환경을 통해 조절해 나간다. 이와 같이 아기들은 동화와 조절을 통해 도식을 이용하고 변경하며 주변환경에 적응한다. 평형은 동화와 조절의 균형을 의미한다. 새로운 자극을 접했을 때 그 자극이 기존의 도식과 맞지 않으면 불균형 상태가 일어나며, 불균형 상태는 긴장과 갈등을 유발하여 평형 상태로 되돌아가려는 노력을 활성화시킨다. 아동은 인지적 평형과 불균형 상태를 끊임없이 왔다 갔다 하면서 인지발달을 이루어 나가게 된다.

(3) 유전과 환경

Piaget는 신생아가 세상에서 맞닥뜨리게 될 문제들에 대응할 수 있는 기본 장치로서 유전이 그 역할을 수행한다고 하였다. 그러나 이러한 유전의 작용이 아동의 발달을 결정짓는 전체적 요인은 될 수 없다고 하였다. 유전적 잠재능력의 실현은 아동 자신이 환경과 상호작용하면서 겪게 되는 경험의 종류에 따라 달라지기 때문이다. Piaget는 환경적 요인으로서의 물리적 경험에 관심을 가졌다. 아동은 생활 가운데서 대상들을 접할 때 그 대상들을 만져 보고 관찰하고 냄새를 맡아 보는 직접적 경험을 해 본다. 이러한 과정을 통해서 아동은 사물의 성질이나 그것이 작용하는 방식에 관한 지식과 논리를 만들어 간다. 아동의 논리나 지능의 발달은 수동적인 대상의 관찰에 의한 것이 아니고, 그 대상에게 영향을 주는 아동 자신의 어떠한 행위로부터 유아 스스로 도출해 낸 어떤 결론에 따른 것이다. 이와 같이 Piaget는 생물학적 성숙이 어떤 기본능력으로서 결정적 역할을 하지만 환경이 이를 촉진하는 역할을 한다고 보았다. 즉, Piaget가 말하는 인지발달이란 개체가 환경과의 상호작용을 통해서 적응해 가는 과정이다(조형숙 외, 2013).

2) 인지발달 단계

Piaget는 인지발달을 질적으로 확연히 다른 4단계, 감각운동기, 전조작기, 구체적 조작기, 형식적 조작기 등으로 구분하였다.

(1) 감각운동기(sensori-motor stage, 출생-만 2세)

이 시기의 영아는 감각운동적인 활동을 통해 환경과 상호작용하면서 세상에 대한 이해를 넓혀 나간다. 영아들은 처음에는 생득적인 반사가 출발점이 되지만 시행과 오류의 과정을 통해 사건을 반복함으로써 초기 도식을 조절하고 이를 강화해 나간다. Piaget는 이 시기 동안 발생하는 놀이와 모방은 기존 도식을 강화하고 새로운 도식을 발달시키는데 중요한 역할을 한다고 하였다. 놀이는 동화의 한 형태로 영아들은 즐거움을 위해 기존의 도식을 재연한다. 또 모방은 조절의 한 형태로 영아는 타인을 모방하면서 자신의 도식 구조에 존재하지 않는 행위를 배우고 따라한다((Marc & Michael, 2009). Piaget는 감각운동기를 6개의 하위단계로 나누어 설명하였다.

① 단순반사 단계(simple reflex, 0-1개월)

이 단계에서 감각과 운동을 통합하는 기본 수단은 젖 찾기나 빨기와 같이 영아가 선천적으로 갖고 태어나는 반사활동이다. 영아는 태어난 직후에는 반사자극이 있는 상황에서만 반사활동을 하지만 이후에는 분명한 반사자극이 없는 상황에서는 반사활동과 같은 비슷한 행동을 만들어 내는 능력을 발달시킨다. 예를 들면, 영아는 태어난 직후에는 병이나 젖을 아기의 입 앞에 바로 갖다 대어 주거나 입술에 닿게끔 해 주어야 빨기 행동을 하였으나 나중에는 우유병이나 젖이 가까이에만 있어도 빨려고 한다.

② 1차 순환반응 단계(primary circular reactions, 1-4개월)

1차 순환반응 단계에서는 반사행동이 보다 정교화되고 적응적인 도식으로 발달하는데, 영아는 처음에는 우연히 발생한 재미있거나 흥미로운 사건을 다시 반복하려고 한다. 예를 들어, 영아가 자기 입 주위에 놓인 손가락을 우연히 빨고 이것이 자신에게 만족을 주게 되면 그 행동을 반복하게 된다. 이 시기에는 영아 자신의 신체가 관심의 집중 대상이 되어 '1차' 라고 하며, 순환반응이라는 개념은 반복적 행동을 묘사하기 위해 사용되었다.

③ 2차 순환반응 단계(secondary circular reactions, 4-8개월)

이 시기의 영아는 자기 자신과 상호작용하던 것에서 벗어나 보다 대상 중심적이 되고 주변 세계에 대해 집중하게 된다. 예를 들면, 우연히 딸랑이를 흔들어 본 영아는 매우 놀라워한다. 그리고 이 놀라움을 다시 맛보기 위해 딸랑이를 흔드는 행위를 반복한다. 그리고 이 시기의 영아는 옹알이라든가 어른들이 내는 소리와 같은 다른 사람들의 단순한 행위 및 신체적 동작의 일부를 모방하기도 한다.

④ 2차 순환반응의 협응 단계(coordination of secondary circular reactions, 8-12개월)

이 시기의 영아는 예전에 학습한 도식들을 협응적인 방식으로 손쉽게 통합시키고 또 재통합시키며, 행동은 예전보다 훨씬 더 외부세계를 향한다. 예를 들면, 영아는 물체를 바라봄과 동시에 그 물체를 움켜잡거나 딸랑이와 같은 장난감을 시각적으로 관찰함과 동시에 촉각적으로 탐색해 보기 위해 만지작거린다. 또 이 시기는 의도적인 행동이 나타난다. 예를 들어, 막대를 이용하여 자신이 가지고 놀고 싶은 장난감을 끌어올 수 있으며, 어떤 한 블록을 갖고 놀기 위해 다른 블록을 치워 버릴 수 있다.

⑤ 3차 순환반응 단계(tertiary circular reactions, 12-18개월)

이 단계의 영아는 활발한 실험을 통해 물체가 가지고 있는 다양한 속성과 자신이 이 물체에 대해 일으킬 수 있는 수많은 변화에 대해 즐거워한다. 예를 들면, 블록을 땅에 떨어뜨려 보기도 하고, 돌리기도 하고, 다른 물체를 맞히기 위해 던져 보기도 하고, 돌려보기도 한다. 이전 단계에서는 예전에 일어났던 사건을 다시 반복시키는 데에만 집중되었다면 이 시기는 새로운 것에 대한 흥미와 호기심이 발달하는 시기이다.

⑥ 도식의 내재화 단계(internalization of schemes, 18-24개월)

이 시기 영아의 정신적 기능은 단순한 감각운동적인 것에서 상징적인 것으로 바뀌고, 상징을 이용할 수 있는 능력을 발달시킨다. 영아는 정신적 심상을 통해서 표상적인 사고를 할 수 있는데, 눈앞에 없는 사물, 또는 사건을 머리 속에서 이미지로 떠올려 생각하고 이를 행동으로 나타낼 수 있다. 예를 들면, 유아용 침대 기둥 사이에 장난감이 끼였을 경우, 18개월 이전의 영아들은 장난감이 빠질 때까지 무선적인 방식으로 장난감을 잡아당기고 움직일 것이다. 6단계의 영아들은 상황을 분석하고 문제에 대한 다양한 해결책을 정신적으로 표상하면서 그 장난감을 빼낼 체계적인 방법을 찾는다(Corrigan, 1981).

(2) 전조작기(preoperational period, 2-7세)

조작(operation)이란 아동이 어떤 행동을 하기 전에 그 행동을 정신적으로 그려보는 내면화된 행동을 말한다. 조작은 고도로 조직화되어 있고 특정한 논리적 원리와 규칙을 따른다. 전조작기 사고는 불완전하고 제대로 조직되어 있지는 않지만, 행동을 통해 이미 정립되어 있는 것을 사고의 수준으로 재구성할 수 있는 능력의 시작이라고 할 수 있다(Santrock, 2007). 전조작기는 상징적 기능 단계와 직관적 사고 단계로 나눌 수 있다.

① 상징적 기능 단계(symbolic function substages, 2-4세)

이 단계의 유아는 눈에 직접 보이지 않는 물체를 정신적으로 표상할 수 있는 능력, 즉 상징적 기능을 습득한다. 이러한 상징적 기능은 유아의 언어, 그림, 가상놀이에서 나타난다. 언어가 발달하면서 시간이나 장소의 한계를 벗어나서 자유롭게 생각한다. 그림을 그릴 때는 해에 눈, 코, 입을 그리는 것과 같이 눈에 보이는 것을 그리는 것이 아니라 자신의 머리 속에 있는 심상을 그린다. 또한 소꿉놀이에서 모래를 밥이라고 하거나 자신이 엄마라고 하는 것과 같이 실제의 물건이 아닌 것을 그 물건인 것처럼, 실제의 그 사람이 아닌데 그 사람인 것처럼 가장하여 놀이를 하기도 한다. 이 시기의 발달에는 질적인 변화가 있음에도 불구하고 몇 가지 중대한 결함을 가지고 있는데, 그 중에 자기중심성과 물활론이 있다.

- **자기중심성**(egocentrism): 자기중심성이란 우주의 모든 현상을 자기중심적으로 생각하는 것으로 타인도 동일한 방식으로 지각한다고 생각하는 것이다. 자신이 느끼는 것을 다른 사람도 느끼며, 자신이 알고 있는 것을 다른 사람도 알고 있다고 생각한다. Piaget와 Inhelder(1969)는 '세 산 모형 실험'을 통하여 이 시기 유아들의 자기중심성에 대하여 연구하였다. 유아는 산 모형 주위를 돌아다니면서 각각 다른 위치에서 그 산들이 어떻게 보이는지를 알게 된다. 그런 다음 유아를 산 모형이 놓인 탁자의 한쪽에 앉히고, 인형을 탁자의 이쪽 저쪽에 놓으면서 인형이 보고 있는 산의 모습이 담긴 사진을 고르게 한다. 이 때 유아는 자신에게 보이는 대로 사진을 고른다. 이 실험은 이 시기의 유아들은 아직 다른 사람의 입장, 생각, 사고 등을 이해하는 능력, 즉 조망수용 능력이 발달되어 있지 않음을 보여 준다.

[그림 7-1] 세 산 모형 실험(Piaget & Inhelder, 1969)

- **물활론**(animism): 물활론이란 무생물이 살아 있고, 사람처럼 감정이나 의도를 가지고 있으며 움직일 수 있다는 믿음이다. 물활론적 사고를 하는 유아는 생물과 무생물을 구분하지 못한다. 예를 들어, 책상에 부딪힌 유아는 책상이 자신을 다치게 했다고 하면서 책상을 때리거나, 자신이 장난감을 망가뜨리면 장난감이 아프다고 생각하며 미안하다고 사과를 한다. 이런 특징은 그림을 그릴 때도 나타나는데, 이 시기의 유아들이 그린 그림에서 해나 나무와 같은 무생물이 사람의 모습을 하고 있는 것을 볼 수 있다.

② **직관적 사고 단계**(Intuitive thought substages, 4-7세)

이 시기의 유아는 원시적인 추론을 하기 시작하고 모든 종류의 질문에 대한 답을 알고 싶어한다. 그러나 자신이 알고 이해하는 것에 대해 아주 확신에 찬 것처럼 보이다가도 그것을 어떻게 아는지에 대해서는 아무 설명도 하지 못한다. 이 시기의 유아들은 중심화(centration), 즉 여러 특성들 중에서 오직 한 가지 특성에만 치중하는 성향이 있어 범주화 및 보존개념 습득에 어려움이 있다.

- **분류 및 유목화**(classification) : 이 시기의 유아들은 어떤 특성에 따라 범주화할 수 있는 사물들을 순서 없이 제시하고, 이를 분류하라고 하면 어려움을 가진다.

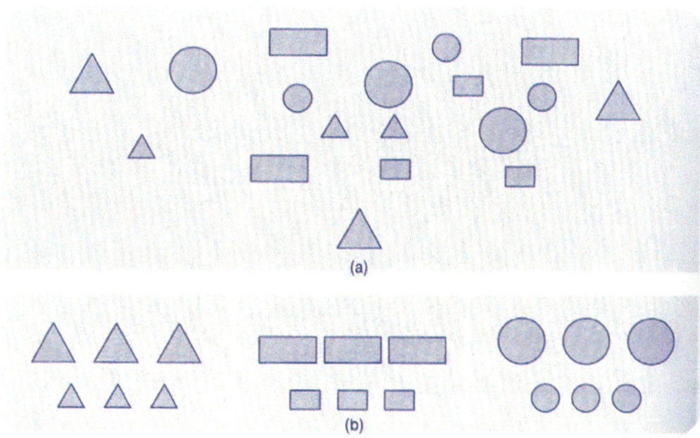

[그림 7-2] 배열(Santrock, 2007)

또 7세 이전의 유아에게 노란색 꽃 12송이, 파란색꽃 4송이인 16송이의 꽃을 보여주고 "꽃이 더 많니, 노란색 꽃이 더 많니?"라고 물으면 유아는 "노란색 꽃이 더 많다"고 대답한다. 이것은 유아가 아직 유목에 대한 개념을 습득하지 못하고 있음을 보여주는 예이다.

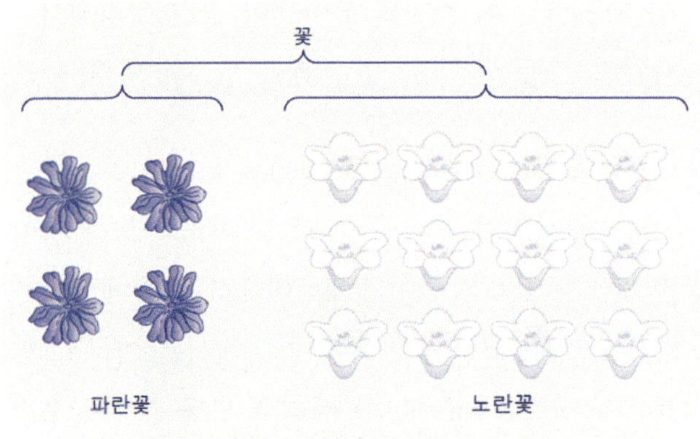

[그림 7-3] 유목화

- **보존**(conservation) : 전조작기 사고의 특징인 중심화는 유아의 보존개념에서도 잘 나타난다. 보존이란 물체나 물질의 외양이 변한다 해도 그 길이, 수, 질량, 분량, 면적, 무게, 부피는 변하지 않는다는 인식이다. 유아에게 2개의 동일한 컵에 똑같은 양의 액체를 부어 제시하고 유아에게 "이 두 컵에 동일한 양의 물이 들어 있냐"고 물어 보면 대부분의 아동은 "그렇다"고 대답한다. 그 후 두 컵 중 한 컵에 담긴 액체를 이 컵보다 길고 홀쭉한 다른 컵에 옮겨 붓고, "두 컵에 담긴 액체가 동일하냐"고 물으면 "아니오" 라고 대답한다. 이 시기의 유아들은 액체뿐만 아니라 수, 질량, 길이, 부피, 면적의 보존과제도 해결하지 못한다.

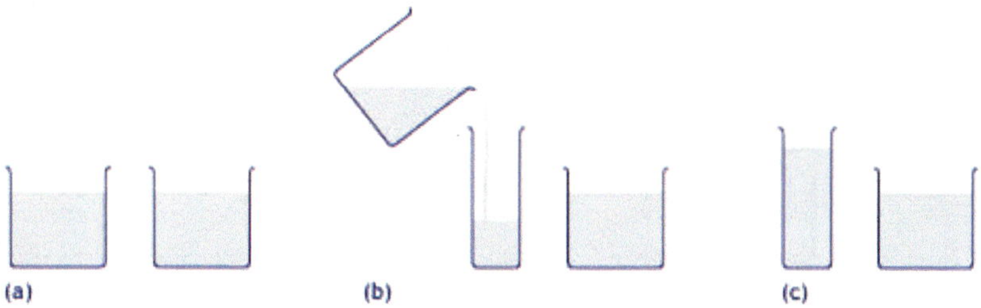

[그림 7-4] 보존과제

보존 종류	초기 제시	조 작	전조작기 아동의 대답
수	구슬을 두 줄로 동일하게 배열하여 아동에게 제시하면 아동은 각 줄에 동일한 수의 구슬이 있다고 대답한다.	구슬 한 줄의 간격을 넓히고 아동에게 어느 줄에 구슬이 더 많으냐고 물어 본다.	아동은 간격이 넓은 줄에 구슬이 더 많다고 대답한다.
질량	찰흙으로 빚은 2개의 동일한 공을 아동에게 제시하면 아동은 이 두 공에 동일한 양의 찰흙이 붙어 있다고 대답한다.	실험자는 공 하나의 모양을 바꾸고 아동에게 두 공에 동일한 양의 찰흙이 붙어 있냐고 물어 본다.	아동은 길게 빚은 모양에 찰흙이 더 많이 붙어 있다고 대답한다.
길이	2개의 막대기를 나란히 아동에게 제시하면 아동은 이 두 막대기의 길이가 동일하다고 대답한다.	실험자는 막대기 하나를 오른쪽으로 이동시키고 아동에게 두 막대기의 길이가 동일하냐고 물어 본다.	아동은 위에 놓인 막대기가 더 길다고 대답한다.
부피	동일한 양의 물이 들어 있는 동일한 모양의 컵에 2개의 공을 넣으면 아동은 동일한 높이로 물이 상승한다고 대답한다.	실험자는 공 하나의 모양을 바꾸고 아동에게 두 컵의 물 높이가 여전히 동일하냐고 물어 본다.	아동은 오른쪽 컵에 들어 있는 물의 높이가 상승하였다고 대답한다.
면적	2개의 동일한 판자 위의 동일한 위치에 나무 블록을 얹어 놓으면 아동은 이 두 판자 위의 동일한 면적이 비어 있다고 대답한다.	실험자는 판자 하나의 블록을 흩뜨리고 아동에게 두 판자에서 블록이 차지하는 부분의 면적이 다른지 물어 본다.	아동은 오른쪽 판자 위의 블록이 더 많은 면적을 차지하고 있다고 대답한다.

[그림 7-5] 여러 차원의 보존과제(Santrock, 2007)

(3) 구체적 조작기(concrete operational stage, 만 7-11세)

구체적 조작기의 아동은 눈에 보이는 지각적 특성에 의해서가 아니라 논리적 조작이나 규칙을 적용하면서 보존문제, 분류 및 유목화, 서열화의 문제를 풀게 된다.

① 보존개념의 습득

보존개념은 지각의 변화 과정을 역으로 거슬러 올라가면 본래의 상태로 되돌아갈 수 있다는 가역적인 정신 활동과 물체의 한 가지 특성에 집중하기보다는 여러 특성을 통합할 수 있게 되면서 습득할 수 있게 된다. 예를 들어, 아동에게 2개의 동일한 찰흙 공을 제시한다. 이 중 하나를 길고 홀쭉한 막대기 모양으로 만들고 나머지 하나는 그대로 둔다. 그리고 나서 아동에게 공 모양과 막대기 모양 중 어느 쪽에 찰흙이 더 많은지를 물어 보면 7-8세의 아동들은 찰흙의 양이 동일하다고 대답한다. 이 질문에 올바르게 대답하기 위해서는 막대기 모양의 찰흙이 다시 공 모양이 되는 것을 상상할 수 있어야 하며, 길이 또는 너비 중 한 가지 특성에만 집중하지 않고 두 가지 차원에 대한 정보를 통합할 수 있어야 한다.

② 분류와 유목화

구체적 조작기의 아동들은 사물을 그룹 또는 하위 그룹으로 분류하고 그 사물들 간의 관계를 알아낼 수 있다. 예를 들면, 구체적 조작기의 아동은 4세대의 가계도에 대한 이해를 할 수 있다(Furth & Wachs, 1975). [그림 7-6]의 가계도를 보면, 할아버지(A)가 3명의 자녀(B, C, D)를 두고 있고 이 자녀들이 각각 2명의 자녀(E, J)를 두고 있으며, 이 중 한 자녀(J)가 3명의 자녀(K, L, M)를 두고 있다. 구체적 조작기 아동은 J가 아버지이자 형제이면서 동시에 손자이기도 하다는 사실을 이해한다. 이 분류 체계를 이해하는 아동은 그 체계 내에서 수직으로, 수평으로, 사선으로 왔다 갔다 하며 그 관계를 이해할 수 있다(Santrock 2007).

③ 서열화

구체적 조작기의 아동들은 길이 등과 같은 양적 차원에 따라 사물을 배열할 수 있다. 예를 들면 막대기 8개를 길이의 순서대로 배열할 수 있다.

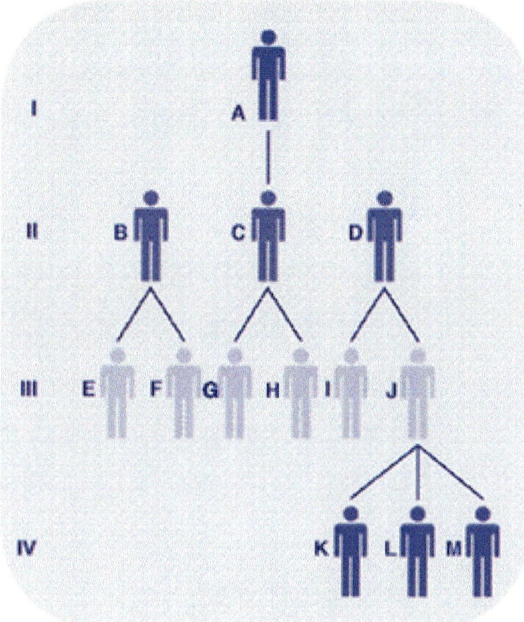

[그림 7-6] 분류 및 유목화

④ 조망수용능력

구체적 조작기의 아동들은 자기중심적인 사고에서 벗어나 타인의 입장, 감정, 인지 등을 추론하고 이해할 수 있는 조망수용능력을 발달시키게 된다. 따라서 앞서 설명한 Piaget와 Inhelder(1969)의 '세 산 모형 실험'에서 인형이 보는 산 모양을 추론할 수 있게 된다.

그러나 구체적 조작기 사고가 전조작기 사고보다 진전되어 있기는 하지만 구체적 조작기 사고에도 한계가 있다. 구체적 조작기 아동은 뚜렷하거나 구체적인 대상이 아니면 직관적 사고 수준에서 벗어나는 논리적 추론을 할 수가 없다.

(4) 형식적 조작기(formal operational stage, 만 11세 이후)

형식적 조작기는 청소년기에 해당하는 것으로, 이 시기의 사고는 구체적 조작기의 사고보다 추상적, 이상적, 그리고 가설 연역적인 것으로 특징지워진다.

① 추상적 사고

청소년은 더 이상 실제적이고 구체적인 경험만을 바탕으로 생각하지 않는다. 청소년은 가상의 상황, 즉 순전히 가설적인 상황이나 추상적인 계획을 바탕으로 사건을 지어 낼 수 있으며, 이에 대한 논리적 추론이 가능하다. 예를 들어, 구체적 조작기 아동이 'A=B이고 B=C이면 A=C이다'라는 논리적 추론을 하기 위해서는 구체적인 구성 요소인 A, B, C를 눈으로 직접 보아야 하지만, 형식적 조작기의 청소년은 말로만 들어도 이 문제를 해결할 수 있다(Santrock, 2007).

② 이상적 사고

형식적 조작기 사고는 추상적일 뿐만 아니라 이상적인 것들에 대해서도 사고의 범위를 확장시킨다. 구체적 조작기 아동의 사고가 구체적, 실제적, 제한적이라면 청소년은 자신이나 타인에 대한 희망과 같은 이상적인 것들에 대해서도 생각을 하게 되며, 이러한 생각을 갖게 되면 이상적인 기준에 따라 자신과 타인을 비교하기도 한다. 또 미래의 가능성에 대한 환상 같은 것을 갖기도 한다.

③ 논리적 사고

청소년은 보다 논리적으로 사고한다. 청소년들은 문제를 해결하기 위해 계획을 수립하고 이를 해결하기 위한 방법들을 체계적으로 검증하면서 마치 과학자처럼 사고하기 시작한다. Piaget는 이러한 과정을 설명하기 위해 가설 연역적 추론(Hypothetical-deductive reasoning)이라는 용어를 사용하였다. 가설 연역적 추론을 가장 잘 설명할 수 있는 것이 스무고개이다.

3) 교육적 시사점 및 평가

Piaget의 이론은 교육에 대해 다음과 같은 점을 시사한다(Heuwinkle, 1996). 첫째, 아동들은 무작정 교사를 모방하거나 기계적으로 행동하기보다는 스스로 무언가를 발견하여 그것에 대해 생각해 보고 논의를 할 때 학습 효과가 가장 크다. 둘째, 교사는 아동들의 사고를 촉진시키기 위해 학생들의 말에 귀를 기울이고, 학생들을 관찰하고, 학생들에게 질문을 던져야 한다. 셋째, 아동의 학습은 자연스럽게 이루어져야 한다. 아동이 충분히 성숙하여 준비가 되기 이전에 너무 많은 것을 강요해서는 안 된다. 넷째, 교사들은 학생들의 자발적인 탐색과 발견을 강조해야 한다. 이미 정해진 교재나 과제에 억매이지 않고 활동에 대한 학생들의 관심과 자연스러운 참여도를 관찰하여 학습과정을 어떻게 꾸려 나갈지를 결정해야 한다.

Piaget는 발달심리학 분야의 거장이자, 현재 우리가 아동 인지발달이라고 부르는 분야의 창시자였다. 심리학자들은 동화, 조절, 대상영속성, 자기중심성, 보존 등과 같은 수많은 대표적 개념을 Piaget로부터 배웠다. 또한 Piaget는 아동을 관찰하는 데 있어서도 천재적이었다. 그의 주의깊은 관찰은 아동이 주변 세계에 대해 어떻게 행동하고 적응하는지를 발견할 수 있는 창조적인 방법들을 제시하였다(Santrock, 2007). 그러나 Piaget 이론은 수많은 의문이 제기되기도 하였다. 첫째, 최근 어린 아동들의 인지 능력은 Piaget가 생각했던 것보다 뛰어나고, 청소년과 어른의 인지 능력은 결함이 많다고 보고 있다(Flavell, Miller, & Miller, 2002). 둘째, Piaget는 하나의 단계에서는 단일한 구조의 사고만이 가능하다고 믿었으나 최근에는 아동의 인지발달이 Piaget가 생각했던 것만큼 단계별로 이루어지는 것은 아니라는 것이다(Santrock, 2007). 셋째, Piaget는 문화나 교육의 영향을 과소평가하였다. 아동이 속한 문화가 인지 발달을 할 수 있는 기회를 얼마나 제공하느냐에 따라, 또 교사가 어떤 교육을 시키느냐에 따라 인지적 사고의 발달을 촉진시킬 수 있다(Gelman & Brenneman, 1994).

2. 비고스키의 사회문화적 인지발달이론

러시아의 발달학자인 Lev Vygotsky(1896-1934)는 Piaget와 같이 아동이 적극적으로 그들의 지식을 구성한다고 믿었다. 그러나 Vygotsky는 인지발달에 있어서 사회적인 상호작용과 문화를 Piaget보다 더욱 강조하였다. 유아가 어떻게, 왜, 지

Lev S. Vygotsky

금, 그들이 행하고 있는 것과 같은 행동을 발달시키게 되었는가를 이해하기 위해서는 그 유아가 살고 있는 사회와 문화의 역사적 배경을 이해해야만 한다고 하였다. 왜냐하면 유아의 발달이란 그 유아 자신이 속한 사회와 문화, 역사적 환경 가운데서 겪게 되는 수많은 경험 속에서 가능해지기 때문이다(조형숙 외, 2013). Vygotsky의 이론은 문화와 사회적 상호작용이 어떻게 인지 발달을 이끄는지를 강조하는 사회 문화적 인지이론이다.

Vygotsky는 Piaget와 같은 해에 태어났으나 37세의 나이로 일찍 생을 마감하였다. Vygotsky의 이론은 점점 더 많은 사람들의 관심을 받고 있는데, 그 이유는 최근 아동발달에서 사회, 문화적 요인의 중요성에 대한 인식이 고조되고 있기 때문이다.

1) 주요 개념

(1) 근접발달영역(zone of proximal development, ZPD)

근접발달영역이란 아동이 스스로의 힘으로 문제를 해결할 수 있는 수준인 실제적 발달수준과 성인이나 유능한 또래로부터 도움을 받아 문제를 해결할 수 있는 수준인 잠재적 발달 수준간의 중간영역을 의미한다. Vygotsky는 아동이 독립적으로 할 수 있는 능력뿐만 아니라 도움을 받아서 할 수 있는 능력까지 관심을 넓혔다(권민균 외, 2012). Vygotsky가 근접발달영역을 강조한 밑바탕에는 사회적 영향, 특히 아동의 인지발달에 있어 아동에 대한 지도가 갖는 중요성에 대한 그의 믿음이 자리잡고 있다. 근접발달영역은 성숙되는 중에 있고 보다 능숙한 자의 도움을 받아야만 성취될 수 있는 아동의 인지 능력을 따로 구분하고 있다(Kozulin, 2000). Vygotsky(1962)는 이러한 능력을 발달의 '씨앗' 또는 '꽃'이라고 불러 발달의 '열매'와 구별하였으며, 발달의 '씨앗' 또는 '꽃'을 갖게 되면 그 '열매'는 아동이 독자적으로 성취할 수 있게 된다고 하였다.

[그림 7-7] 근접발달영역(전현표, 2009)

(2) 비계(scaffolding)

근접발달영역과 밀접한 관련이 있는 개념이 비계이다. 비계는 건축학에서 사용하는 용어로 건물을 지을 때 발판으로 사용하다가 건물이 완성되면 제거해 버리는 장치를 말한다. Vygotsky는 건물을 지을 때의 비계와 같이 아동이 문제를 해결할 수 있도록 성인이나 유능한 또래가 도움을 주다가 아동이 스스로 문제를 해결할 때쯤 도움은 더 이상 필요 없다고 하였다. 비계설정을 위해 성인은 아동이 아무것도 알지 못한 때는 직접적으로 지시하는 방법을 사용하고, 과제를 처리가능한 단위로 세분화하며, 아동의 주의를 환기시키려는 노력을 하는 등 다양한 수준으로 아동에게 도움을 주는 방법과 양을 조절해 나가다가, 아동의 능력이 증가되면 스스로 문제해결을 할 수 있도록 이와 같은 지원을 제거한다. Vygotsky는 아동의 인지발달은 자신이 속한 문화에서 보다 성숙한 구성원과의 상호작용을 통해 이루어진다고 보았다.

(3) 언어와 사고

Vygotsky는 인간이 신체적 능력을 확장하기 위해 물리적 도구를 사용하는 것과 같이 정신적 능력을 확장하기 위해 심리적 도구를 개발한다고 하였다. 이 도구들에는 그림, 숫자, 음표, 지도 등과 같은 상징체계들이 있는데, 이 보다 더 중요한 상징체계는 언어라고 하였다(Routledge, 2009). Vygotsky는 언어는 유아의 사고 발달에 필수적이라고 믿었는데, 이것은 사고가 언어발달에 우선한다고 한 Piaget의 생각과는 차이가 있다.

Vygotsky(1962)는 어린 아동은 언어를 사회적 의사소통을 목적으로 할 뿐만 아니라 자신의 행동을 계획하고 조정하기 위해서도 사용한다고 하였다. 이와 같은 목적으로 사용하는 언어를 내적 언어(inner speech), 또는 사적 언어(private speech)라고 한다. Piaget는 사적 언어를 자기중심적이고 미성숙한 것으로 보았지만 Vygotsky는 사적 언어는 아동기 초기 사고에서 중요한 역할을 한다고 하였다. Vygotsky는 생의 초기에는 언어와 사고가 각각 발달하다가 나중에 가서 병합된다고 하였다. 그는 모든 정신적 기능이 외부적, 혹은 사회적 근원을 가지고 있다고 생각하였다. 아동이 자신의 생각에 내적으로 집중할 수 있기 위해서는 우선 다른 사람들과 의사소통을 하면서 언어를 사용한다. 또한 아동이 외적 언어가 아닌 내적 언어를 사용할 수 있기 위해서는 오랜 기간 동안 외적으로 의사소통을 해야만 한다. 이러한 외적 언어에서 내적 언어로의 전환과정은 3-7세 사이에 일어나며, 이 과정에는 혼잣말을 하는 과정이 포함된다. 그 후 어느 정도의 시간이 지나면 아동은 말하지 않고서도 행동할 수 있게 된다. 이러한 단계에 도달했다는 것은 아동이 자신의 자기중심적 언어를 내적 언어의 형태로 내면화시켰다는 뜻이 되며, 이것이 곧 생각이 된다(Santrock, 2007).

2) 교육적 시사점 및 평가

Vygotsky의 이론은 교육적으로 다음과 같은 중요한 시사점을 가지고 있다. 첫째, 개인의 발달에서 사회적, 문화적 맥락의 중요성을 강조한다. 대부분의 발달이론가들은 보편적인 발달에 초점을 두었으나 Vygotsky는 발달의 보편적인 목표라는 것은 없으며, 이상적 사고나 행동은 각 문화권마다 다르다고 보고 문화적 상대성을 인정하였다(정옥분, 2012). 둘째, 근접발달영역에 대한 개념이다. Vygotsky의 근접발달영역에 대한 개념은 구체적으로 아동의 능력에 대한 평가, 교수법, 그리고 발달 과정에 대해 여러 가지 긍정적인 영향을 주었다. 이 개념은 단순하게 현재 발달 수준에 근거하여 아동을 평가하지 않고, 잠재적인 능력에 대한 관심을 갖도록 하였다. 또한 또래나 교사들과의 상호작용을 통해 아동이 잠재능력을 발휘하는 교수법에 대한 관심을 갖게 하였다(권민균 외, 2012). 셋째, 언어의 중요성에 관한 것이다. 언어는 유아의 인지발달에 결정적인 역할을 하며, 문화적 활동에 효과적으로 참여하게 하고 타인과의 의사소통에 중요한 수단이 되므로 교사는 유아의 언어능력 발달에 최대한 관심을 기울여야 하며, 부모 또한 자녀에게 모범적인 언어사용 모델이 되도록 주의를 기울여야 한다는 것이다(Routledge, 2009).

Vygotsky의 이론은 교육적인 측면에서 중요한 영향을 미쳤으나 동시에 비판도 있다. 그의 이론에 대한 비판은 다음과 같이 요약될 수 있다. 첫째, 인간의 생물학적 측면을 간과했다는 점이다. 물론 생물학적 영향력의 중요성은 인정하였지만 유전이나 뇌의 성장이 유아의 인지발달에 미치는 영향에 대해서는 거의 언급하지 않았다는 비판을 받고 있다(정옥분, 2012). 둘째, Vygotsky가 주장한 근접발달영역 등의 개념 정의가 명확하지 않기 때문에 경험적 검증이 어렵다는 지적을 받고 있다. 또한 성인이나 또래들, 즉 타인의 역할을 지나치게 강조한다는 것과 능동적인 활동 참여자가 되기 위해 아동이 무엇을 해야 하는지에 대하여 충분히 설명되지 않았다는 비판을 받고 있다(권민균 외, 2012).

3. 정보처리이론

정보처리이론은 아동이 정보를 처리하고 검토하고 정보에 대해 전략을 세우는 것을 강조한다. 정보처리이론가들은 인간의 인지과정을 컴퓨터가 정보를 처리하는 과정과 비교하여 설명하였는데, 육체적인 뇌는 컴퓨터의 하드웨어와 유사하고 인지는 소프트웨어와 유사하다고 하였다. 컴퓨터가 새로운 기술로 더 우수한 정보를 처리할 수 있는 것처럼 아동은 점차적으로 정보처리 능력을 발달시키며, 이는 아동으로 하여금 점점 더 복잡한 지식과 기술을 획득하게 한다. 정보처리이론의 중심은 기억과 사고의 처리라고 할 수 있는데, 정보처리에 대한 선두적인 전문가인 Siegler(1998)는 개인이 지각하고, 부호화하고, 표시하고, 저장하고, 정보를 다시 생각해 낼 때, 사고하는 것이라고 하였다(Santrock, 2007).

1) 주요 개념

(1) 부호화(encoding)

부호화는 정보를 기억 속에 집어넣는 기제로 이를 잘하기 위하여서는 주의, 시연, 조직화, 정교화 등의 전략이 필요하다.

① 주의(attention)

주의는 기억을 하기 위한 첫 번째 과정으로 특정한 자극에 관심을 보이고 잠시 몰두함으로써 기억될 수 있는 역할을 한다. 걸음마 시기의 영아는 집중하지 못하고, 한 행동에서 다른 행동으로 주의가 쉽게 전환되며, 어떤 한 대상이나 사건에 초점을 맞추고 짧은 시간 동안만 집중한다. 취학 전 연령의 아동들은 과제수행이나 문제해결에 관련된 것보다는 눈에 띄거나 두드러진 차원에만 주의를 기울인다. 그러나

6, 7세 이후의 아동들은 문제해결에 관련된 차원에 더 효율적으로 주의를 기울인다.

② 시연(rehearsal)

시연은 기억 속에 정보를 오래 머무르게 하기 위해 정보를 계속해서 반복하는 것이다. 시연으로 기억 속에 많은 정보를 저장할 수는 없지만, 좀 더 오랫동안 정보를 유지시킬 수 있다. 시연은 짧은 기간 동안 일련의 목록을 기억할 필요가 있을 때 가장 유용하다.

③ 정교화(elaboration)

정교화는 기억해야 하는 항목들에 무엇인가 덧붙이거나 의미 있게 연결함으로써 기억을 촉진시키는 것을 말한다. 정보와 관련하여 이미지화하거나 개인적 경험을 연결하는 것 등이 이에 포함된다.

④ 조직화(orgarnization)

조직화는 기억해야 할 것들을 의미 있는 것으로 관련지어 묶거나 범주화하는 방법이다. 예를 들면 버스, 의자, 사과, 기차, 옷장, 포도 등의 사진을 주고 이를 기억하라고 할 때 버스와 기차는 탈것으로, 사과와 포도는 음식으로, 의자와 옷장은 가구로 범주화하여 기억을 하면 더 잘할 수 있다.

(2) 저장(storage)

아동은 정보를 부호화한 뒤에 그 정보를 보유하고 저장해야 한다. 기억저장의 가장 중요한 특징은 시간에 따라 감각기억, 단기기억, 장기기억 등의 세 가지 저장소를 갖는다.

① 감각저장(sensory storage)

감각기억은 원래의 감각세계로부터 받아들인 정보를 순간적으로 포착하는 것으로 1, 2초 동안만 유지된다. 따라서 시연과 같은 정신적 처리과정을 통해 단기기억이나 장기기억화시키지 않으면 빨리 잊어버린다. 5세 유아의 감각기억 용량은 성인의 감각기억 용량과 동일하다(Morison, Holmes, & Haith, 1974).

② 단기저장(short term storage)

많은 정보들은 소리와 시각에 대한 감각기억을 넘어서 오랫동안 지속되지 않는다. 이런 정보는 한순간만 보유된다. 그러나 어떤 정보는 특별한 주의를 기울였을 때 단기기억으로 전환된다. 단기기억이란 제한된 용량의 기억체계로 정보가 책략을 이용하지 않는 한 30초 정도만 정보를 보유한다. 감각기억과 비교해 볼 때, 단기기억은 용량이 제한되어 있지만, 비교적 더 길게 정보를 저장할 수 있다. 숫자들로 되어 있는 짧은 자극 목록을 빠른 속도로 제시했을 때 2, 3세 영유아들은 2개의 기억량을 가지며, 7세에는 5개, 12, 13세에는 7개까지 증가한다.

③ 장기저장(long term storage)

장기기억은 영구적으로 오랜 시간 많은 양의 정보를 가지고 있는 기억형태로 시간이나 용량은 무제한이라고 할 수 있다.

(3) 인출

인출은 저장된 정보를 찾아내기 위해 기억의 저장소를 탐색한다. 부호화와 마찬가지로 탐색도 자동적으로 일어나거나 또는 노력을 요할 수도 있다. 인출은 인출과제의 위치나 특성에 따라 달라진다.

① 순차적 위치 효과(serial position effect)

순차적 위치 효과는 회상이 목록의 앞쪽과 뒤쪽의 항목이 중간에 있는 것보다 더 잘 회상하는 것을 말한다. 이 가운데 초두효과는 목록 중 초기에 나와 있는 항목이 가장 쉽게 기억되는 경향을 말하며, 최신효과는 목록의 마지막에 있는 항목이 가장 쉽게 기억되는 경향을 말한다.

② 재인(recognition)

재인은 어떤 자극이 이전에 경험한 것과 동일하거나 유사하다는 것을 인지하는 것으로, 선다형 문제와 같이 그 자체가 인출단서로서 존재하기 때문에 가장 간단한 인출방식이다.

③ 회상(recall)

회상은 빈칸 채우기나 문제 풀기와 같이 특별한 단서 없이 이전에 학습한 정보를 인출해야 하는 기억과제를 말한다. 회상하기 위해서는 부재한 자극의 정신적 이미지를 생성할 수 있어야 하기 때문에 재인보다 더 이후에 발달한다.

2) 교육적 시사점 및 평가

정보처리이론은 인간의 인지과정을 컴퓨터의 정보처리 과정과 비교함으로써 인간의 복잡한 사고과정을 가시화하고 알기 쉽게 풀이하였다. 그러나 과업의 처리기제나 과정에만 초점을 맞추었을 뿐, 그 과정이 일어나는 맥락이나 개인의 욕구, 능력 및 이들 간의 관련성은 간과했다는 비판을 받고 있다(Miller, 1993).

참고 문헌

권민균, 문혁준, 권희경, 성미영, 신유림, 안선희, 안효진, 이경옥, 전희영, 한유미, 한유진, 황혜신(2012). 아동발달. 서울: 창지사.

김미영(2010). 아동발달. 경기: 정민사.

전현표(2009). 위키백과. Vygotsky ZPD. svg.

조형숙, 박은주, 강현경, 김태인, 배정호(2013). 유아발달. 서울: 학지사.

Berstein, M. & Lamp, M. 편저. 곽금주, 김민화, 신혜은, 김연수, 이새별, 이승진 공역(2009). 발달과학, 서울: 학지사.

Bidell, T. L., & Fisher, K. W.(1992). Beyond the stage debate: Action, structure, and variability in Piagetian theory and research. In R. J. Sternberg & C. A. Berg (Eds.). Intellectual development, 100-140. New York: Cambridge University Press.

Corrigan, R.(1981). The effects of task and practice on search for invisibly displaced objects. Developmental Review, 1, 1-17.

Flavell, J. H., Miller, P. H., & Miller, S. A.(2002). Cognitive development(4th ed.). Upper Saddle River, NJ: Prentice Hall.

Gelman, R., & Brenneman, K.(1994). Domain specificity and cultural variation are not inconsistent. In L. A. Hirschefeld & S. Gelman (Eds.), Mapping the mind: Domain specificity and culture. New York: Cambridge University Press.

Heuwinkle, M. K.(1996). New ways of learning 5 new ways of teaching. Childhood Education, 72, 27-31.

Kozulin, A.(2000). Vygotsky. In A. Kazdin(Ed.), Encyclopedia of psychology. Washington, D. C. & New York: American Psychological Association and Oxford University Press.

Lamp, M., Bornstein, M., & Teti, D.(2002). Development in infancy. Mahwah, NJ: Lawrence Elbaum Associates.

Miller, P. H.(1993). Theories of developmental psychology(3rd ed.). NY: W. H. Freeman and Company.

Morison, F. J,, Holmes, D. L., & Haith, D. L.(1974). A developmental study of the effects of familiarity on short term memory. Journal of Experimental Child Psychology, 18,

412-425.

Piaget, J. & Inhelder, B.(1969). The child's conception of space. New York: W. W. Norton.

Routledge, S. S.(2009). Introducing Vygotsky: A guide for practitioners and students in early years education. London and New York.

Santrock, J. W.(2007). 곽금주, 정윤경, 김민화, 박성혜, 송현주 역. 아동발달심리학. 서울: 박학사.

Vygotsky, L. S.(1962). Thought and Language. Cambridge, MA: MIT Press.

제8장

생태체계이론

1. 생태체계 이론의 대두배경
2. 생태체계의 개념
3. 생태체계의 구성요소
4. 생태체계 관련 변인

1. 생태체계이론의 대두배경

Urie Bronfenbrenner

생태체계 이론은 19세기 말에 독일의 생물학자 Haeckel이 처음으로 생태학이라는 용어를 사용하였으며 Darwin의 생존경쟁 상황에 적용되는 생물들의 복잡 다양한 모든 상호연관관계를 연구하는 학문을 생태학이라고 하였다.

1920년대에 와서는 인간생태학(Human Ecology)이라는 용어가 사용되기 시작하였으며, 인간생태학자들은 생태학을 인간 사회로 확대하려는 노력을 기울여 왔다. 1960년대 중기에는 환경오염과 관련해서 생태학이란 용어가 유행처럼 사용되기 시작하였다. 생태학은 생물학적 유기체와 그 유기체가 놓인 사회적 · 물리적 환경 간에 존재하는 복잡하면서도 짜임새 있는 상호의존적 체계에 관한 연구이며 유기체와 외부 세계 간의 상호작용이라는 개념은 생태체계이론의 토대이다.

생태체계적 관점의 근간인 생태학 이론을 살펴보면 다음과 같다. 생태학(Ecology)이란 '동물과 무기적 · 유기적 환경에서 일어나는 자연의 경제(economy of nature)에 대한 지식'으로서 '자연 지역 내에서 함께 살아가는 식물과 동물의 상호 의존에 관한 과학'이라고 한다. 이러한 생태학의 영향을 받아 발달한 인간생태학(Human Ecology)은 1920년대 Park Burgess에 의해 처음으로 사회학의 한 분야로 채택되었고 시카고학파(Chicago school)의 사회학자인 Mckenzie가 '인간생태학은 인간 집단과 인간의 행동이 이뤄진 시간과 공간상의 위치와 결과에 관심을 갖는다'라고 정립하였다.

이를 Bronfenbrenner(1979)가 인간발달 체계 생태체계이론으로 발전시켰는데 그는 인간발달 생태학을 '적극적으로 성장해 가고 있는 인간과 그 발달하고 있는 개인이 살고 있는 즉각적인 장면의 변화하는 속성이 발전적으로 상호 조절하는 과정을 과학적으로 연구하는 학문'이라고 하였다(김동배 · 이희연, 2003).

Bronfenbrenner(1979)는 상호의존적 · 동태적 겹구조 모형을 구성하는 네 개의 주요한 생태학적 환경체계를 규정함으로써 동시 적용되는 환경을 개념화하였다. 환경 하나하나가 인간에게 영향을 미치는 것은 물론 그 환경들이 더 큰 체계를 이루며 서로 연결되어 인간발달에 역동적인 영향을 준다는 사실을 강조하였다.

즉, 인간의 생애는 진공상태에서 진행되지 않으므로 인간의 삶과 심리 행동 등을 긍정적으로 바꾸려면 그 사람을 둘러싸고 있는 생태학적 체계나 환경의 동시성과 역동성을 고려할 수밖에 없다. 특히 환경과 개인 간의 상호교류방식과 개인과 연결되어 있는 환경과 환경 간의 연결방식을 파악해야 한다. 단순히 환경이 개인에게, 개인은 환경에게 영향을 주고받는 것이 아니라 개인과 연결되어 환경들끼리도 교류와 상호작용을 한다.

이와 같이 생태학이론으로부터 비롯된 생태체계는 인간이 어떻게 환경과 상호작용하는지를 설명해 주며 개인과 환경을 각기 개별적으로 이해하기보다는 양자 사이의 관계성에 초점을 둔다(Meyer, 1983). 생태체계의 기본가정은 인간은 자신을 둘러싼 다른 체계로부터 분리되어 고려될 수 없다는 것이다. 생태체계에서 개인과 환경은 분리된 실체가 아니라 하나의 통합된 총체로서 개인은 이러한 여러 체계들과 전 인생주기 동안 지속적으로 상호작용하면서 성장하고 변화한다는 것이다(이은아, 2007). 이처럼 생태체계 관점은 인간의 활동을 이해하는데 널리 사용되고 있다.

2. 생태체계의 개념

Bronfenbrenner의 생태체계이론은 1940년대 후반에 Barker가 창시한 생태심리학(Ecological Pshchology)이론을 지지 · 확장한 것으로서, 그는 이 이론을 통해 인간 발달에 영향을 미치는 생태학적 환경은 일련의 겹구조(nested structure)로 구성되어 있다고 보았다(김기현, 2000; 백혜숙, 2008). 즉, 한 구조가 그 다음 한 구조 속에 끼워지는 러시아 인형세트처럼 네 가지 환경체계, 즉 유기체, 미시체계(microsysten), 중간체계(mesosystem), 외체계(exosystem), 거시체계(macrosytem) 순의 겹구조로 배열되며, 이 구조적 체계의 본질은 상호작용적이다(허승연, 2009). 유기체는 개인을 말하며, 미시체계는 서로 또렷이 구별되지만 동시에 다른 미시체계와 상호작용하며 연결되어 있다. 외체계는 유기체를 직접 포함하지 않는 환경구조들로 유기체의 중간체계나 미시체계에 직접 영향을 미치지만 유기체에게는 직접 영향을 미치지는 않는다. 거시체계는 위에서 묘사한 모든 체계를 포함하는 것으로 특정 문화권의 일반적 신념, 가치관, 이데올로기라 정의된다(윤종희, 2006).

생태체계의 개념은 인간과 환경과의 상호 호혜적 관계를 일컫는 것으로 인간을 둘러싸고 있는 내 · 외적 환경체제를 일컫는 것으로 학자들에 따라 다양한 개념 정의를 하고 있다. Zastrow(1999)는 '생태학적 모델의 중요한 것은 환경 내에 있는 것'으로 주장하였고 Germain(1973)은 '유기체와 환경이 적응하며 맞추어 가는 동시에 역동적인 평형과 상호작용을 성취해 가는 방법을 연구하는 과학'이라고 하였다. Bronfenbrenner(1979)는 '개인은 능동적 · 역동적인 실체이며 환경은 최인접 환경뿐만 아니라 더 큰 맥락까지를 포괄하며 나아가 인간과 환경은 상호 호혜적인 관계를 이루는 것'이라고 정의하여 인간과 환경의 상호작용의 산물을 '생태체계'라고 규정하였다. Hackell(1986) 역시 생태체계를 인간과 환경의 상호작용의 과학으로 정의하였다. 이들 외국학자들의 생태체계에 대한 개념을 종합하면 인간과 그 인간을 둘러싸고 있는 환경과의 상호 호혜적 작용과 그 과학으로 요약할 수 있다.

외국에서 생태이론이 소개된 이후 국내 학자들은 생태체계에 대한 개념을 원용하여 사용하였는데 박재욱과 이정옥(1985)은 "동물과 무기적 · 유기적 환경에서 일어나는 자연의 경제에 대한 지식으로서 자연 지역 내에서 함께 살아가는 식물과 동물의 상호 의존에 관한 과학"으로 규정하였다. 한편 류진아(2004)는 '개인 체계와 환경이 적응하며 맞추어 가는 것과 동시에 역동적인 평형과 상호작용을 성취해 가는 방법을 연구하는 과학'으로 정의하였고, 이정미(2006)는 '능동적으로 성장하는 인간과 그 인간이 몸담고 있는 변화하는 속성을 지닌 인접 환경들 간에 평생에 걸친 점진적인 상호 조절과정에 관한 과학적인 연구'라고 규정하였다. 국내학자들 역시 생태체계를 인간과 환경의 역동적 관계와 상호작용에 대한 과학적 연구로 규정하였다.

이러한 국내·외 학자들의 생태체계에 대한 개념을 종합하면 다음 〈표 8-1〉과 같다.

표 8-1 생태체계의 개념

학 자	생태체계의 개념
Zastrow (1999)	인간을 둘러싸고 있는 환경 내에 있는 체계
Germain (1973)	유기체와 환경이 적응하며 맞추어 가는 동시에 역동적인 평형과 상호작용을 성취해 가는 방법을 연구하는 과학
Bronfenbrenner (1979)	개인은 능동적·역동적인 실체이며, 환경은 최인접 환경뿐만 아니라 더 큰 맥락까지를 포괄하며 나아가 인간과 환경은 상호호혜적인 관계를 이르는 것
E. Haeckel (1860)	생물과 그 환경 간 상호관계의 과학
김동배, 이희연 (2003)	생태체계는 인간을 둘러싸고 있는 모든 상황에 적합한 관점, 모델, 방법, 기법을 사용하여 인간이 어떻게 환경과 상호작용하는지를 설명해 주는 실천적 개념
박재욱, 이정옥 (1985)	동물과 무기적·유기적 환경에서 일어나는 자연의 경제에 대한 지식으로서 자연지역 내에서 함께 살아가는 식물과 동물의 상호 의존에 관한 과학

학 자	생태체계의 개념
류진아 (2004)	개인체계와 환경이 적응하며 맞추어 가는 것과 동시에 역동적인 평형과 상호작용을 성취해 가는 방법을 연구하는 과학
이정미 (2006)	능동적으로 성장하는 인간과 그 인간이 몸담고 있는 변화하는 속성을 지닌 인접 환경들 간에 평생에 걸친 점진적인 상호 조절과정에 관한 과학적인 연구

3. 생태체계의 구성요소

생태체계 특성의 구성요소는 Meyer가 개인, 가족, 집단, 지역사회로 생태체계를 분류하였다. Bronfenbrenner(1979)는 인간발달에 관련된 환경을 조직화하는 틀을 제공하였고 이를 모형화하여 미시체계, 중간체계, 외체계, 거시체계로 구분하였다.

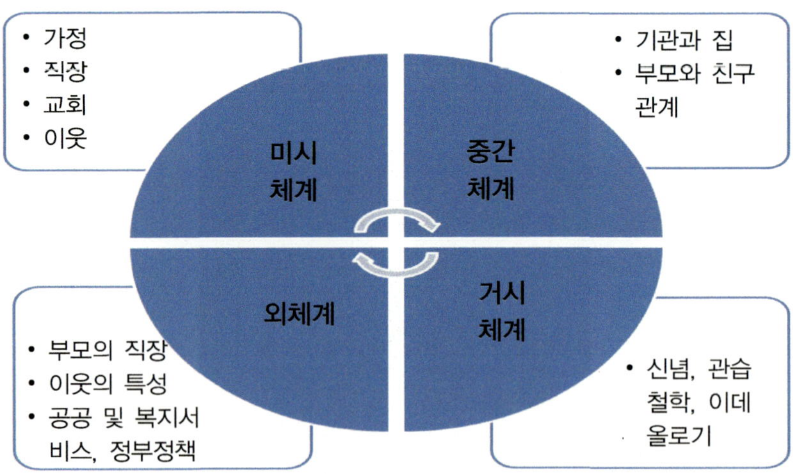

[그림 8-1] Bronfenbrenner(1979)의 생태체계 구분

미시체계는 인간이 생활하고 있는 인접환경을 말하며 가정, 직장, 교회, 이웃과 같은 개인을 둘러싼 직접적 환경 내의 활동, 역할, 대인관계 유형을 말한다. 중간체계는 성장하는 유기체가 참여하는 두 가지 이상의 환경에서 일어나는 과정과 연결성을 말한다. 외체계는 인간을 포함한 근접 환경을 둘러싸고 있는 공식적 · 비공식적 사회 구조이다. 거시체계는 특정 문화의 유형들로 그 문화에서 강조되는 신념, 관습, 철학이나 이데올로기로서 하위체계에 대한 일종의 지지 기반을 제공한다(박명숙, 1999).

생태체계이론은 많은 학자들에 의해서 다루어지고 있으나 생태체계 구성요소에 대해서 각자 다른 의견을 제시하고 있다. 많은 생태체계 학자들의 생태체계 구성요소에 대한 견해는 다음과 같다.

첫째, Bronfenbrenner(1979)가 주장하는 생태체계이론은 미시체계(microsystem), 중간체계(mesosystem), 외체계(exosystem), 거시체계(macrosystem) 등 4개의 수준으로 생태체계 구성요소를 구분하여 설명하고 있다.

미시체계는 한 개인이 매일 접하는 가장 가까운 체계로 가족, 친구, 동료 등으로 볼 수 있는데 그 예로는 개인과 가족 구성원의 관계, 개인과 친구와의 관계, 개인과 동료와의 관계가 될 수 있다. 중간체계는 개인의 생활에서 접하는 미시체계들 간의 상호작용으로 볼 수 있다. 예를 들면 기관과 집, 배우자와 친구들 사이의 관계 등으로 볼 수 있다. 외체계는 개인이 반드시 직접 참여하거나 직접 관련된 것은 아니지만 발생하는 일들이 개인에게 직 · 간접적인 영향을 주는 것을 말한다. 예를 들면 부모의 직장, 이웃의 특성, 공공 및 복지 서비스, 정부정책, 학교와 지역사회 사이의 관계, 사회 네트워크 운송 체계, 법, 커뮤니케이션 수단 재창조와 사회생활의 패턴 등이 될 수 있다. 거시체계는 모든 수준에 영향을 미치는 큰 단위의 체계로써 문화, 민족, 경제, 법, 철학, 정치 등이 될 수 있다(김윤정, 2011).

둘째, Belsky(1980)는 생태체계 구성요소를 개인과 미시체계, 외체계, 거시체계 등 4가지로 분류하여 설명하였다. 여기서 개인 변수는 개인적 특성인 유전과 개인의 발달로 보고 있고, 미시체계는 개인을 둘러싸고 있는 가장 작은 단위인 가족을 중심으로 보고 있다. 외체계는 지역사회라고 소개되고 있으며 거시체계는 문화로 보고 있다.

셋째, Kemp(1998)는 생태체계를 미시체계, 중간체계, 거시체계 등 3개로 구분하여 설명하고 있다. 미시체계는 개인적 수준을 포함하고 개인과 가장 가까운 체계까지 보고 있다. 그리고 중간체계에서는 가족체계 내에서 기능하는 것들을 포함하고 있다. 거시체계는 지역사회와 사회현상을 설명하는 것을 포함하고 있다.

넷째, Compton과 Galaway(1999)는 생태체계 구성요소를 개인변수 상황, 미시체계, 중간체계, 거시체계 등 4가지로 구분하여 설명하였다. 개인변수는 개인이 지닌 개인적 자원뿐만 아니라 개인의 발달에 영향을 미치는 상호작용 요인들에 대해서 설명하고 있다. 미시체계는 개인을 둘러싼 직접적 환경 내의 활동 역할, 대인관계 유형, 학교 내에서의 경험, 레저 스포츠의 경험 등이 포함될 수 있다고 설명하고 있다. 중간체계는 개인이 실제로 참여해 그 사람의 직접적인 환경에서 무엇인가 일어나도록 영향을 끼치는 경우가 된다. 중간체계의 예로는 주요 집단과 조직 사이의 관계, 하루 동안에 개인이 지내는 기관 중에 학교나 직장, 교회, 레크리에이션, 지역사회 등이 될 수 있다. 거시세계는 특징 문화 속에 내재된 신념체계, 이데올로기, 문화, 사회의 정책 구조 등이 될 수 있다.

다섯째, Zastrow(2010)는 사회 환경을 인간의 삶과 행동에 직접 혹은 간접적인 영향을 미치는 조건, 상황 그리고 인간 존재 간의 상호작용을 의미한다고 보고하고 있는데, 3가지 체계, 즉 미시체계, 중간체계, 거시체계로 분류하여 설명하고 있다. 여기서 미시체계는 개인이며 중간체계는 개인의 가족, 소속 집단, 이웃, 조직 등을 포함하고 있으며, 거시체계는 지역사회, 국가, 문화까지 포함하고 있다. 이러한 체계들은 상호 간에 관련성이 있으며 상호 의존하거나 상호 영향을 미친다고 보고 하였다.

여섯째, Ambrosino 등(2005)은 생태체계 구성요소를 미시체계, 중간체계, 외체계, 거시체계 등 4개로 분류하여 설명하고 있다. 먼저 미시체계는 개인이 대면하게 되는 여러 가지 상황들을 포함하고 있는데 이는 가족, 학교, 직장, 동료 집단, 교회 등이 있다고 설명하고 있다. 중간체계는 미시체계 간의 관계이기도 하며, 상황들 간의 연계라고도 설명한다. 중간체계의 예로는 집과 학교, 집과 직장, 집과 교회, 학교와 이웃의 관계 등이 될 수 있다. 외체계는 개인이 직접 참여하지는 않지만 간접적인 영향을 받는다는 의미가 될 수 있다. 이는 개인이 아닌 다른 사람의 직장이 될 수 있으며 지방, 정부, 개인의 미시체계에 속한 직장 동료들 간의 그룹 형태가 될 수 있다. 거시체계는 이데올로기, 사회, 정책 등이 될 수 있다.

4. 생태체계 관련 변인

생태체계이론에서는 인간이 환경의 모든 요소와 지속적인 상호교환을 하는 존재로 적응적, 진화적 관점을 지니고 있으며, 이는 개인이 고립되어 존재하는 것이 아닌 환경과의 상호작용을 통해 의미를 갖게 되고 표현되게 된다. 인간은 끊임없이 창조하고, 재구조화하며, 환경이 인간에게 어떤 영향을 미친다고 해도 환경에 적응해 나간다. 이와 같은 적응은 인간의 내적 영향력과 생태적 환경의 영향력에 의해 이루어지는 상호의존적인 과정인 것이다.

Bronfenbrenner(1979)의 이론에 의하면 개인은 능동적, 역동적인 실체이며, 환경은 최인접 환경뿐만 아니라 더 큰 맥락까지를 포괄하며 나아가 인간과 환경은 상호 호혜적인 관계를 이룬다. 따라서 인간발달 생태학이란 능동적으로 성장하는 인간과 그 인간이 몸담고 있는 변화하는 속성을 지닌 인접 환경들 간의 점진적인 상호조절 과정에 관한 과학적인 연구라고 정의하고 인간발달 생태학의 이론(Ecology of Human Development)을 체계화시켰다.

[그림 8-2]는 유아달발과 관련된 생태체계 변인으로 유아발달에 영향을 미치는 환경으로 미시체계(microsystem), 중간체계(mesosystem), 외체계(exosystem), 거시체계(macrosystem)의 4체계로 세분화하였다. 즉 유아발달은 사회문화적 체계 속에서 영향을 주고받는 존재이므로 유아발달을 이해하기 위해서라기보다는 사회문화적 맥락과 개인 간의 관계를 살펴보는 것이 중요하다.

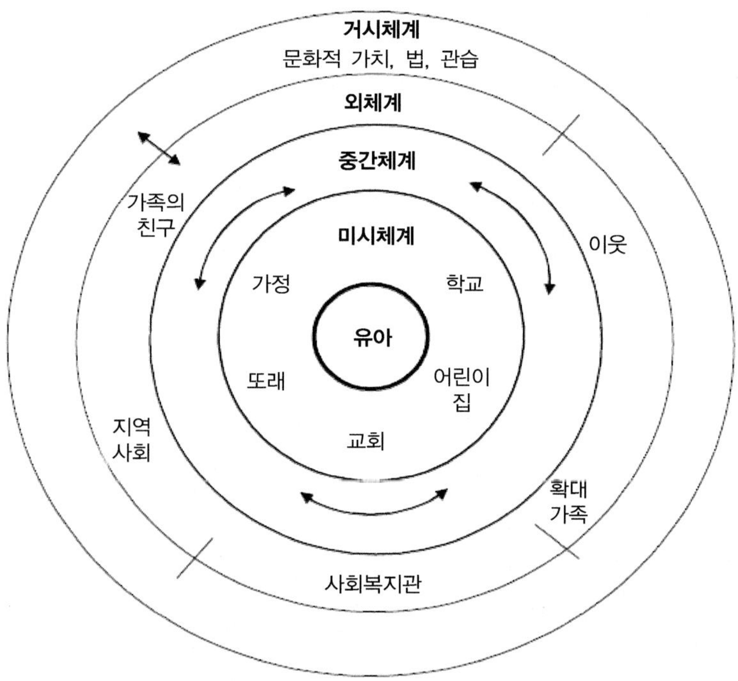

[그림 8-2] 유아발달과 관련된 생태체계 변인
(Shaffer, 1999; 정옥분, 2006)

1) 유기체 변인

유기체는 가장 인접한 수준의 환경으로 정의된다. 곧 유기체는 개인을 말한다.

개인이 나타내는 행동을 '개인'과 '환경' 간 상호작용의 산물로 볼 때, 환경이 아닌 개인 자신이 지닌 변인을 유기체 변인이라고 한다(홍정미, 2008). 교육학용어사전(서울대학교교육연구소, 1995)을 살펴보면 "행동과학적 연구는 어떤 사람이 어떤 환경에서 어떤 반응을 보이느냐는 문제에 관심을 갖게 되는 바, 이 가운데 첫 번째 부류에 해당하는 변인, 즉 피험자의 물리적 · 생리적, 혹은 심리적인 특성을 일컫는다. 성별 · 신장 · 연령 · 교육수준 · 지능 · 동기 등은 이 범주에 드는 변인이다. 이들은 유전과 환경, 그리고 그들 간의 상호작용에 의해 개인의 내부에 이미 형성된 것들로서 연구가 일어나는 새로운 환경적인 변인과 더불어 그의 반응을 결정하는 중요한 변인이다."라고 정의하고 있다.

유기체는 유아 자신이며 유아의 적응 변인에는 기질, 성별, 나이, 최초 취원 연령이다. 기질이란 한 특질(trait) 자체가 아니라 서로 관련되는 일군의 특질들을 가리키는 총칭이라 할 수 있다. Levine(1973)은 사회와 가정에서 부모의 역할을 지나치게 강조해 왔던 점을 비판하면서 유아의 타고난 성격은 예측할 수 없는 변수이며 그에 따라 부모의 자녀양육 태도가 달라진다고 하였다(홍계옥, 1994). 유아의 행동 발달과 성격의 기본이 되는 고유한 특성은 기질이라는 개념으로 설명된다(Goldsmith & Gottman, 1981). Thomas와 Chess의 뉴욕 종단 연구를 통해서 유아의 기질적인 성향의 중요성이 강조됨에 따라 기질에 대한 연구가 활발해지기 시작하였다. 유아의 기질과 관련된 선행연구(김영희, 1996; 이선화, 1996)에서는 적응에 기질이 중요한 영향을 미친다는 결과들이 나타났다. 대부분의 선행연구들을 보면 알 수 있듯이 성별과 연령은 환경 적응에 영향을 보이는 중요한 요인이다. 실제로 남아보다 여아가 유아교육기관에서 적응을 잘하는 것으로 나타났으며 활동 수준, 적응성, 지속성, 반응력에서는 성별의 차이가 나타나지 않은 연구결과들도 있다(Hughes, Piews & Pinkerton, 1979).

2) 미시체계 변인

미시체계는 친밀한 사회 환경 안에서 겪게 되는 상황과 직접 접촉하는 물리적 환경 안에서 겪게 되는 상황을 말한다. 미시체계는 성장하는 개체가 특정 대면 상황에서 경험하는 활동, 역할 대인관계를 맺는 방식이다(Bronfenbrenner, 1993).

미시체계(microsystem)는 가정환경이나 학교환경처럼 개인에게 직접적인 영향을 주는 체계이다. 어머니와 유아의 의사소통, 또래집단에서 인기도, 예를 들면 가정, 학교, 친구간의 관계 등을 말하며 그에 관한 연구가 그 예이다. 미시체계는 개인의 일생에 있어서 가장 절실하고 지대한 영향을 끼친다. 유아의 환경에 직접적인 상호작용을 하는 미시체계는 가정과 유아교육기관이다. 즉 유아가 생활하는 장소와 그 곳에서 같이 생활을 하는 사람들과의 관계이다. 예를 들면 부모와 형제 자매, 교사 그리고 또래들과의 관계를 말한다. 특히, 유아와 가정과의 관계에서 유아는 부모를 통하여 사회적인 관계를 최초로 경험하고 이로 인해 학습하고 모방한다. 그러므로 부모의 양육태도는 유아의 교육기관 적응에 중요한 영향을 미친다.

3) 중간체계 변인

중간체계는 한 사람의 삶에 존재하는 다양하게 겹쳐져 상호작용하는 미시체계들간의 관계망으로 구성된 가정과 학교간의 관계, 학교와 직장간의 관계로 미시체계 각각에 존재하는 발달 촉진적, 저해적 특징과 과정의 상호작용이 만들어 내는 상승효과에 초점을 맞추는 것이다(Bronfenbrenner, 1992).

중간체계는 발달해 가는 개인이 능동적으로 참여하는 두 개 또는 그 이상의 장면들 사이에 존재하는 일련의 상호관련성이다. 가정과 유아교육기관 사이에 존재하는 상호관련성의 형태에는 다수 장면에의 참여, 간접적 연결, 장면 간 의사소통, 장면 간 지식 등 네 가지의 일반적 형태로 구분할 수 있다. 다수 장면에의 참여는 두 장면 사이의 상호연결 중에서 두 장면에 모두 참여하는 것이 가장 기본적인 형태이다. 한 유아가 가정 및 유아교육기관 등의 2개 영역에서 생활하는 것처럼 동일한 사람이 하나 이상의 장면에서 활동에 참여할 때 두 장면 참여에 의한 상호연결이 일어난다. 간접적 연결은 두 환경 내에 있는 사람들 사이에서 중재적 연결자 역할을 하는 제3자를 통해서 두 환경은 연결될 수 있다. 장면 간 의사소통은 서로 한 장면에서 다른 장면으로 전달된 메시지이다(박종인, 2010). 이처럼 중간체계 개념은 사람이 동시에 서로 다른 역할을 수행하고 있다는 사실을 전제하는 것이며, 부모와 교사, 유아와 교사의 관계 등과 같이 미시체계들 간의 호혜성을 뜻한다.

중간체계(mesosystem)는 미시체계들을 연결해서 지켜 주며 미시체계들이 중복되어서 생기는 대인관계를 의미한다. 즉, 유아가 적극적으로 참여하는 두 개 또는 더 많은 수의 환경들 간의 상호관계를 말한다. 유아의 경우 가정과 유아교육기관 관계, 가정과 또래집단과의 관계가 대표적이다. 예를 들면 가정의 경험이 학교 행동에 영향을 미치는 것 또는 또래간의 사회성과 학교 성적과의 관련성 여부를 살펴보는 연구 등을 말한다. 중간체계는 한 개의 미시체계와 다른 한 개의 미시체계 사이의 연결 관계를 말하기 때문에 어떤 하나의 미시체계에서 일어나는 사건들은 다른 미시체계에서 일어나는 유아의 행동과 발달에 영향을 끼친다는 점에 있다. 즉 중간체계는 유아교육기관과 가정과의 관계를 의미하며 부모가 유아교육기관에 대해서 얼마나 많은 관심과 보조를 하고 있으며 유아교육기관에 대하여 얼마나 '신뢰하고 만족하는가'를 바탕으로 유아교육기관 적응과의 관계를 나타낸다.

4) 외체계 변인

외체계란 하나 이상의 환경으로 구성되어 있으며, 발달해 가는 개인이 그 환경들 속에 적극적인 참여자로 포함되지는 않지만 그 환경 내에서 발생하는 사건들에게 영향을 주거나 영향을 받는 환경이라고 정의되어 왔다.

외체계가 발달에 영향을 미치는 하나의 맥락으로 작용하고 있음을 증명하려면 적어도 두 단계의 인과적 순서를 수립할 필요가 있다. 첫째 단계에서는 외부상황에서 일어나는 사건을 발달해 가는 사람의 미시체계에서 일어나는 과정들과 연결시키고, 둘째 단계에서는 미시체계의 과정들은 그 환경 내에 있는 개인의 발달적 변화와 연결시키는 것이다(Bronfenbrenner, 1979). 이러한 유아의 발달에 영향을 미치는 외체계에는 부모, 친구집단, 이웃, 사회복지기관, 지역위원회, 대중매체, 정부기관, 종교단체, 시민단체, 사회적 관계망 등 사회적 지지를 포함할 수 있다.

5) 거시체계 변인

거시체계(macrosystem)는 기본적인 신념체계가 이념과 함께 하위체계들(미시체계, 중간체계)의 형태와 내용에서 나타나는 일관성(consistencies)으로서 하위 문화수준이나 문화전반의 수준에 존재하거나 존재할 수 있다. 거시체계는 개인이 속한 사회나 하위문화의 이념 및 제도의 유형으로 사회 문화적 규범과 같은 커다란 체계를 말하며 개인에게 간접적 영향을 준다. 그래서 인간은 처음에는 일차적인 양육자를 이해하고 그 다음으로 가정, 학교, 환경을 이해하며 사회, 문화 등 더 큰 측면들을 이해하고 그 속에서 발달해 간다. 예를 들어 우리나라 부모에게서 나타나는 교육열은 거시체계에 속한다고 할 수 있다.

참고 문헌

교육인적자원부(2007). 2007 특수교육실태조사.

김기현(2000). 맞벌이 부부의 양육스트레스에 영향을 미치는 생태학적 관련 변인 탐색. 경희대학교 박사학위논문.

김동배, 이희연(2003). 사회복지실천의 생태체계 패러다임과 연구방법론에 대한 고찰. 연세사회복지연구, 제9집.

김영희(1996). 기질 및 양육행동과 아동의 적응과의 관계. 서울: 학지사.

김윤정(2011). 생태체계적 관점에서 본 생애주기별 자살생각의 위험요인과 보호요인. 한국지역사회생활과학회지, 22(3), 429-444.

류진아(2004). 청소년의 인터넷 중독에 영향을 미치는 생태체계 변인. 숙명여자대학교 박사학위논문.

박명숙(1999). 생태체계이론에 대한 이해와 사회사업에의 적용에 관한 연구. 사회복지리뷰 제4집, 129.

박명호(2000). 어머니의 양육태도와 유아의 사회적 행동에 관한 연구. 연세대학교 석사학위논문.

박종인(2010). 다문화가정 유아의 사회적 능력에 미치는 영향 요인 연구: 생태체계 요인을 중심으로. 청주대학교 석사학위논문.

백혜숙(2008). 베이비시터에 의한 가정내 영아보육서비스 발전 방안: 생태학적 관점을 중심으로. 숙명여자대학교 석사학위논문.

서울대학교교육연구소(1995). 하우동설.

윤종희(2004). 장애 아동의 생애 초기 개입 서비스에서 가족중심모형에 대한 문헌 연구: 생태학적 접근. 생활과학연구, 9, 79-94.

이선화(1996). 유아의 기질과 사회적 적응에 관한 연구. 건국대학교 석사학위논문.

이은아(2007). 생태체계 변인과 중년기 남성의 심리적 적응의 관계. 부산대학교 박사학위논문.

이정미(2006). 미시체계적 관점에서 본 청소년 전환기 문제행동: 가정 및 학교환경을 중심으로. 한남대학교 석사학위논문.

정옥분(2006). 아동발달의 이해. 서울: 학지사.

최영숙(1992). 취학전 교육 실태와 학부모의 인식조사연구-서울지역을 중심으로.

허승연(2009). 청소년의 행복에 영향을 미치는 생태체계 변인. 숙명여자대학교 박사학위논문.

홍계옥(1994). 유아의 기질 및 어머니의 양육행동과 모자 애착 행동 간의 관계. 고려대학교 박사학위논문.

홍정미(2008). 다문화 가정 자녀의 학교생활 적응에 영향을 미치는 생태체계 변인. 숙명여자대학교 박사학위논문.

Ambrosino, R., Heffernan, J., Shuttlesworth, G., & Ambrosino, R.(2005). Social work & social welfare an introduction. Belmont, CA: Brooks/Cole Thomson Learning.

Bronfenbrener, U.(1992). Ecology of human development. 이영(역). 인간달발 생태학. 경기: 교육과학사.

Bronfenbrenner, U.(1979). The ecological hum an development: Experiments by nature and design. Cambridge, MA: Havard University Press.

Bronfenbrenner, U.(1993). The ecology of cognitive development: Research models and fugitive findings. In R. Wonziak & K. Fischer (Eds.), Development in context: Acting and thinking in specific environments(pp. 3-44). Hillsdale, NJ: Erlbaum.

Compton, B. R., & Galaway, B.(1999). The ecosystem perspective and the use of knowledge. CA: Brooks/Cole Publishing Company.

Germain, C. B.(1973). Social context of clinical social work, Social Work.

Goldsmith, H. H., & Gotteman, I. I.(1981). Origins of variation in behavioral style : A Iongitudinal study of temperament in young twins. Child Development, 52, 91-103.

Haeckel, E.(1860). Ueber neue lebende Radiolarien des Mittelmeeres. Monateber, D. K. Preuss, Akad, D. Wiss. Berlin, pp. 794-835.

Hughes, M., Pinkerton, G., & Plewis, I.(1979). Children's Difficultieson Starting Infant School. Journal of Child Psychology and Psychiatry, 20, 187-196.

Kemp, A.(1998). A busein the family: An introduction. NY: Brook/Cole.

Levine, R. A.(1973). Culture, behavior, and personality. Chicago: Aldine.

Meyer, C.(1983). Clinical social work in the eco-systems perspective. New York: Columbia Univ. Press.

Shaffer, D. R.(1999). Developmental psychology : Childhood and adolescence(5th ed.), Brooks/Cole, Publishing Company.

Zastrow(1999). Hunman Behavior and Social Environment.

제3부

영유아기 발달

제9장

태아 및 신생아기

1. 태아기 발달
2. 신생아기 발달

1. 태아기 발달

1) 태아의 성장 · 발달

남성의 정자와 여성의 난자가 결합함으로 한 생명이 탄생하게 되는데, 수정된 순간부터 출산하기까지 약 38주의 기간을 태내기라고 한다. 임신 초기부터 출생 시까지의 임신된 개체는 수정란이 자궁벽에 착상하는 2주 후부터 8주까지를 배아라고 하며, 수정 8주 이후부터 출생 때까지를 태아라고 한다.

태내기는 임신으로 시작하여 출산에 이르기까지 대략 266일이며 약 38주 동안 이루어지고, 34-40주 사이에 산모의 자궁에서 세상 밖으로 나오게 된다. 이것은 단세포의 수정체에서 수많은 세포분열을 통해서 하나의 인간으로 탄생하게 되며 임신기간은 크게 배종기, 배아기, 태아기의 단계로 진행된다.

(1) 배종기

수정 후 약 2주경의 시간이 지나면 수정체는 자궁착상이 끝난다. 하지만 수정체의 약 30%는 착상하지 못하는 경우도 발생을 한다. 그것은 정자와 난자가 부정확하게 수정이 되었다거나 세포분열이 온전하게 이루어지지 못하였기 때문이다. 산모의 자궁에서 부적절한 수정체는 자궁의 착상을 거부함으로 배아기에 이루지 못하게 한다.

때로는 수정란이 자궁에 착상하지 못하고 난관, 난소, 자궁경부 등에 착상하게 되는데 이를 자궁외 임신이라고 한다. 자궁외 임신은 오래 지속될 수가 없기 때문에, 태아는 제대로 발육하지 못하고 유산이 되기도 한다.

(2) 배아기

수정란이 자궁벽에 수정체가 착상한 이후부터 약 8주까지의 시간을 배아기라고 한다. 이 기간 동안 태반이 발달하며 탯줄이 형성되게 되며 외배엽, 중배엽, 내배엽 등으로 구분된 세부적인 기관들이 형성된다. 외배엽은 피부의 표피, 손톱, 발톱, 머리카락, 신경계, 감각기관으로 발달하고, 중배엽은 피부의 진피, 근육, 골격, 순환계, 배설기관으로 발달하며, 내배엽은 소화기관, 간, 췌장, 침샘, 호흡기 계통으로 발달하게 된다(정옥분, 2012).

신경관이 형성되고 3~4주경에는 뇌를 형성하는데 신경관 내부에서는 정보를 저장, 전달하는 뉴런이 생성되기 시작한다. 임신 2개월째에는 눈, 귀, 토, 턱, 목 등이 형성되고 팔, 다리, 손가락, 발가락이 보이기 시작한다. 또한 내장기관이 발달하고 소장과 대장, 심장에 심방이 형성된다. 배아기 기간에 입 주위와 발바닥은 자극에 반응하며 조금씩 움직일 수 있게 되며, 사람에 가까운 모습을 갖춘다.

(3) 태아기

임신 8주 후부터는 태아기에 접어들게 된다. 외형적으로 완전한 사람의 모습을 하고 있으며 빠르게 성장한다. 이 시기에 각각의 기관들, 근육, 신경계가 조직화되고 상호간 연결이 된다. 또한 운동을 시작하고 손가락 빨기를 시작한다.

① 3개월

내 · 외부의 생식기가 발달하고 태아의 성별을 구별할 수 있으며 통상적으로 남아의 생식기가 여아보다 빨리 발달한다.

② 4개월

태아의 성별이 뚜렷이 구분되고 눈의 홍채가 발달하며, 모든 신경들과 아래 잇몸에 치아가 형성되고, 손톱과 발톱이 생긴다. 간이 기능을 시작하고 갈비뼈와 척추는 연골조직에서 경화되기 시작하며 이때 산모는 태동을 느낄 수 있다.

③ 5개월

임신 5개월부터 태아는 소음에 불편해하며 스트레스를 받고 빛을 감지할 수 있으며 이것은 청각과 시각이 기능을 시작함을 이야기한다. 허파는 아직 미성숙하고, 대뇌가 호흡과 체온을 조절할 정도로는 발달되지 못한 상태이다.

④ 6개월

뇌 발달이 이루어져 모든 뉴런들이 형성된다. 나머지 임신기간은 물론 출산 이후에도 더 이상의 뉴런의 생성은 이루어지지 않는다. 눈꺼풀이 분리되고 속눈썹이 형성되며 심장박동이 뚜렷해지는 상태이다.

⑤ 7개월

호흡과 삼키기를 통제할 수 있을 정도로 신경계가 발달한다. 대뇌가 빠르게 발달하고 감각기능과 운동기능을 통제하는 대뇌조직이 형성되어 통증을 느낄 수 있으며, 소리에 눈을 깜빡이기도 하는 등 민감하게 반응한다.

⑥ 8개월

8개월부터는 태아의 골격이 거의 완성되고 감각기관이 완전히 발달하며, 피하지방층이 형성된다. 태아는 태어날 준비를 위해 머리를 아래로 향하는 자세를 취한다.

⑦ 9개월

9개월부터는 계속해서 성장하며 동시 호흡, 소화, 체온기능 등이 출산을 위한 준비를 한다. 이 때부터 태아의 머리는 자궁경부로 향하며 질병에 대한 항체가 혈액을 통해 태아에게 흘러간다.

⑧ 10개월

모체에서 항체를 받아들여 저항력이 강해지며, 키가 약 50cm 정도이며, 몸무게는 약 2.5kg에서 3.4kg 정도 된다.

표 9-1 월별 태아의 발달과정

구 분	특 징
2개월	두뇌의 형태가 나타남
3개월	기억력이 생긴다(학습이 가능한 상태)
4개월	소리를 듣는다. 기쁨, 불안 등 감정발달
5개월	발길질, 손가락 빨기, 소리에 반응, 미각발달
6개월	두뇌활동이나 감정이 풍부, 촉각발달
7개월	명암을 구분, 바깥 소리를 구분, 후각발달
8개월	빛과 어둠(명암)을 감지함
9개월	배냇짓(자면서 웃거나 눈, 코, 입 따위를 쫑긋거리는 짓), 맛 선호
10개월	머리를 골반에 두고 나올 준비를 함

○ 배종기, 배아기, 태아기의 특징을 그림으로 그린 후 설명해 보자.

2) 태아의 학습능력

임신 후 6개월이 지나면 태아가 의식을 시작한다. 생리학적, 신경학적, 생화학적, 심리학적 연구 등에서 밝혀졌으며 태아는 기억할 수 있고 학습도 가능하다.

(1) 시각

태아와 어머니의 뇌는 탯줄을 통해 연결되어 있어서 어머니의 뇌를 통해서 보내져 온 멜라토닌이라는 호르몬을 통해 태아는 명암을 감지하게 된다. 태아가 태내에서 어두움을 인지하고 있음을 확인하기 위해 원숭이를 이용하여 실험을 한 결과 원숭이의 뱃속에 있는 새끼원숭이가 감지하고 있음을 확인하였다.

태아가 직접 산모의 뱃속에서 눈으로 사물을 바라보고 느끼는 것이 아니라 산모의 시각으로 바라본 것들로 느끼고 바라본 감정들이 호르몬을 통해 태아에게 전달되며 간접경험을 하게 된다.

(2) 청각

태아는 수정 후 4개월이 지나면 직접 음성을 들을 수 있으며, 5개월부터는 산모의 음성을 기억하여 산모의 음성에 따라서 심리상태가 변화함을 볼 수 있다. 이후부터는 음성뿐만 아니라 소리를 기억하게 되며, 7개월쯤 되면 소리를 분별하는 능력이 있어 소리에 따라 좋고 싫은 반응을 보이게 된다, 어머니의 심장박동, 현악기의 클래식, 작은 새의 지저귐, 바람소리 등의 자연음을 매우 좋아한다. 따라서 좋아하는 소리와 싫어하는 소리 중 어느 쪽을 자주 들려주느냐에 따라 그 후의 성장에도 큰 영향을 주게 된다.

(3) 지각

태아는 수정 후 4개월 정도의 시간이 지나면 지능을 관리하는 기관이 형성된다. 또한 수면 중에 발달시키기 때문에 뇌의 발달을 위하여 산모의 육체적, 정서적 안정이 중요하다. 이유는 산모의 육체적, 정서적 상태가 태아의 수면에 영향을 미치며, 곧 태아의 정서와 지능발달에 영향을 주기 때문에 산모는 안정적인 수면환경을 만들어 주도록 노력하여야 한다.

인간의 뇌 세포 수는 약 150억 개로 태아인 동안에 만들어지며 출생 이후 늘거나 재생되지는 않는다. 태아기 266일 동안 150억 개의 뇌신경 세포를 만들기 위해서 하루 평균 5~6천만 개의 세포를 생성하고 있다(천종후, 2000).

(4) 스트레스

산모가 고민, 불안감을 가지면 각자 차이가 있지만 태아가 스트레스를 받게 된다. 즉 산모의 스트레스가 태아에게 전이되면 그 스트레스는 태아의 신체적, 정신적 발달의 방해요소로 작용하고 유산에까지도 영향을 미친다. 따라서 태아의 성장과 발달을 위해서 산모의 심적인 안정과 스트레스로부터 철저한 관리가 중요함을 알 수 있다.

'후천적인 영향'에 의해 형성된다고 믿어졌던 '남자다움과 여자다움'이라고 하는 성격도 태아에서의 스트레스에 의해 영향력을 미친다. 한 예로 제 2차 세계대전 경의 독일에서 임신 초기에 공습을 받은 산모의 아기는 호모섹슈얼적인 성격을 가진 사내아이가 많았다는 보고가 있었으며 1971년 일본 다나교수에 의해 일본에서도 똑같은 경향이 있다는 연구결과가 있다(천종후, 2000).

영화감상 〉 마이키이야기(Look Who's Talking, 1989)
감독: 에이미 헥커링

참고사진 〉 한눈에 보는 임신 10개월 http://terms.naver.com/entry.nhn?docId=2098912&cid=51027&categoryId=51027

2. 신생아기 발달

1) 신생아의 신체특성

신생아의 평균 체중은 약 3.4kg이고, 신장은 평균 50~51cm이며, 남아가 여아보다 약간 더 크고 무겁다. 신체의 비례도 성인과 달라 머리가 전체 몸길이의 1/4쯤 되며, 목은 머리가 뒤로 젖혀졌을 때만 보이므로 마치 머리가 바로 어깨 위에 붙어 있는 것처럼 보인다. 출생 당시의 신생아는 양수에 몸이 젖어 있으며, 피부는 치즈와 같은 물질로 덮여 있는데 이것은 출생 전 태아의 피부를 보호해 주는 역할을 한다. 신생아는 미숙한 형태나마 주요 신체구조가 형성되어 있고, 모든 뇌세포 역시 출생 시부터 존재하며 다양한 자극에 반응한다(이재연, 1993).

신생아의 24시간은 다음 중에서 한 가지 상태에 놓여 있다. 첫째, 눈이 감겨져 있고, 호흡이 규칙적인 정규의 수면상태, 둘째, 사지의 운동과 얼굴을 찡그리는 불규칙한 수면상태, 셋째, 눈은 떠 있으나 활동하지 않는 졸린 상태, 넷째, 눈이 기민하게 움직이며 움직이는 물체를 쫓으며 방심하지 않는 비활동 상태, 다섯째, 몸 전체를 사용하여 광범한 근육활동을 하는 깨어 있는 활동의 상태 등이며, 이 중 네 번째의 상태가 학습과 타인과의 상호작용에 가장 적합하다(최보가, 1993).

Piaget는 인지발달 단계 중 신생아를 비롯한 영아기(0~2세)를 감각 · 운동기(sensori-motor period)라 명명하였다. 아기는 태어나자마자 감각 · 운동적 행동을 하면서 환경을 인식하고 사물을 지각하게 되는데 이러한 감각 · 운동적인 행동은 모든 지적발달의 기반이 된다.

처음에는 자신의 신체나 환경적 대상에 대한 의식이 없지만 나중에는 대상과 자기를 의식하게 되고, 물체를 잡거나 목표물을 향해 움직이거나, 소리와 행동을 모방할 수 있게 된다.

감각 · 운동적인 활동이라 하더라도 이 기간 동안에는 처음 출생해서 가지고 있던 몇 가지 반사적인 도식, 즉 빨기, 잡기 등에서부터 반사적인 것과 달라 보이는 상당히 크고 복잡한 도식들을 발달하게 된다. 이러한 발달은 역시 영아가 근본적으로 환경에 대해서 가지는 감각 · 운동적인 활동에 의해 가능한 것이다. 따라서 이 감각 · 운동적인 활동은 발달의 모든 단계에 영향을 미치는 아주 중요한 기초가 된다.

2) 신생아의 발달특성

(1) 신생아의 지각

아기는 출생 직후부터 독특한 특징을 갖고 있는데 이는 자궁환경의 조건과 유전형질에서 비롯된 것이다. 모든 신생아가 다 똑같아 보일지라도 사실은 아기마다 셀 수 없을 정도의 많은 다양한 면들이 있다. 예를 들면 근육의 상태, 자극에 반응하는 강도, 손, 발을 움직이는 속도, 젖을 빠는 힘과 젖을 빠는 유형, 촉각 · 시각 · 청각의 민감성, 울음소리의 크기와 계속성, 민첩함의 정도, 수면양상, 새로운 경험의 수용성 여부 등에서 그 다양함을 볼 수 있다(Escalona, 1968).

신생아는 환경 내의 다른 물체나 사건은 무시하는 반면, 어떤 특정한 대상이나 사건에 주의를 집중하는 약간의 지각적 편향성을 나타낸다. 가장 중요한 지각적 편향성은 어떤 방식으로 변화하거나 매우 다양하게 나타나는 자극에 주의를 기울이는 경향성이다. 움직이는 물체들, 흑백의 대조를 이루는 물체들, 혹은 크기, 리듬, 가락이 다른 소리를 내는 물체들이 가장 영아의 주의를 잘 끌고 지속시키는 경향이 있다(최보가, 1993).

(2) 신생아의 정서

신생아의 감정표현은 때로는 강하지만 다양하지는 않다. 배고픔과 통증 등으로 불쾌해지면 눈물을 흘리지 않은 채 버둥대며 온몸이 빨개지도록 울어 댄다. 이러한 울음은 자라면서 아동이나 성인들처럼 상황에 따라 세분화된 것으로 바뀐다.

신생아는 충분히 젖을 먹고 평온한 상태에서는 반사적인 안락한 미소를 짓는다. 이것을 배냇웃음이라고 하는데 생후 6주 무렵 주위 사람의 얼굴과 목소리에 대한 반응으로 나타나는 사회적 미소(social smile)와는 뚜렷이 구분된다. 대부분의 경우 신생아는 만족, 불쾌, 그리고 그 중간상태(neutrality) 등 세 가지의 기본적인 정서상태에 있다고 할 수 있다. 그러나 몇 가지 현상들에 의해 신생아가 사회적 반응에 민감하게 지각한다는 것을 알 수 있다.

첫째, 생후 1일된 신생아는 다른 신생아의 울음에 따라 울기도 한다.

둘째, 만져 주고 안아 주면 신생아는 아주 민감하게 반응한다.

셋째, 신생아는 성인이 자신에게 해 주는 말의 리듬에 맞추어 움직인다.

넷째, 성인의 얼굴표정을 모방한다.

(3) 신생아의 울음

태어남과 동시에 일어나는 울음소리는 새로운 환경에 대한 아기의 첫 번째 음성표현이다. 분광사진(spectrographic, sound spectrogram)으로 분석한 결과 아기들의 울음소리는 일정한 리듬형식(울고, 쉬고, 들이마시고, 쉬는)으로 구성되어 있음을 알 수 있다 (Ziajka, 1981).

신생아의 울음은 배고픔과 추위, 불편하고 아프거나 다른 신체적인 욕구를 표현하는 원초적인 목소리 신호이며, 부드러운 울음인 경우 다소 리드믹하고 반복적인 소리의 특징을 나타낸다. 이러한 신생아의 음성적인 표현은 두려움, 분노, 사랑의 기본적인 감정표현과 연결되어진다. 이를테면, 두려움은 갑작스럽게 숨을 몰아쉬기도 하고, 입술을 오므리며 울게 한다. 신체 움직임 역시 이런 소리와 같이 두려움에 대해서는 몸이 위축되고 움추려지며, 분노에서는 강직이 일어나고 사랑의 감정에서는 이완된 움직임을 나타낸다.

Boukydis(1985)도 울음이 의사전달의 역할을 한다고 했다. 그는 아기의 울음을 연구했는데, 울음은 상호교류적이고 조정하고자 하는 역동적인 관계라는 상황에서 발생한다고 언급했다. 또 Ostwald(1985)는 아기의 울음이 배고프고, 춥고, 외롭거나 아픈 것을 알려주는 대단히 효과있는 소리신호로써의 역할을 한다고 정의하면서 울음은 정서적인 욕구를 들을 수 있도록 표현하는 최초의 수단이라고 했다.

Hollien(1980)은 소리를 두 가지 차원으로 구분하였다. 첫째, 의사소통의 도구로써의 소리(communicative sounds)는 울음, 비명소리, 흐느껴 우는 소리, 훌쩍거리는 소리를 포함하고, 둘째, 생장으로써의 소리(vegetative sounds)로는 응얼거리는 소리, 낄낄거리는 소리, 투덜거리는 소리, 빠는 소리, 한숨소리, 씩씩거리는 소리, 입맛다시는 소리, 헐떡거리는 소리, 재채기 소리, 하품소리, 기침소리, 딸꾹질 소리를 말한다.

이상에서 알 수 있듯이 언어로 자신의 의사표현을 하기 이전의 아기, 특히 신생아에게 있어서의 울음은 운다는 그 행동자체로써의 의미가 아닌 비언어적인 의사소통의 도구가 되는 것이다.

3) 신생아의 반사

반사(reflex)는 어떤 특정자극에 대한 반응으로써 예측이 가능하며, 학습된 것이 아닌, 자동적이고 비의도적인 반응행동이다. 신생아의 행동으로는 비자발적인 운동인 반사운동이 있으며, 대부분 4개월 이후에는 소멸되며 영아의 자발적인 운동으로 통합된다.

신생아의 반사운동은 타인과 비언어적 상호작용의 시작이 될 수 있다. 신생아의 비자발적인 움직임을 바라보는 주변사람 특히 주양육자의 반응은 반사운동을 자발적인 운동으로 발달시키는 촉매가 될 수 있다. 이러한 반사행동에는 두 종류가 있다.

(1) 생리적인 반사

생리적인 반사는 생존반사라고도 하며, Bowlby(1988)는 생존반사(survival reflexes)를 유해한 자극에 대해 보호기능을 할 뿐 아니라 영아의 기본 욕구를 충족시키는 기능으로 설명하였다.

생명을 유지하는데 중요한 역할을 수행한다. 중요한 생리적인 반사로는 구토, 재채기, 딸꾹질, 하품, 눈 깜박거리기 등이 있다. 신생아의 동공은 빛의 밝기에 따라 열려지고 닫혀진다. 신생아의 눈물은 눈을 계속적으로 닦아 주고, 자극물을 씻어 주는 역할을 한다. 그러나 가까운 물체에 자동적으로 초점을 맞추는 기능은 아직 나타나지 않는다. 또한 신생아는 어떤 물체가 입 안으로 들어가면 반사적으로 침을 분비한다.

(2) 원시반사

모로반사, 바빈스키반사, 걸음마반사 등의 원시반사(primitivw reflexes)는 대부분 수개월 이내에 사라지는데, 이는 대뇌피질이 발달함에 따라 신생아의 반사운동이 점차적으로 의식적이고 자발적인 행동으로 대체되기 때문이다(정옥분, 2012).

바빈스키반사(Babinski reflex)는 손톱과 같이 딱딱한 도구로 신생아의 발비닥을 뒤꿈치에서 앞쪽으로 건드리면 발가락을 바깥쪽으로 부채처럼 펴는 반사이다.

어떤 자극에 대하여 복합적인 행동반응을 나타내는 반사이다. 요람에 혼자 누워 있을 때 신생아는 아주 무력한 상태이다. 그러나 어른이 안으려고 가까이 접근하면 아주 다른 존재로 변한다. 예를 들어 배가 고플 때는 다른 포유동물의 새끼와 마찬가지로 젖꼭지를 찾는 것처럼 어른의 몸을 입으로 더듬는다. 그러다가 옷이나 머리카락, 피부 등 무엇이라도 잡히면 아기는 몸통이나 팔, 다리를 활발히 움직이는 활동적인 존재로 변한다. 이러한 찾기반사를 빨기반사(sucking reflex)와 같은 것으로 보는 학자도 있으나 이와는 구별된다.

아기의 입이나 어딘가에 닿으면 아기는 머리를 자극이 있는 방향으로 향하고,

입도 자극하는 물체를 찾으려고 한다. 이런 반응은 손가락을 사용하여 알아볼 수도 있는데 만약 자극이 젖꼭지일 경우 아기는 그것을 찾아 빨기, 삼키기, 숨쉬기의 협응 행동을 수행한다. 이런 빨기반사의 비율과 강도에는 심한 개인차가 있기도 하다.

잡기반사(grasping reflex)는 손바닥이나 손가락이 자극을 받으면 자극에 사용된 물건을 힘주어 잡는 반응을 말한다. 어떤 아기는 너무 힘을 주어 잡아서 몇 분 정도는 그냥 매달릴 수 있는 정도까지 이른다. 3-4개월이 되면 잡기반사는 자발적인 잡기 행동으로 대체된다.

신생아는 성인이 놀라는 것처럼 갑작스런 강한 자극에 반응을 보인다. 모로반사(moro reflex)는 큰 소리가 나거나 밝은 빛이 비춰지고 혹은 아기의 자세를 갑자기 변화시킬 때 아기가 팔과 다리를 뻗쳤다가 다시 오므리는 반응이다.

아기의 배 부분을 수평으로 받아 주면 아기는 마치 수영하는 것과 같은 수영반사(swimming reflex)를 보이기도 한다.

또한 아기를 수직으로 받쳐 주면 발과 다리를 위로 올리고 또 내림으로써 마치 걷는 것과 같은 걷기반사(walking reflex)도 보인다. 이런 반응은 출생 직후 곧 사라지나 걸을 준비가 될 만큼 성숙해지는 영아 중기에서 말기 사이에 다시 나타난다.

신생아 시기의 움직임은 특별한 형태의 자극에 대해 반응하는 타고난 자동반응인 반사로 설명될 수 있다(김혜금 외, 2011). 이를 간략히 정리하면 다음과 같다.

표 9-2 반사의 특징

구분	특징
찾기반사 (rooting reflex)	입 주변의 뺨을 건드리면 자극을 준 쪽으로 머리를 돌리며 입을 살짝 오물거린다.
빨기반사 (sucking reflex)	우유병, 젖꼭지, 손가락 등 얼굴에 닿으면 무엇이든 입으로 규칙적으로 빤다.

구분	특징
목강직반사 (tonic neck reflex)	등을 바닥에 대고 눕히고 머리를 한쪽으로 돌리면 한쪽 팔은 머리가 향하고 있는 방향 앞으로 펴고, 다른 팔은 구부리며 마치 펜싱 자세를 취한다.
모로반사 (moro reflex)	신생아의 등을 수평으로 받친 채 갑자기 머리를 떨어뜨리거나 또는 갑자기 큰 소리를 내면 팔과 다리를 벌리고 손가락을 펴며 마치 무엇을 껴안으려고 하는 자세를 한다.
파악반사 (palmar reflex)	신생아의 손바닥을 손가락으로 누르면 성인의 손가락을 자동적으로 쥔다.
걷기반사 (walking reflex)	신생아의 팔 밑을 잡고 평평한 곳에 맨발이 닿게 하면 걷는 것처럼 발을 교대로 움직이다.
바빈스키반사 (Babinski reflex)	발가락에서 발뒤꿈치 쪽으로 발바닥을 건드리면 발가락을 부챗살처럼 펴고 발을 안으로 비튼다.

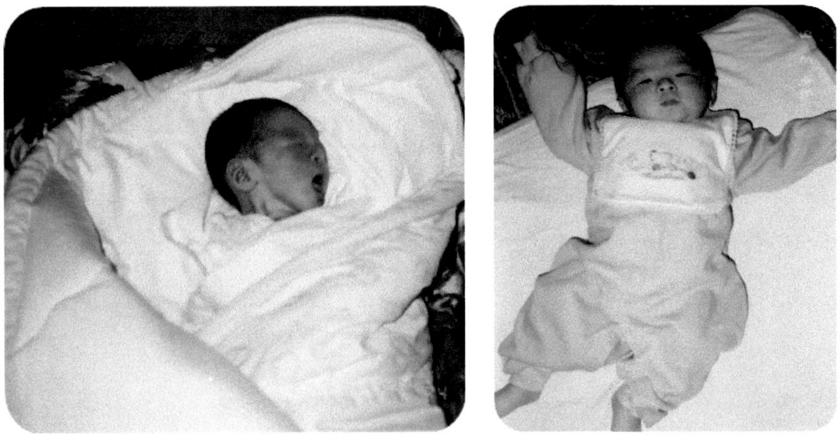

[그림 9-2] 신생아

참고 문헌

이재연 역(1993). 아동발달. 서울: 문음사.

정옥분(2012). 영아발달. 서울: 학지사.

천종후(2000). 태아교육을 통한 기독교교육의 재정립 : 태교의 성경적 의미 고찰. 한세대학교 신학대학원 석사학위논문.

최보가 역(1993). 아동발달. 서울: 형성출판사.

Boukydis, Z.(1985). Infant crying: Theoretical and research perspectives. NY: Plenum Press.

Bowlby, J.(1988). A secure base: Clinical applications of attachment theory. London: Routledge.

Escalona, S.(1968). The roots of individuality. Chicago: Aldine.

Herr, A. S., & Swim, T.(1998). Creative resources for infants and toddlers. Albany, NY: Delmar Publishers.

Hollien, H.(1980). Developmental aspects of neonatal vocalization. In T. Murry & J. Murry(Eds.), Infant communication: Cry and early speech(20-85). Houston, TX: College Hill Press.

Ostwald, P. F.(1985). Musical behavior in early childhood. Developmental Medicine and Child Neurology, 15(1), 367-375.

Winnicott, D. W.(1965). *Maternal processes and the facilitating environment.* New York: International Unversities Press.

Ziajka, A.(1981). Prelinguistic communication in infancy. New York: Proeger.

제10장

신체 · 운동발달

1. 신체 · 운동발달의 원리 및 방향
2. 영아기의 신체 · 운동발달
3. 유아기의 신체 · 운동발달
4. 신체 · 운동발달의 영향요인

1. 신체 · 운동발달의 원리 및 방향

발달은 일정한 순서와 성숙에 따라 이루어지며, 방향이 정해져 있지만 발달의 속도와 성숙의 시기에는 개인차가 있다.

첫째, 신체는 머리에서 다리방향으로 발달하며, 중심에서 말초방향으로 발달한다. 태아의 머리, 뇌, 눈이 신체 하부보다 먼저 발달하고 다른 부분에 비해 머리가 불균형적으로 크다.

둘째, 신체는 중심 가까운 데서 먼 곳으로 발달하며 태아의 머리와 몸체는 팔다리보다 먼저 발달한다. 운동발달은 분화와 통합의 과정에 의해 이루어진다.

셋째, 신체 · 운동의 발달은 연속성과 적기성을 갖는다. 즉 신체의 성장은 연속적 과정으로 앞단계의 변화를 기초로 하여 다음 단계의 변화가 이루어지는 연속적 관계를 갖는다. 또한 특정한 시기에 어떤 기관이나 기능의 발달이 급격히 진행되는 '결정적 시기'가 있다.

넷째, 신체 · 운동의 발달은 개인차와 상호 관련성을 갖는다. 모든 유아는 보편적인 순서에 따라 성장하고 발달하지만 발달상의 속도뿐 아니라 발달 유형에도 개인차가 있으며, 남녀의 성(性)에 따라서도 차이가 나타난다.

다섯째, 신체 · 운동의 발달은 유전적, 환경적 요인의 영향을 받는다. 신체 성장이나 운동기능이 유전적으로 뛰어나다 하더라도 이를 촉진시킬 적절한 환경적 여건이 뒷받침되지 않으면 최적의 발달을 기대하기 어렵다.

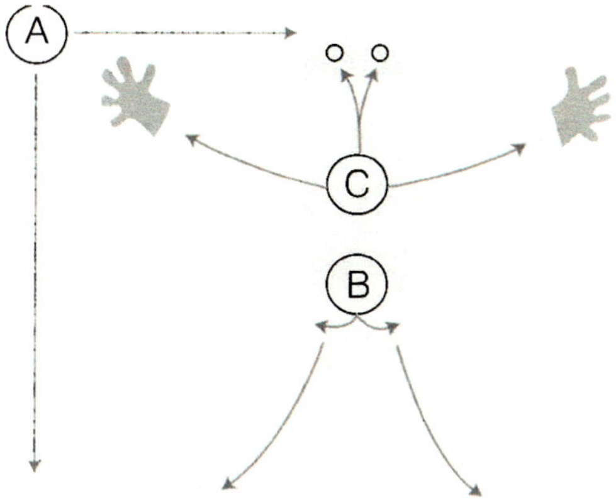

Ⓐ 위 ──→ 아 래
(머리) 상체에서 하체로의 발달 (발가락)

Ⓑ 안 ──→ 바 깥
(몸 통) 중심에서 말단으로의 발달 (말단)

Ⓒ 대근육 ──→ 소근육
(몸통, 목, 팔, 다리) 대근육에서 소근육으로의 발달 (손가락, 손, 발가락, 손목, 눈)

[그림 10-1] 신체발달의 과정

2. 영아기의 신체 · 운동발달

영아의 신체 · 운동발달은 발달심리학에서 신체발달(physical development), 운동발달(motor development), 감각 및 지각발달(sensory & perceptual development)로 구분하고 있다. 신체발달은 신장과 체중, 골격 등의 발달을 말하며, 운동발달은 신체의 움직임으로 앉기, 기기, 서기, 걷기 등의 대근육의 움직임과 잡기, 던지기, 차기 등 소근육의 움직임을 말한다. 특히 영아기의 두뇌발달에 많은 영향을 미치는 감각 및 지각발달은 시각, 청각, 미각, 후각, 촉각 등의 오감각과 이를 통한 반복적인 경험으로 인식하게 되는 것을 말한다. 본 장에서는 이러한 영아기의 신체 · 운동발달과 감각 및 지각발달을 연령별로 살펴보고자 한다.

1) 만 0세의 신체 · 운동발달

출생 후에서 12개월까지 영아기는 매우 급속한 신체 성장이 이루어지는 시기이기도 하지만 성인의 돌봄이 없이는 아무것도 할 수 없는 시기이다. 이 시기는 출생시 몸무게의 세 배가 되며, 고개를 가누고, 뒤집고, 잡아 주면 앉을 수 있게 되는 등 서서히 신체이동 능력이 발달하게 된다.

(1) 생후 1개월

① 신체적 특징

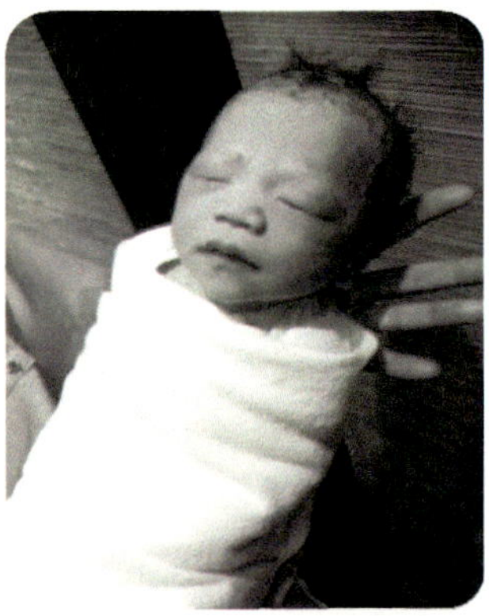

[그림 10-1] 신생아

생후 1개월의 신생아는 성인이 움직여 주는 자세로 엎드려 있거나 다리를 위로 향하게 세우고 누워 있거나 한다. 출생 당시 신생아의 신체적 크기는 임신 동안 어머니의 영양 및 건강상태, 부모의 체격, 아기의 성별 등과 관련이 있다. 신생아의 평균 체중은 남아가 3.4kg, 신장은 50.8cm, 여아는 3.30kg, 신장은 50.1cm 정도이다. 생후 3-4일 정도는 체중 감소가 있기도 하나 일주일 정도가 지나면 다시 정상적으로 회복된다. 두위는 남아가 34.1cm, 여아가 33.5cm, 흉위는 남아가 33.1cm, 여아가 32.7cm로 신생아는 머리가 비교적 커서 두위가 흉위보다 크며 차차 자라서 돌 때쯤 되면 흉위가 두위보다 커지게 된다.

② 생리적 특징

- **호흡과 맥박**: 신생아의 호흡과 맥박은 성인에 비해 빠르고 불규칙하며, 정상

신생아의 호흡수는 분당 40-50회이며, 맥박수는 분당 120-160회 정도이다. 이러한 호흡수, 맥박수는 아기가 평온할 때의 수치이며, 울거나 보채면 이보다 훨씬 증가할 수도 있다. 시각은 아직 불완전하여 빛을 비추면 약간 반응하는 정도이며, 얼마 동안은 울어도 눈물이 나지 않으며, 청각기능은 일주일 정도 지나면 큰 소리에만 반응하고, 탯줄은 건조해 가면서 검은색으로 변하여 생후 7-10일경 탯줄이 떨어진다(강동구보건소).

- **체온**: 신생아의 체온은 성인보다 다소 높은 37-37.5℃이다. 땀샘이 잘 발달되지 않아 체온조절 능력이 성인보다 미흡하여 외부의 온도에 영향을 많이 받기 때문에 갑작스러운 온도 변화를 피하고 체온을 일정하게 유지시켜 주어야 하며, 신생아가 있는 방의 온도는 22-24℃, 습도는 40-60%가 적당하다.
- **수면**: 신생아의 수면은 50%가 REM 상태이지만 차츰 감소하며 성인이 되면 20% 정도로 감소한다. 수면의 형태변화는 출생 초기의 뇌의 미성숙과 이후의 빠른 성장으로 인해 나타나는 현상으로 설명할 수 있다(정옥분, 2012).

신생아의 하루 수면시간은 17-18시간 정도인데 최근에는 여성들이 출산 후 걱정하는 육아고민의 1위가 아기의 수면문제라고 한다.

- **배설**: 생후 첫 1주는 매일 변색이 달라서 이행변이라고 하며, 녹황색을 띤다. 이후에는 수유에 따라 변의 묽기는 다르기도 한다. 모유를 먹는 아기는 변의 상태가 묽고 횟수가 잦은 편이며 분유를 먹는 아기들은 녹색변을 보게 된다. 신생아기에는 점액변, 과립변, 소화불량변, 백색변, 혈변 등 여러 가지 변이 가능하므로 주양육자는 잘 살피는 것이 중요하다.

신생아의 수면습관

- SBS 우리 아이가 달라졌어요(430회)
  - 신생아의 수면습관을 만들어 주기 위한 수면 환경과 부모의 양육방법

(2) 생후 2-12개월

① 신체발달

생후 3개월경까지는 매월 평균적으로 약 900g씩 몸무게가 증가하고 6개월경까지는 매월 평균적으로 450g씩 증가하며, 생후 1년이 되면 약 9.90kg으로 출생할 때 몸무게인 3.41kg의 약 3배가 된다.

1세까지 영아들의 성장률은 비슷하다. 남자 영아는 71.75 - 81.25cm이고 여자아이는 69.85 - 79.38cm이다. 남자 영아와 여자 영아 모두 다음 몇 년 동안 매년 10-13cm 정도 성장한다. 1세경에 남자 영아는 8.4 - 12.0kg이고 여자 영아는 7.8 - 11.2kg 정도이다(심희옥, 2004). 몸무게와 키는 신체 성장의 중요한 지표로 수유량과 함께 주양육자가 쉽게 파악할 수 있다.

② 운동발달

운동발달은 다리, 몸통 등의 대근육의 발달이 먼저 이루어지고 손과 손가락을 사용하는 소근육의 운동능력은 늦게 발달된다. 소근육 운동은 손과 팔의 사용을 조절하는 운동으로 영아의 지각 능력, 모방기능과 관련이 있고, 영아의 행동 능력을 표현하는 수단이 되며, 눈과 손의 협응, 사물의 조작력, 손가락의 민첩성 등을 통하여 사물을 다양하게 탐색하도록 돕는다(심희옥, 2004).

영아의 뇌신경이 점차 성숙해지면서 골격이나 근육에 힘이 생기게 되어 머리를 가누고, 기어다니며 앉고, 걷게 되는 운동기능이 발달하게 된다. 이러한 운동발달은 일정한 원칙에 의하여 진행한다(장영택, 2000).

- 머리에서 다리 쪽으로 순서대로 일어나게 되어 목을 가누고, 뒤집고, 앉고, 기어다니고, 걷는 등 위에서 아래로 진행한다.
- 큰 운동이 먼저 발달한 후에 작은 미세한 운동이 발달하게 된다.
- 운동발달은 신경계 성숙이 있어야 진행하게 된다.

- 원시적 반사가 소실되면서 자기 의지대로 할 수 있는 기능이 나타난다.

③ 대 · 소근육발달

- **대근육 운동**: 이 시기에는 팔, 다리, 몸통을 사용하는 대근육 운동을 하게 되는데 목가누기, 뒤집기, 앉기, 기기, 잡고서기, 혼자서기, 걷기 등의 운동능력이 점진적으로 발달한다. 턱을 드는 반복적인 행동은 점차 가슴을 드는 행동으로 발전하며 6-7개월경에는 앉기도 하고 배밀이도 하면서 점차 기어다니다가 돌 무렵부터는 서려고 시도하기까지 계속해서 대근육 운동을 하게 된다.

심희옥(2004)의 연구에서는 2개월이 된 영아는 엎드려 놓았을 때 45도 정도를 유지하는 비율이 79.7%로 증가하였고, 엎드린 자세뿐 아니라 지지를 해서 앉혀 놓았을 때 68.9%의 영아들이 목을 가눌 수 있었으며 3개월에는 90도 정도를 유지하는 비율이 80.9%로 증가했다고 한다.

생후 3개월이 된 영아는 자신의 머리와 가슴을 일으키고 팔로 바닥을 밀어 움직이려 한다. 4-8개월 영아는 신체의 반복적인 움직임에 흥미를 느끼기 때문에 목욕을 하면서 팔을 휘두드다가 물이 튀기고 성인이 반응하면 이러한 행동을 계속하기도 한다. 또한 엎드렸을 때 배밀이가 가능하여 탐색 지점을 향해 이동하기도 한다. 5개월경에는 누운 상태에서 엎드린 상태로 뒤집는 것이 먼저 나타나며 6-7개월경에는 엎드린 상태에서 누운 상태로 뒤집는다.

6-7개월이 되면 만지거나 다가가고 싶은 사물이나 사람이 있으면 그 곳을 향해 기어가기도 하며, 성인의 손을 잡고 일어서기가 가능하다. 9개월경에는 소리가 나거나 움직이는 장난감을 가지고 앉아서 탐색하며 놀이한다. 6-12개월의 영아는 신체 움직임이 이전보다는 활발해지면서 사물에 대한 적극적인 탐색을 하기 때문에 기어다니다가 서서히 주변 사물이나 사람을 의지해서 일어나서 걸으려 하고 점차 주변 도움 없이 걷는 단계에 이르게 된다.

백일 6개월 10개월

[그림 10-2] 영아의 운동발달

표 10-1 0-12개월 영아의 운동발달의 특징

0-3개월	4-6개월	7-9개월	10-12개월
• 엎드려 누워 있을 때 머리를 똑바로 세우려고 한다. • 머리와 어깨를 들기 시작한다. • 옆에서 뒤로 뒤집기를 시도한다. • 눈앞의 움직이는 물건을 쫓는다.	• 한 손을 대상물을 향해 뻗는다. • 뒤에서 옆으로 뒤집기한다. • 앞에 놓여진 물건을 잡으려 한다. • 도움받아 앉는다. • 한쪽에서 다른 쪽 손으로 물건을 옮긴다.	• 혼자서 앉는다. • 서 있는 자세로 들어 올려 주면 반사적으로 걷는 듯이 다리를 움직인다. • 선 자세로 물건을 끌어당긴다. • 손뼉을 친다. • 어른의 도움으로 서 볼 수 있다.	• 다리로 몸 전체의 무게를 지탱한다. • 손을 잡고 걷는다. • 가구를 잡고 걷는다. • 계단을 기어서 오른다. • 잎을 때 앞으로 쓰러지지 않고 균형을 잘 잡는다.

출처: 최석란 외(2008). p. 2.

- **소근육 운동**: 영아가 누운 자세에서 팔을 뻗는 행동을 측정했을 때, 손을 뻗는 행동은 1개월 영아들 중 62.7%가 보였으며, 앉기 자세에서 뻗기 행동이 나타나는 것은 대략 4개월경으로 알려져 있다. 앉는 자세에서 뻗기 행동은 블록에 대한 뻗기와 잡기 행동에서 관찰된다(심희옥, 2004).

이 시기의 영아는 3-4개월이 되면 손바닥으로 잡고, 4-5개월이 되면 물체를

한 손에서 다른 손으로 옮기며, 9개월이 되면 손가락 끝으로 사물을 잡을 수 있다(Berk, 1994). 이는 국내 연구(심희옥, 2004)에서도 비슷한 결과임을 알 수 있다. 즉 미세한 근육의 조절을 해야 하는 블록과 같은 작은 물체를 잡은 행동의 관찰결과, 4개월 영아 중 32.5%는 손바닥 전체로 잡았으며, 5개월경부터는 엄지 안쪽과 나머지 손가락 끝으로 잡는 비율이 점점 증가한다는 것이다.

5-6개월경에는 한 손으로 잡기, 6-7개월경에는 양손으로 잡기, 7-8개월경에는 물체 두 개를 부딪쳐 소리내기, 9개월경에는 방향과 모양, 크기에 대한 형태 파악을 위해 손의 조절을 적절히 하게 된다(유효순 · 원혜경 · 김정희, 2013). 이 같이 잡기와 같은 조작기능은 뇌신경의 발달과 밀접한 관련이 있으므로 이 시기에 여러 조작운동의 기회를 제공하는 것이 중요하다(박형욱, 2000).

마사지는 근골격계, 신경계와 순환기계를 직접적으로 자극함으로써, 이 기관들에 의해 조절되는 생화학적, 생리적 과정들에 영향을 주어 전반적인 신체적인 발달에도 도움을 줄 수 있습니다.

• 연령별 아기 마사지

연령	마사지 방법	마사지 시간
0–2개월	간단하게 손을 만져 준다든지 팔, 다리를 구부렸다 폈다 하거나 배와 등을 가볍게 쓰다듬어 주세요.	5–10분 정도
3–35개월	간단한 마사지로 시작하여 어느 정도 익숙해지면 점차 정교한 마사지를 단계별로 시작해 주세요.	10–20분 정도
0–2개월	아기마사지는 언제까지나 해 줄 수 있습니다. 가능한 시기까지 계속해 주세요.	10–20분 정도

출처: 〈강동구 보건소〉 해피맘 해피아이 http://health.gangdong.go.kr

2) 만 1세의 신체 · 운동발달

만 2세 미만의 영아기에는 몸무게와 키의 변화에 따른 성장뿐 아니라 대근육 조절하기, 소근육 조절하기, 대근육과 소근육의 협응력 기르기, 이동과 비이동 동작 시도하기 등이 이 시기에 필요한 기본운동 능력이다.

(1) 13–18개월

① 신체발달

13개월이 된 영아의 몸무게는 10.5kg이고 키는 77.5cm이며, 이 시기에는 몸무게가 약 1kg 정도 증가하여 18개월에는 11.7kg이 된다. 키는 6cm 정도 증가하여 18개월에는 83.2cm 정도가 된다.

② 운동발달

[그림 10-3] 16개월 영아

'터들러(toddler)'라는 명칭은 걷는 기술이 충분히 숙달되지 못한 채 걷는 영아가 걸음마를 배우고 있는 모습을 잘 나타내고 있다. 이러한 걸음마기 시기의 영아들은 놀잇감을 가지고 노는 행동뿐 아니라 또래나 가족 구성원과 접촉하기 위해 목적있는 움직임을 통해 대근육의 협응력이 발달한다고 볼 수 있다.

생후 12개월경이 되면 혼자 일어서기 시작하며 걷기도 한다. 걷는 모습이 불안정해 보이는 모습이지만 시각적으로 정한 목표지점을 향해 뒤뚱거리며 이동하는 반복적인 놀이행동에서 점차 놀잇감을 들고 이동하는 동작까지 가능하게 된다. 물론 계속 걸어 다니는 것은 아니고, 걷는 동작을 하다가 앉아서 놀이하고, 기어다니는 동작과 걷는 동작으로 많은 움직임을 보인다.

생후 14개월의 영아는 경사의 기울기에 따라 자신의 이동행동을 조절할 수 있다. 만일 경사가 걸어 내려오기에 너무 가파르다고 지각되면, 영아들은 앉아서 미끄러져 내려온다(심희옥, 2004). 또한 이 시기에는 들고 있던 공을 던지거나 발로 차는 행동을 시도하기도 하는 등 움직임의 반경이 점점 넓어진다고 볼 수 있다.

(2) 19–24개월

① 신체발달

영아의 신장은 1년 동안 출생시보다 1.5배가 증가하고, 체중은 3배 증가하여 두 돌 무렵에 신장은 성인의 1/2이 되고 체중은 출생시의 4배가 된다.

19개월 영아의 몸무게는 12.1kg이고 키는 83.8cm이며, 이 시기 영아의 몸무게와 키는 영아들 간에 다소 차이가 있다.

② 운동발달

성인의 손을 잡고 함께 실외 산책을 가는 것이 가능하며, 혼자 걸을 때에도 바퀴달린 장난감을 끌고 걷기도 한다. 예를 들어 바퀴달린 강아지 인형이나 나비를 밀거나 끌면서 자유롭게 걸어 다닌다. 이 시기에는 대 · 소근육의 협응능력이 이전 시기에 비해 현저히 발달하여 실외에서 산책시 막대 리본테이프를 들고 가면서 움직임을 관찰하며 팔을 더 흔들어 보이는 행동도 가능해진다.

소근육 운동은 점점 더 정교해지며 고리끼우기, 입체도형 등과 같이 조작하는 놀잇감을 사용하거나 숟가락 및 포크 사용, 신발 벗고 신기 등 일상생활에서 수행하는 기본생활습관을 통해 소근육의 협응능력이 발달하기도 한다.

3) 만 2세의 신체 · 운동발달

만 2세 영아기에는 신체를 이용하여 놀이할 수 있는 운동기능이 발달하고 신체 움직임이 유연해지며, 이동능력과 운동능력이 발달하면서 점점 대근육을 사용하여 활발히 움직일 수 있게 된다.

계단을 자연스럽게 오르내릴 수 있으며, 미끄럼틀을 혼자 타기도 하고, 한 발로 서 있기나 두 발 모아 뛰기 등 다양한 신체활동이 가능해지기 시작한다. 또한 다양한 이동 동작과 비이동 동작을 하면서 자신의 신체 움직임에 흥미를 느끼기 때문에 주변의 또래나 성인의 행동에 관심을 갖고 모방하는 행동을 많이 보이기도 한다.

[그림 10-4] 28개월 영아

신체 · 운동능력이 발달하면서 혼자 놀이에서 점차로 또래와 놀이가 증가하고, 실외 놀이시에도 행동반경이 넓어지며 풍선이나 리본테이프, 공 등을 가지고 놀기도 한다. 또한 성인의 도움을 받아 세발자전거를 타는 것이 가능하며, 인형 유모차를 끌고 다니거나 난간을 붙잡고 계단을 오르내리며 조금씩 신체의 균형감각을 발달시키며 다양한 시도를 한다. 따라서 만 2세가 되면 안전하게 신체활동을 할 수 있도록 안전한 환경의 제공과 성인의 보호가 더 필요하게 된다.

한편, 눈과 손의 협응력이 발달하면서 이 전의 시기보다 정교한 움직임이 가능하여 뚜껑 열기나 구슬 끼우기 등의 조작놀이나 역할놀이 의상 입기 등의 놀이를 통해 자조기술을 발달시키게 된다. 또한 안전가위로 오리기도 가능하여 오리고 붙이는 놀이도 즐기며, 기본적인 리듬악기로 연주하려 하고 즐거움을 표현하기도 한다. 뿐만 아니라 영아의 개인차에 따라 시기는 조금씩 다르지만 음식을 먹을 때 포크 대신 젓가락을 사용하는 것이 가능해지며, 점차 그리기 도구를 사용하는 빈도가 증가한다.

이 시기에 신체 · 운동의 발달 못지않게 중요한 것이 있다면 그것은 구강관리이다. 혼자서 칫솔질을 하겠다고 하지만, 초기에는 성인이 칫솔을 함께 잡고 이닦는 방법을 지도해 주어야 한다. 칫솔을 그냥 물고 있기보다는 칫솔질을 하는 이유와 방법에 대한 학습이 필요한 시기로 이 때의 습관이 지속될 수 있기 때문이다. 영아가 식사 후에 이닦는 습관이 자연스럽게 이루어지도록 성인이 먼저 이닦는 모습을 보여주거나 그림책, 이야기, 놀이를 통해 이닦는 습관을 형성하도록 하는 것이 바람직하다. 이러한 구강관리는 눈과 손의 협응력의 발달뿐 아니라 청결지도에 있어서도 매우 중요하다.

▣ 영유아 건강검진

- **대상** : 생후 4개월, 9개월, 18개월, 30개월, 42개월, 54개월, 66개월
- **내용**

  기본 진찰, 신체 계측(신장, 체중, 두위), 건강 교육(안전, 영양, 수면) 청각 문진, 시각 검사, 구강 검사

  ※ 검진기관 문의는 가까운 공단지사(1577-1000) 또는 공단홈페이지(http://www.nhic.or.kr)에서 확인하실 수 있습니다(http://www.anseong.go.kr/).

3. 유아기의 신체 · 운동발달

영아기 이후에 아동이 성숙해지면 신체 · 운동능력이 급속하게 발달한다. 3세의 유아들은 뛰다가 쉽게 방향을 바꾸거나 멈출 수 없지만, 줄을 따라 똑바로 걷거나 달릴 수 있고 두 발로 깡충깡충 뛸 수도 있다. 4세의 유아들은 한 발로 깡충깡충 뛰거나 이전보다 더 빨리 더 멀리 뛸 수 있게 된다. 5세의 일부 유아들은 자전거를 탈 수 있을 정도의 균형감이 발달된다.

1) 신체발달

유아기의 신체발달은 영아기에 비해 완만한 발달을 보이지만 전 생애에 걸쳐 보면 여전히 빠른 속도로 발달이 진행된다. 머리 크기가 몸 전체에서 차지하는 비율이 점차 줄어서 성인의 신체 비율에 가까워진다. 대체로 6세 유아의 키는 성인의 약 65%, 머리둘레는 약 95%, 몸무게는 약 30%, 가슴둘레는 약 60% 정도로 균형 있는 자세를 갖게 된다.

유아기에는 키가 매년 5-7cm 정도씩 자란다. 체중은 해마다 2-3kg 정도 증가하여 5세쯤에는 출생 때보다 약 5배인 약 18kg이 된다. 얼굴모습이 똘똘해지고, 턱과 목이 길어지고 5세 후반에는 이갈이가 시작되고 영구치가 한두 개씩 나기 시작한다.

유아기에는 신체적 성장과 함께 근육운동이 점차 분화되어 이전에 할 수 없었던 여러 가지 다양하고 복잡한 활동을 할 수 있게 되며, 연령이 증가할수록 근육세포가 증가하여 근력의 힘도 세어진다.

최근 우리나라에는 비만 현상을 보이는 아동이 증가하고 있다. 비만이란 같은 성별과 같은 연령, 같은 키의 아동들의 표준 체중보다 20% 이상 체중이 되는 경우를 말한다. 성장에 필요한 열량보다 더 많이 섭취하고 운동 부족으로 나타난다.

건강한 신체발달을 위하여 충분한 영양섭취와 규칙적인 생활습관이 형성되도록 하며, 사고나 질병으로부터 안전하게 보호되도록 해야 한다.

2) 운동발달

갈라휴(Gllahue, 1982)는 유아의 연령에 따른 발달과정을 4단계로 나누어 제시하였다. 태어나면서부터 약 1년까지는 반사적 운동단계(reflexive movement phase), 1년에서 2년 사이는 초보적 운동단계(rudimentary movement phase), 약 2세 이후부터 시작하여 7세까지는 기본적 운동단계(fundamental movement phase), 8세 이후부터 전문화 운동단계(specialized movement phase)로 발달한다고 보았다.

기본적 운동단계(fundamental movement phase)는 기본적인 움직임의 순서를 따른다. 유아기는 기본 움직임의 기술을 습득하는 결정적 시기이며, 이 시기의 유아들은 이동, 비이동, 조작기술을 습득하기에 이상적이다. 기본 움직임 기술의 기초단계는 3세에서 5세 유아들에게 성숙에 의해 나타나며, 협응력과 자연스런 수행능력이 향상되고 움직임에 대한 자기통제력이 증가한다. 움직임은 다소 어색하고 유연성이 부족하지만 대근육, 소근육, 신경계통의 성숙으로 증진된 운동기술을 획득하게 된다.

영아기 때는 운동기술이 발달되지 못하고 운동형태만 발달한다면 유아기에는 새로운 운동형태와 더불어 보다 많은 운동기술을 획득하게 된다. 5세경에는 작은 공을 던지고 받을 수 있다. 자신의 몸을 이용한 달리기, 줄넘기, 축구, 자전거, 수영 등의 운동을 선호한다. 이 시기에 운동기능을 습득할 기회가 없다면 운동발달이 지연된다. 따라서 대근육 운동의 발달을 위하여 기어 올라갈 수 있는 것, 균형을 유지할 수 있는 것, 매달릴 수 있는 시소, 철봉, 미끄럼틀, 그네 등의 놀이기구를 이용하도록 한다.

유아기에는 대근육과 소근육이 정교화되면서 운동량도 많아지고, 동작도 빨라지며 민첩해진다. 3세의 유아는 옷에 단추를 끼우고 구두끈을 매는 것 등이 어려우나 5세쯤이 되면 이러한 조작을 할 수 있게 된다. 나아가 가위로 종이를 똑바로 자를 수 있다. 4세가 되면 혼자 옷을 입고 벗으며, 가위를 갖고 종이에 그려진 선을 따라 자를 수 있다. 5세가 되면 대부분 숟가락 사용이 가능하지만 5세 아동의 75% 정도만이 젓가락을 사용하는 것으로 나타났다. 손과 눈의 협응으로 이루어지는 행동에 익숙해지려면 먼저 사물을 인식해야 하고 반복적인 감각 경험이 필요하다. 따라서 서투르고 시간이 많이 걸리는 모습을 보여도 스스로 할 수 있도록 기회를 마련해 주는 것이 운동기능을 발달시키는 데 도움이 된다.

유아기에는 근육과 운동기능이 발달하는 반면에 안전사고를 당할 위험이 매우 높기 때문에 외부 활동에서 안전사고가 일어나지 않도록 안전교육을 해야 한다.

(1) 걷기

성큼성큼 걷고 속도를 조절할 수 있으며 보다 안정되고 균형잡힌 모습을 갖추게 된다. 5세쯤 되면 속도를 내어 달릴 수 있으며, 6세쯤에는 정교하고 능숙하게 달리게 된다.

(2) 던지기

협응능력과 조절능력이 발달되며 유아는 공을 가지고 노는 놀이를 좋아한다. 유아기 초에는 공을 던지지만 이는 공을 떨어뜨리는 것과 같다. 유아기 말이 되면 공 던지는 것이 보다 안정되고 정확해진다.

(3) 만들기

유아기는 만들기 기술이 발달하는 중요한 시기로 만들기는 소근육 발달에 영향을 미친다. 가위, 종이, 풀, 끈, 스티커 등의 자료를 가지고 무엇인가를 만드는 것을 매우 좋아한다. 오리고, 붙이고, 접고, 그리는 소근육 활동에 큰 관심을 보이고 유아가 즐기는 활동이 된다.

(4) 그리기

손목뼈가 발달하면 손의 운동도 발달하여 그림을 유연하게 그리게 된다. 소근육 운동이 발달되어 연필, 크레파스 등 물건을 쥘 수 있게 되면서 그림을 그리기 시작한다. 그리기 활동은 아동의 내적 세계를 표현하는 활동으로 아동을 이해하는 데도 도움이 된다.

(5) 자조기술(self-help skill)

옷입기, 먹기, 씻기, 배설, 잠자기 등 기본적인 생활습관을 습득하게 된다. 스스로 할 수 있는 경험과 훈련을 통해 일정한 규칙과 방법을 획득하여 유아 스스로 기본적

생활을 할 수 있도록 자조기술을 획득할 수 있도록 도와주어야 한다.

성숙단계는 대부분 6세에서 7세에 도달할 수 있다. 이 단계는 모든 움직임의 주요 요소들이 통합되어 협응이 잘 되고 기술적으로 정확하고 효율적인 것이 특징이다. 이 시기에 유아의 흥미와 발달 수준에 맞으며 자발적으로 참여하여 성취감을 느끼며 즐겁게 활동할 수 있는 다양한 경험이 제공되어야 한다. 기본 움직임이 성숙단계에 도달하지 못하면 아동 후기나 사춘기, 성인기에 전문화된 운동기술을 습득하는데 어려움이 생길 수 있다. 따라서 성숙한 기본 운동기술들은 모든 운동기술의 기초가 되므로 반드시 습득되어야 한다.

표 10-2 유아기 운동발달 단계

3세	• 신호에 맞춰 동작, 속도, 방향 바꾸기 • 일직선으로 걷기 • 발끝으로 달리기 • 균형잡고 공던지기 • 말 뛰기 • 두 손과 두 발을 동시에 사용하기 • 발 바꾸면서 계단 오르기 • 두 팔 펴서 공 잡기 • 바닥에 30cm 정도 점프하기
4세	• 시작, 멈춤, 돌기, 장애물과 사람 주위를 쉽게 돌기 • ×자로 걷기 • 발 바꾸면서 계단 내려오기 • 12–15cm 높이의 물체 두 발로 건너뛰기 • 공을 튀거나 잡기
5세	• 미끄러지기 • 던진 공 잡기 • 양발로 균형잡기 • 간단한 춤 스텝 • 구르는 공차기
6–8세	• 발달된 대근육 운동 능력 가짐 • 둘 혹은 그 이상의 기술을 동시에 수행(달리면서 공 잡기) • 간단한 민속 춤추기

3) 신체 · 운동발달의 중요성

건강한 신체발달은 아동의 운동기능을 원활하게 해 주고 또래와의 사회적 관계를 이루는데 긍정적 영향을 미친다. 나아가 신체적 특징과 운동 능력은 자아개념 형성과 또래와의 관계에 중요한 역할을 한다. 특히 남자 아이가 운동을 잘하는 경우 또래 사이에서 인정을 받게 되는데 친구들 사이에서 인정받고 인기가 있는 아이는 자신감을 갖게 되어 적극적인 인간관계를 형성하게 된다. 따라서 건강한 신체를 가질 수 있도록 영향 섭취와 규칙적인 생활 습관을 형성할 수 있도록 도와주는 것이 필요하다.

유아기에는 활발한 신체활동을 통해 또래와 접촉을 하게 되고, 그러한 가운데 사회성 발달과 연결된다. 오나연(1994)은 신체활동을 통한 놀이의 경험은 사회적, 정서적 측면에서 발달을 가져오며, 또래 집단의 형성, 즉 사회성 발달에 있어서 긍정적인 영향을 미친다고 하였다. 즉 유아의 신체활동은 사회성 발전에 긍정적 영향을 미친다. 신체활동을 함께 한 유아들은 친구들과 협동적인 관계와 경쟁적인 관계를 형성하면서 남의 의견을 존중하고, 규칙을 지키고, 협동, 경쟁, 예절 등의 기본적 가치를 배우고 내면화함으로써 타인과의 협조, 책임감, 자율성, 성취감, 사교성, 활동성 등과 같은 사회성이 발달한다.

4. 신체 · 운동발달의 영향요인

신체발달은 유전적인 요인과 환경적인 요인에 의해 이루어진다. 키, 골격 구조, 근력, 감각기관 등은 부모로부터 물려받는다. 환경적 요인 가운데 영양, 질병, 정서적 문제는 신체적 성장과 발달에 큰 영향을 미친다.

1) 영양

영양은 인간의 성장과 발달에 가장 큰 영향을 미치는 요인이다. 충분한 영양 섭취가 공급되지 않으면 매우 느리게 발달한다. 2-6세 유아의 위의 크기는 성인의 반 정도도 안 된다. 한꺼번에 많이 먹을 수 없기 때문에 세 끼 식사 외에 간식 등으로 자주 음식을 섭취하여 영양을 보충해 주어야 한다. 남아의 기초 대사량이 여아보다 높기 때문에 섭취한 음식이 에너지로 바뀌는 데 남아가 여아보다 훨씬 빠르고, 남아가 여아보다 많은 에너지가 필요하다.

과잉영양도 장기적인 영향을 미칠 수 있는 건강하지 못한 영양 형태이다. 비만이나 당뇨병, 고혈압, 심장, 간 또는 신장병 등의 위험에 노출될 수 있다.

2) 수면

규칙적인 수면은 건강한 신체발달과 관계가 있다. 유아가 성장하면서 수면 시간은 줄어드나 밤의 수면 시간은 별 차이가 없고 낮잠 자는 시간만 줄어든다. 4세 이후에는 낮잠을 자는 유아가 많아진다. 이때 낮잠을 자지 않는 경우 점심 식사 후에 휴식을 취할 수 있도록 해야 한다.

밤에는 너무 강압적으로 잠자리에 들게 하는 것보다는 차분한 분위기를 조성하여 자연스럽고 편안하게 잘 수 있도록 해야 한다. 잠들기 전까지 책을 읽어 주는 것이 좋다. 깜깜한 것을 무서워하는 유아는 밝기가 낮은 등을 켜 주고, 자기 전에 소변을 보고 이를 닦고 잠옷을 입고 자는 올바른 습관을 형성하도록 도와주어야 한다.

3) 스트레스

신체적 발달에 영향을 미치는 환경적 요인으로 스트레스를 너무 많이 받고 애정을 거의 받지 못하면 신체적 성장과 운동발달이 지연될 가능성이 높다. 충분한 영양 공급을 받아도 엄격하고 정서적으로 무반응인 부모가 돌보았을 때에는 애정적인 부모가 돌보는 경우보다 매우 느린 신체적 발달이 나타난다. 가족과의 즐거운 식사 경험은 정서 상태에 도움이 되며 식욕을 증가시키는 데도 영향을 미친다.

4) 성 차이

남녀 아동의 운동발달은 사춘기 이전까지는 큰 차이가 없으나 일반적으로 여아가 남아보다 운동발달이 빠르다. 이는 여아가 남아보다 키가 작지만 신체근육이 빨리 성숙하기 때문이다. 사춘기 이전까지의 남아의 성숙은 여아의 80% 밖에 되지 않는다. 팔 다리의 근육을 사용하는 운동 능력, 공던지기, 계단 오르내리기는 남아가 여아보다 앞선다. 순발력, 민첩성, 평형성 등의 운동 능력의 성별 차이에서 남아가 높은 운동 능력을 보인다. 이러한 남아와 여아의 운동 능력의 차이는 놀이 활동에서도 차이를 보인다.

5) 안전한 환경 구성

집 밖에서나 가정 내에서의 사고의 위험이 따른다. 대부분의 시간을 가정 내에서 지내기 때문에 집안에서의 사고가 압도적으로 높다. 부딪쳐서 나는 상처, 화상, 먹어서는 안 되는 것을 삼키는 것이 흔하게 일어나는 사고다. 사고를 방지하기 위해서 만져서는 안 되는 물품, 깨지기 쉬운 것이나 값비싼 물건 등을 손에 닿지 않는 곳에 보관하여 유아가 마음껏 안전하게 놀 수 있게 환경을 구성하는 것이 필요하다.

참고 문헌

강동구 보건소. 해피맘 해피아이. http://www.gangdong.go.kr/

고진영(2001). 아동발달과 상담. 중앙교육개발원.

김선웅, 김기학, 이청무 외(2007). 발육발달학. 대한미디어.

김일옥, 최경순(2010). 개정판 아동건강교육. 경기: 양서원.

김혜금, 송영주, 임양미, 김현자, 김진숙(2011). 정신건강론. 경기: 정민사.

박태섭, 이동준, 안나영(2011). 유아의 연령별 비만정도와 체력발달에 관한 특징. Interna- tional Sport Science, Physical Education and Sportasa Consilience: Divers- tability. 한국체육학회, pp. 542-543.

박태섭, 이동준, 이준희, 이현균, 안나영(2009). 유아의 일상생활패턴 및 기본생활습관의 특징에 관한 연구. 제47회 한국체육학회 학술발표회 발표논문집, pp. 341-342. 충청남도: 한국체육학회.

박형욱(2000). 영아의 운동발달과정 분석을 통한 상지운동 학습기구 개발에 관한 연구. 서울대학교 대학원 박사학위논문.

심희옥(2004). 한국 영아 신체 및 운동발달. 한국영아발달에 관한 단기종단적 연구 심포지움 자료집, 101-136. 한국영아발달연구센터.

안나영, 김은정, 박태섭(2010). 유아의 바람직한 기본생활습관 형성을 위한 기초적 조사연구. 2010년 한국발육발달학회 춘계학술대회, pp. 87-96. 경기: 한국발육발달학회.

안나영, 박태섭, 이동준, 김은정(2011). 유아의 비만정도에 따른 기본생활패턴과 건강에 관한 조사연구. 2011년 한국발육발달학회 춘계학술대회, pp. 69-76. 경기: 한국발육발달학회.

오나연(1994). 신체활동을 통한 놀이가 또래 집단에 미치는 영향. 한양대학교 석사학위논문.

유효순, 원혜경, 김정희(2013). 영아발달. 서울: 창지사.

윤정한, 임수양, 정태희(2006). 영·유아 교수방법론. 서울: 형설출판사.

이영석, 이선미(2004). 현대 유아교육론. 서울: 형설출판사.

장영택(2000). 육아정보. 대한소아과학회. http://www.pediatrics.or.kr/

정옥분(2012). 영아발달. 서울: 학지사.

조복희(2008). 개정판 아동발달. 경기: 교육과학사.

최경숙(2001). 발달심리학. 경기: 교문사.

최석란, 서원경, 이현옥, 박선화, 신지연(2008). 영아와 함께 하는 놀이. 경기: 교문사.

Bowlby, J.(1988). A secure base: Clinical applications of attachment theory. London: Routledge.

SBS '우리아이가 달라졌어요'(430회) http://program.sbs.co.kr/

제11장

인지발달

1. 영아기의 인지발달
2. 유아기의 인지발달

1. 영아기의 인지발달

영아기는 두뇌발달을 포함하여 급성장하는 시기로 오감각과 운동기능을 통해 탐색하며, 다양한 정보를 받아들이는 기초가 이루어지는 시기이다. 영아가 이해하고 기억하는 것은 자신이 직접 눈으로 보고, 들어 보고, 자신의 손과 발 등으로 접촉하고 몸을 움직여 경험하는 것에 의존한다. 그러한 측면에서 볼 때 시각, 청각, 촉각 등의 지각은 영아기의 주요한 인지발달 영역으로 설명되고 있다.

서유헌(2006)은 두뇌발달의 기초가 되는 이 시기에 어느 한 부분의 뇌가 발달하는 것이 아니라 모든 뇌가 골고루 왕성하게 발달하므로 어느 한쪽으로 편중된 학습은 좋지 않다고 주장하였으며, 오감학습을 통해 두뇌를 자극할 때 학습이 꾸준히 지속적으로 이루어져야 뇌발달이 효과적으로 이루어진다고 하였다.

1) 만 0세의 인지발달

영아가 색과 형태, 깊이를 지각하게 되는데 이는 감각기관을 통해 외부에서 주어지는 자극을 받아들이고 해석하는 과정으로 오감을 통해 탐색하고 자신의 사고과정을 발달시켜 가는 과정으로 볼 수 있다. 이에 감각을 통한 사고과정을 간략히 살펴보면 다음과 같다.

(1) 시각의 발달

0-6개월의 영아는 눈으로 초점을 맞추고 움직이는 사물을 따라 계속 주시하고, 낯설고 새로운 사물이나 사람에 대해서 점차 인식하기 시작한다.

시력측정을 통해 영아들의 시력을 알아본 결과, 생후 1주 된 영아들은 정상시력을 가진 성인의 약 1/30 정도의 시력을 가지고 있으며, 2개월이 되면 성인의 1/15,

4개월에는 성인의 1/8, 8개월에는 성인의 1/4 정도의 시력이 된다고 한다(유효순 외, 2013).

① 색의 지각

영아는 색깔의 이름을 알기 훨씬 전부터 이미 색을 지각할 수 있다. 연구자들은 영아들이 출생할 때부터 녹색과 적색을 구분할 수 있으며(Adams, 1989), 2개월이 되면 삼원색의 기본색깔 대부분을 구별할 수 있다고 하며(Brown, 1989), 또한 3개월경에는 푸른색이나 초록색보다 노란색과 빨간색을 더 좋아하는 것으로 보인다(Adams, 1987)고 한다.

② 형태의 지각

생후 1개월 된 영아는 두 눈의 협응이 어려워서 초점이 흐려 물체를 선명하게 지각하지 못한다. 움직이는 물체를 응시할 때도 눈의 통제가 불완전하기 때문에 천천히 움직일 경우에만 초점을 맞추어 따라갈 수 있다(곽금주 외, 2005). 많은 영아들이 누워있는 시간에 눈앞에 흔들거리는 모빌이나 달려 있는 사물을 유심히 바라보며 좋아한다. 뿐만 아니라 성인이 기저귀를 갈아줄 때 거울 옆에 눕히면 거울 속의 자신을 유심히 쳐다보기도 한다.

6개월이 되면 사진에서 엄마의 얼굴을 구별할 수 있고, 10개월이 되면 타인을 모방하며 주변세계를 이해하게 된다. 12개월이 되면 모양이나 색깔로 사물을 인지할 수 있다(김혜금 외, 2010).

③ 깊이의 지각

영아는 이동능력이 생기면서 끊임없이 움직인다. 그러는 가운데, 계단에서 구르기도 하고, 침대나 쇼파에서 떨어지는 등 다양한 경험을 하게 된다. 영아가 어디를 가던지 그 곳에는 여러 장애물이 있을 수밖에 없으며, 이를 피하는 것이 때로는 생존과도 관련이 되므로 깊이지각을 발달시키게 된다. 이에 Gibson과 Wallk(1960)는 시각절벽 장치를 고안하였는데, 테이블의 위의 표면과 테이블 바닥의 표면에 차이를 두어 기어가는 영아의 반응을 통해 7개월경의 영아도 깊이지각 능력이 있다는 것을 입증하였다. 즉 테이블 위의 반은 바둑판 무늬가 되어 있고 나머지 반은 투명한 유리판으로 되어 있으며, 투명한 유리판에서 내려다 보이는 테이블 아래의 표면은 바둑무늬가 된다. 그러다 보니 영아는 바둑판 무늬의 테이블 위에서 기어가다가 투명한 유리판에서는 위험을 느끼고 멈추게 된다는 것이다.

2개월 된 영아도 시각절벽이 있는 곳에 두면 울고 공포를 보이지는 않지만 심장박동이 느려지며, 조용해지는 반응을 보임으로써, 시각절벽을 두려워하지는 않지만 주의는 기울이고 있음을 시사해 준다(강문희 외, 2004, 재인용).

(2) 청각의 발달

영아의 청각은 태어날 때부터 다른 감각기관에 비해 훨씬 발달되어 있으며, 엄마의 뱃속에서도 소리에 반응을 한다. 그 중 음악태교는 태아의 두뇌발달과 감성발달에 긍정적인 영향을 미치는 것으로 알려져 있다. 그러한 이유로 임산부들은 동화를 들려주거나, 아빠의 목소리를 들려주고 국악, 자연소리 등의 청각적인 태교를 적극적으로 하고 있다.

신생아는 출생 2주 전에 엄마가 큰 소리로 읽은 이야기나 들려주었던 노래를 선호하며, 생후 3일이 된 신생아도 엄마의 목소리를 다른 여성의 목소리와 변별할 수 있다(Decasper & Fifer, 1980; 곽금주 외, 2005). 한 연구의 결과에서는 영아가 5개월이 되면 부정적인 목소리보다 긍정적인 목소리에 더 오래 귀를 기울이고, 불만을 나타내는 목소리에는 언짢은 얼굴을 보이고 찬성의 목소리에는 미소를 지었다(Fernald, 1993; 유효순 외, 2013).

7-12개월 영아의 경우 소리가 나는 곳을 향해 기어가거나 걸어가려 한다. 앉아서 손으로 조작할 때 소리가 나는 놀잇감에 흥미를 보이므로 녹음된 음악이나

노래, 다양한 동물 소리 등을 들려주는 것이 좋다.

(3) 감각운동의 발달

Piaget는 영아기 감각운동의 발달단계를 6개의 하위단계로 나누어 설명하였다. 즉 반사운동기, 1차 순환반응기, 2차 순환반응기, 2차 순환반응 협응기, 3차 순환반응기, 정신적 표상기로 구분된다.

① 반사운동기(reflex activity)

출생에서 1개월의 신생아의 시기로 외부세계에 적응해 가는 과정으로 빨거나 잡거나 큰 소리에 반응하는 정도의 행동을 보인다. 신생아는 입에 닿는 모든 것은 무엇이든지 빨게 되며, 빨기반사는 맛에 대한 정보를 준다. 이러한 반사적 행동으로 잡거나 빠는 행동의 조절을 통해 도식을 발달시킨다.

② 1차 순환반응기(primary circular reaction)

생후 1개월에서 4개월 영아의 시기로 이 시기에는 도식이 결합되어 하나의 협응적인 행동이 나타난다. 손가락을 빠는 경험에 재미를 느끼다가 놀잇감을 잡고 빨다가 놀잇감을 보다가 빨고, 보다가 잡는 등 협응도식이 발달한다.

③ 2차 순환반응기(secondary circular reaction)

생후 4개월에서 8개월 영아의 시기로 자신의 몸에 대한 관심에서 주변 환경의 사물과 현상에 관심을 갖고 반응하는 행동을 보인다. 영아가 잡고 빠는 놀잇감이 소리가 나면 다시 흔들어 보며, 우연히 자신의 행동으로 인한 어떤 사건이나 자극에 흥미를 느끼고 반복적으로 해 보게 된다.

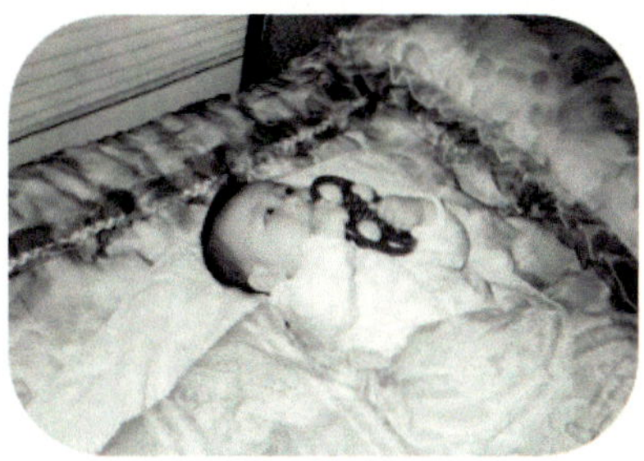

[그림 11-1] 2차 순환반응기

④ 2차 순환반응 협응기(coordination secondary circular reaction)

8개월에서 12개월의 시기로 영아기의 인지발달에서 중요한 도약을 하는 단계로 영아가 문제를 해결하기 위하여 단일행동을 결합하고 조정하는 목표지향적인 행동을 하게 된다(유효순 외, 2013). 양육자가 놀잇감을 블록상자 속에 넣으면 놀잇감을 꺼내기 위해 상자를 넘어 트리는 행동을 하게 된다. 이는 대상영속성의 개념이 나타나기 시작하기 때문이다.

⑤ 3차 순환반응기(tertiary circular reaction)

12개월에서 18개월 영아의 시기로 주변 환경과 현상에 그저 관심을 갖는 차원을 넘어 어떤 결과에 대해 인과관계를 알려고 어떤 행동을 반복해 보며 결과가 달라지는 지를 알아본다. 바퀴달린 수레차를 밀고 가다가 블록이 없어지면 수레차 밑에서 블록을 다시 꺼내려고 하거나 바닥에 놓여진 사물이 있으면 수레차를 밀고 지나가는 행동을 반복시도 하면서 흥미를 느낀다.

⑥ 정신적 표상기(mental representation)

12개월에서 24개월의 시기로 영아의 인지발달은 전조작기로 이행하는 중요한 질적인 변화를 겪게 된다. 눈앞에 없는 사물이나 상황을 상징적으로 표상하며 문제해결 능력을 발달시킨다(이순형 외, 2009). 이제 영아는 여러 아이디어를 지적으로 결합시킬 수 있으며, 실제로 자신의 아이디어를 집중하지 않아도 결과를 예측하거나 문제에 대한 해결을 알 수 있게 된다(유효순 외, 2013).

(4) 대상영속성 개념의 발달

감각운동기에 이루어지는 중요한 발달 중의 하나는 대상영속성(object permanence) 개념의 획득이다. 대상영속성은 어떤 물체가 눈앞에서 사라진다고 하더라도 계속 존재한다는 것을 아는 것이다.

Piaget에 의하면, 대상영속성은 시각적인 추적, 즉 숨겨진 대상에 대한 탐색행동을 통해 알 수 있으며, 숨겨지는 정도와 위치이동에 대한 반응은 발달적인 순서를 보인다. 이러한 개념은 6단계로 이루어진다.

① 1단계(출생-1개월)

영아는 눈앞에서 보고 있던 물체가 사라져도 더 이상 찾지 않는다.

② 2단계(1-4개월)

영아가 2개월 되면 눈앞에서 물체가 사라진 방향을 쳐다보게 되는데 이는 시각적인 추적과 사라진 물체에 대해 응시하는 것으로 대상개념이 형성되는 기초가 단계가 된다.

③ 3단계(4-8개월)

영아는 눈앞에서 보고 있던 물체가 사라지면 물체를 찾으려고 한다. 이제는 물체에 대한 영속성의 개념이 형성되기 시작하는 것이다. 하지만 눈앞에서 물체가 조금이라도 보일 때에만 찾으려고 한다.

④ 4단계(8-12개월)

영아는 눈앞에서 보고 있던 물체를 감추면 물체가 감추어진 곳에서 사라진 물체를 찾는다.

⑤ 5단계(12-18개월)

영아는 물체를 여러 번 옮겨서 감추어도 사라진 곳에서 그 물체를 찾는다.

⑥ 6단계(18-24개월)

영아는 물체가 사라지더라고 사라진 과정을 추적하여 물체를 찾아낸다.

영아는 수면, 배설, 수유 등 온전히 성인에 의해 보살핌을 받게 되는 0세부터 독립적인 놀이를 하려고 하는 2세까지 끊임없이 탐색하고 시도하며, 감각운동의 발달과 대상영속성의 개념이 발달한다. 따라서 영아가 자기를 인식하도록 돕는 놀잇감이나 영아의 행동에 반응을 보이는 놀잇감을 제공하여 자신과 주변을 탐색하는 행동을 격려하는 것이 좋다. 또한 성인의 사랑과 반응의 보살핌이 영아와의 상호작용으로 발전하게 되며 인지발달 능력을 점진적으로 발달시킬 뿐 아니라 사회적 존재로서 사회관계 능력을 발달시키는 과정임을 기억해야 할 것이다.

앞서 지각, 감각운동, 대상영속성 개념의 발달을 통해 이 시기의 점진적인 인지발달을 살펴보았으며, 7-12개월 영아의 지각-인지발달의 특성(이기숙 외 역, 1998)을 간략히 정리하면 다음과 같다.

- 나타났다 사라졌다 하는 사물이나 사람에 관심을 보인다.
- 물건을 놓거나 떨어뜨리는 것을 좋아한다.
- 많은 물건들을 탐색하고 싶어한다.
- 닫고, 밀고 당기기 등 단순한 활동으로 나타나는 반응을 좋아한다.
- 그림책 등 집중력을 가지고 새로운 것에 관심을 보인다.
- 사람, 물건, 놀잇감과 함께 하는 활동을 기억한다.

표 11-1 만 0세-1세 인지발달의 특징

감각운동기의 단계	월령	대상연속성의 개념 발달단계	특징
반사운동기	출생-1개월		
1차 순환반응기	1-4개월		

감각운동기의 단계	월령	대상연속성의 개념 발달단계	특징
2차 순환반응기	4–8개월		
2차 순환반응 협응기	8–12개월		
3차 순환반응기	12–18개월		
정신적 표상기	18–24개월		

감각운동기의 단계와 대상연속성의 개념 발달단계에 대한 이해를 토대로 시기별 인지발달의 특징을 간략히 정리해 볼 수 있다.

2) 만 1세의 인지발달

1세의 영아는 걸음걸이가 좀 더 자유로워지면서 주변의 여러 가지 사물에 대해 관심이 많아지며, 탐색하고 행동의 결과를 관찰하기도 한다. 어떤 원인에 의해 나타나는 결과를 보며 재미있어 하고 때로는 시도하며 사물을 가지고 끊임없이 실험한다. 따라서 성인의 보호와 관심이 각별히 요구되는 시기이다.

방이나 거실, 혹은 보육실의 모든 서랍을 열고 사물을 꺼내 보고, 심지어는 자신의 다리나 팔을 집어넣기도 한다. 뿐만 아니라 부엌에 있는 싱크대를 열고 조리도구들을 꺼내어 두드려 보고, 만져 보고 소리와 촉감, 모양 등을 탐색하며 즐거워하기도 한다. 그러면서 서서히 질문도 하고 조작하거나 분류하는 등의 시도를 한다.

1세의 영아는 주변을 탐색할 능력이 증가함에 따라 탐색과 실험에 적당한 놀잇감은 영아의 흥미를 유발하며, 기술을 습득하게 한다(이기숙 외 역, 1998). 따라서 점진적으로 조작이 복잡한 놀잇감을 제공하고, 탐색 중 우연히 누르게 된 버튼이 동물소리를 내거나 움직임이 있는 경우에 탐색놀이를 좀 더 적극적으로 하게 된다.

이 시기에는 숨겨진 물건이나 놀잇감을 찾는데 흥미를 보이며, 성인이 영아와 놀잇감이나 사물을 감추었다가 바로 보여주면 소리내며 웃기도 하고 눈앞에서 보이지 않을 때 바로 찾는 동작을 하기도 한다.

대상영속성의 개념은 1세가 되면 완전히 감추어진 물체를 찾을 수 있으나 위치의 이동은 이해하지 못한다. 1세 반이 되면 직접 보는 경우에 한해서 물체의 위치 이동을 이해하게 되고 2세가 되면 보이지 않는 경우에도 위치 이동을 이해하게 된다(한성심 외, 2008).

주변에서 일어나는 일의 순서와 예상할 수 있는 일에 대해 흥미가 증가하며, 가상놀이에 관심을 보인다. 끊임없는 탐색을 시도하고 행동의 결과를 관찰하며 자신의 놀이를 발달시킨다.

만 1세의 영아의 지각-인지발달의 특성(이기숙 외 역, 1998)을 간략히 정리하면 다음과 같다.

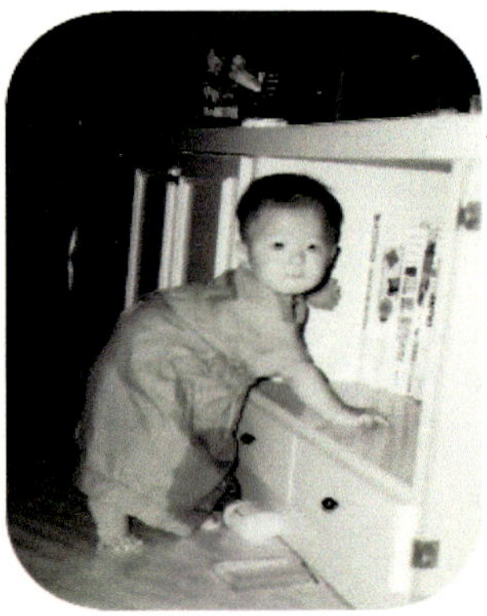

[그림 11-2] 만 1세 영아

- 원인에 의해 나타나는 결과를 재미있어 한다.
- 사물을 가지고 끊임없이 실험한다.
- 움직이거나 움직여지는 기계나 사물에 흥미를 가지며, 움직이는 놀잇감을 좋아한다.
- 물건들을 서로 조합해 본다.
- 숨겨진 놀잇감에 흥미를 보인다.
- 같은 물건을 모으거나 짝짓는 단순한 분류활동을 좋아한다.
- 모래놀이, 물놀이를 선호한다.

3) 만 2세의 인지발달

이 시기 영아의 인지발달은 전조작기로 이행하는 중요한 질적인 변화를 겪게 되면서, 눈앞에 없는 사물이나 사태를 내재적으로 표상하는 심상을 형성할 수 있게 된다(곽금주 외, 2005). 단순하고 반복적인 동작이나 행동보다는 새로운 행동을 시도하려 하고, 일상생활 가운데 호기심의 표현으로 질문을 하거나 행동으로 시도해 보기도 한다. 또한 표상능력이 발달하여 지연모방이 가능해진다. 이는 언어나 미술, 음악, 신체 등의 놀이를 통해 영아가 인식하고 있는 도식을 표현할 수 있으며, 일상생활에서 관찰된 행동 등은 가상놀이와 역할놀이를 통해 나타내기도 한다.

이 시기에 영아는 주변을 탐색하기 위해 관찰, 질문, 조작, 분류, 측정을 사용하는 것이 가능해진다. 자신의 물건과 남의 물건을 분류하기도 하고, 혼자서 자신의 신발장을 기억해서 찾아내기도 한다. 또한 주변에서 일어나는 일의 규칙성을 순서대로 표현할 수 있는 능력이 발달하며, 상대방이 약속한 것을 기억하기도 하며, 성인이 지시한 행동이나 언어에 대해서도 기억하여 실행하기도 한다.

현대의 영아들에게 무분별하게 제공되는 TV 리모컨이나 휴대폰, 컴퓨터도 탐색하는 또 하나의 놀잇감으로 재미있는 탐색 도구가 되기도 한다. 우연한 탐색을 통해 반복적인 행동의 시도로 TV나 휴대폰, 컴퓨터 모니터의 변화를 발견하게 되면 계속적으로 또 다른 시도를 하기도 한다.

12개월에서 18개월 영아의 인지적 특성(유효순 외, 2013)을 보면, 물체를 한 곳에서 다른 곳으로 옮겨도 찾을 수 있으며 성인의 신기한 행동을 적어도 여러 달 후에도 지연모방을 할 수 있다. 18개월에서 24개월의 경우에는 성인이 하고자 한 행동이 확실하게 나타나지 않았음에도 지연모방이 가능하며 타인의 의도를 유추할 수 있게 된다.

만 2세의 영아의 지각-인지발달의 특성(이기숙 외 역, 1998)을 간략히 정리하면 다음과 같다.

- 사물의 속성(질감, 모양, 크기, 색)에 흥미를 갖는다.
- 비슷한 사물끼리 짝지을 수 있다.
- 패턴, 연속성, 크기순으로 맞추는 놀이를 하며, 2-4개의 패턴은 모델을 보고 그대로 맞춘다.

- 초보적인 세기를 한다.
- 초보적인 창작활동(그리기, 만들기, 진흙놀이)을 하지만 결과보다는 과정을 더 재미있어 한다.
- 시행착오를 사용한다기보다는 정신적으로 문제해결을 실행하기 시작한다.

30개월이 된 영아는 두세 가지의 색깔을 구분할 수 있고 크고 작음을 이해하며, 사물의 가작화가 나타나 작은 블록으로 전화기 놀이를 하는 등의 행동을 보인다(김혜금 외, 2010).

> 베이비 아인슈타인의 탄생
> – EBS 아기성장보고서 제작팀(2009). 2편
> • 아기는 과학자로 태어난다, 아기 과학자의 경이로운 능력들, 학습능력을 키우는 자양분, 경험, 베이비 아인슈타인으로 키워라.

2. 유아기의 인지발달

전조작기 단계에 있는 유아의 사고 발달과정은 급속히 이루어지며 자신의 의사표현이 언어로 가능해지면서 성인들은 그들의 행동에 대해 현재의 발달수준 이상을 기대하기도 한다. 그 결과 자존감 형성에 부정적인 영향을 주게 되고 때로는 유아들의 가치 판단과 심리적인 위축을 야기시킬 수 있다.

인지발달은 사고력의 발달이나 지능을 예측하는 중요변인(Lutter & Mawhood, 1991)이기도 하지만 언어발달과 정서, 사회성 발달에도 의미있는 영향을 주게 됨으로 유아의 인지발달에 대한 이해는 유아의 전인발달을 위한 교육과정 운영 및 상담에 기본적인 절차가 된다.

1) 유아기 사고의 특징

유아의 사고는 그들이 사용하는 음성언어와 문자언어의 표현과 놀이상황에서의 동작과 상호작용 등을 통해 발달의 수준을 가늠할 수 있다. 유아는 자신의 경험을 그림이나 몸동작, 언어 등의 상징체계를 사용하고 이를 발달시키기 때문이다. 유아기에는 자기중심적이고 직관적인 사고를 하며 물활론적 사고와 더불어 인공론적 사고와 실재론적 사고를 한다.

(1) 자기중심적인 사고

유아기는 영아기에 비해 성인의 손길이 덜 간다고는 하지만 점점 고집이 세고 말을 잘 듣지 않는다는 소리를 종종 듣게 된다. 이는 유아기가 되면서 모든 사물과 상황을 자신의 입장에서만 보고 타인의 관점이나 생각, 감정을 고려하지 못하기 때문이다. 즉 자기중심적인 사고를 하는 특성이 나타나는 것이다.

Piaget는 이러한 자기중심적 사고가 자기중심적 시각조망, 자기중심적 언어 및 집단적 독백으로 나타난다고 하였다. 자기중심적 시각조망이란 자신이 보는 것과 동일하게 타인도 지각할 것이라는 정신적 조작을 의미한다(황해익 외, 2009).

이러한 자기중심적 사고의 특징은 언어활동이나 게임활동을 할 때에도 적용이 된다. 한 예로, 유아가 글을 읽고 말하는 데 관심을 갖게 되면서 자신의 이름이나 소속된 반이름의 단어를 먼저 읽으며 점차적으로 친구들의 이름과 가족 이름에 관심을 갖게 된다. 또한 공간개념을 알게 하는 놀이나 게임에 있어서도 나를 중심으로 앞, 뒤, 옆, 위, 아래를 알아가기 시작한다.

물활론과 실제론은 유아의 자기중심적 사고의 한 부분에서 파생된 것으로 유아기 사고의 특징을 보여주는 것이다. 따라서 교사와 부모는 유아들에게 다양한 문학적 경험을 할 수 있는 환경을 제공하는 것은 자기중심적 단계에서 탈중심화의 과정을 거치게 하고 타인과의 관계에서 긍정적인 사회적 관계를 형성하게 하는 보다 성숙된 단계로의 전이를 도울 수 있다(김현자 외, 2015).

(2) 직관적인 사고

유아는 영아기에 비해 언어적 표현이 좀 더 구체적이며 때로는 부모나 교사에게 강한 거부의 표현이나 다양한 질문과 따지는 듯한 표현을 사용하기도 한다. 마치 언어적으로는 성숙한 것처럼 보이지만 아직은 논리적인 사고하기보다는 직관적으로 판단하는 특징이 있다. 이와 같이 겉으로 보여지는 사물의 특징과 상황을 근거로 사고하려는 경향이 있기에 보존개념의 형성이 어려울 수 있다.

보존개념(conservation)이란 사물의 모양이 변하여도 수, 양, 길이, 부피 등에서의 그 속성은 변하지 않는다는 개념으로 유아들은 이를 이해하지 못한다. 이는 단순히 보여지는대로 사고하려는 경향 때문이다.

한 예로, 공기놀이를 하려고 공기를 나누어 가질 때에도 공기 다섯 개를 모아서 놓는 것과 일렬로 펼쳐놓는 차이임에도 불구하고 유아는 많고 적음으로 구분지으려고 한다.

(3) 물활론적 사고

유아는 모든 사물을 살아있다고 생각하며, 각 사물의 의지에 따라 움직인다고 생각한다. 이러한 물활론적 사고의 특징은 자연현상에 의해 나타나는 시각적, 청각적 자극에 민감한 반응으로 나타나며, 유아들이 문학작품을 순수하게 받아들이고 성인의 장난에도 진지하게 반응하는 이유가 되기도 한다.

물활론적 사고는 유아기 초기의 가장 현저한 특성이며, 4-5세가 되면 감소하기 시작하며, 유아기에는 1, 2단계가 발달한다(이숙재 · 이봉선, 2008).

- **1단계**: 사람에게 영향을 주는 모든 사물은 살아 있다고 생각한다.
- **2단계**: 움직이는 것은 살아 있고 움직이지 않는 것은 죽었다고 생각한다.
- **3단계**: 움직이는 것 가운데에서도 스스로 움직이는 것은 살아 있다고 생각한다.
- **4단계**: 생물학적 생명관에 근거하여 생물과 무생물의 개념을 파악한다.

만 3-5세 누리과정의 자연탐구영역에서는 유아가 자신을 둘러싸고 있는 주변 세계에 대해 호기심을 가지고 궁금한 것을 해소하기 위해 생활 속에서 사물과 자연환경을 지속적으로 탐구하는 기회를 제공하고 있다. 이러한 경험은 유아로 하여금 자연의 소중함을 알게 할 뿐 아니라 과학적이고 논리적인 사고를 기르는데 도움이 된다.

> 어떤 어른들은 아이들의 마술에 대한 믿음을 이용해서 뒤에 눈이 달렸다거나 누군가 언제나 지켜보고 있다는 것을 믿게끔 한다. 한 아이는 이렇게 말한다. '엄마는 X-ray 눈을 가졌다. 내가 어디 있는지, 무엇을 하고 있는지, 어떻게 하는지, 누구와 하고 있는지, 어디에서 하고 있는지 다 안다. 내가 숨기고 싶어하는 일을 제일 먼저 아는 사람이 엄마이다.' 아이들은 물건과 사건의 마술을 믿는다.
>
> – 뮤리엘 제임스 · 도로시 종그워드 저, 이원영 역(1994) –

(4) 실재론적 사고

4세 이전의 유아들은 규칙에 대해 의식하지 못하다가 이후에 타율적 · 도덕성 단계가 되면 모든 도덕적 문제를 눈에 보이는 결과에 따라 판단하는 도덕적 실재론을 보여 준다. 이것은 유아가 인지발달 특성상 눈에 보이지 않는 행위자의 의도를 정확하게 추론하기 어렵기 때문이다(김혜금 외, 2013).

도덕적 판단은 실재론에 의존하는데, 이 시기의 유아는 놀이에서 규칙이란 변할 수 없으며 반드시 지켜야 하는 것으로 믿으며 동기가 과정보다는 행위의 결과여부에 따라 잘못한 정도를 판단하는 경향을 보인다. 따라서 이 시기의 유아는 잘못이 크면 클수록 의도와 관계없이 벌이 더 커야 하며 더 나쁘다고 생각한다(황해익 외, 2009). 따라서 유아기에는 또래와의 놀이경험과 가정 내에서의 다양한 상황경험 및 이해의 기회가 제공됨으로 조망수용능력 및 타인에 대한 배려, 결과이전에 과정을 이해하고자 하는 노력이 길러질 수 있는 것이다.

2) 유아 인지발달의 영향요인

유아의 인지발달이 어느 특정 환경요인이나 개인이 지닌 특정요인에 의해 결정된다고는 볼 수 없다. 유아는 자신의 부모와 형제 외에도 또래 및 주변 사람들과 생활하고 경험하는 다양한 상황을 통해 보고 들으며, 느끼며 알아가고 그렇게 성장하기 때문이다. 따라서 유아가 전인적으로 성장, 발달하는데 영향을 주는 요인은 외적 요인과 내적 요인으로 살펴볼 수 있다.

(1) 외적 요인

Piaget와 Vygotsky가 유아의 사고가 연령의 증가와 경험의 여부에 따라 재구조화된다고 보았으나, Vygotsky는 유아가 자신의 지식체계를 어떻게 내면화시키느냐는 사회적 상호작용의 결과로 보았다. 즉 유아가 현재의 발달수준에서 잠재적인 발달수준으로 얼만큼 도달하는지는 자신보다 나은 또래나 성인과의 상호작용에 영향을 받는 다는 것이다. 유아에게 가장 가깝고 의미 있는 관계대상은 부모이다.

Hooper, Burchinal, Roberts, Zeisel과 Neebe(1998)는 부모의 사회·경제적 지위에 따라 달리 나타나는 유아의 인지발달 차이를 밝혔다. 부모의 지위에 따라 자녀는 문화적 빈곤을 경험하게 되고 다양한 경험을 제공받지 못한 유아는 인지발달이 긍정적이지 못하였다고 하였다(임현주, 2016). 이는 부모의 사회·경제적 지위에 따라 놀이의 중요성 및 상호작용의 중요성에 대한 인식과 함께하는 방식이 다르기 때문에 놀이의 발달과 언어의 발달에도 차이가 있다는 점과 같은 맥락으로 이해할 수 있는 것이다.

부모 다음으로 유아에게 의미있는 영향을 주는 사람은 교사이다. 유아와 많은 상호작용을 하는 대상이기도 하지만, 유아의 발달 수준을 고려하여 주변 상황과 놀이에 흥미를 갖고 탐구하며 즐길 수 있게 하여 전인적 성장을 돕는 역할을 교사가 하기 때문이다.

Vygotsky의 관점에서 교사는 유아가 살고 있는 사회적 환경의 가능성을 활용하는 존재로서 유아의 발달을 지원하겠다는 의도를 가지고 유아의 개인적 활동을 지도하고 인도할 수 있을 뿐이다(Davydov, 1995). Montessori 역시 유아가 혼자서 교구를 다루면서 오류를 발견하여 스스로 문제를 해결하는 경험을 하는데 이를 토대로 또래나 동생을 도와줄 수 있듯이 교사는 유아의 활동을 계획하고 조정하고 인도해 나가지만 점차적으로는 유아가 주도할 수 있게 된다고 보았다. 따라서 무한한 가능성을 갖고 태어나는 유아가 자신의 생각을 표현하고 새로운 놀이나 탐색에 도전함으로써 의미있는 학습에 즐거움을 갖도록 하는 것이 성인의 역할임을 알 수 있다.

물론 성인만이 유아의 인지발달에 영향을 주는 것은 아니다. 유아가 생활하는 가정과 유아교육기관에서 제공하는 놀잇감과 놀이의 시간, 정리된 환경 등 역시 유아의 인지발달에 직·간접적으로 영향을 미친다. 유아가 흥미를 갖고 충분히 놀이하고 분류하고 정리하는 과정을 통해 공통점과 차이점을 발견하고, 인과관계를 알게 되어 생활에 적용하는 능력이 발달할 수 있기 때문이다. 하지만 아무리 좋은 물리적 환경의 조건이 주어져도 성인이 어떻게 반응해 주고, 얼만큼 기다려 주는가 하는 태도에 따라 또 다른 영향을 받게 될 것이다.

(2) 내적 요인

유아는 능동적인 문제해결자로 타고난 호기심과 탐구심으로 주변세계에 도전하여 문제를 해결하고 다시 도전하는 특성을 지니고 있다(Duckworth, 1987). 또한 인지가 발달해 감에 따라 주변 환경의 자극에 대하여 적극적으로 대처하여 어렸을 때는 감각적으로 문제를 해결하고, 좀 더 나이가 들어서는 구체적인 사물을 통하여 해결하다가, 마지막으로 구체적인 사물의 조작 없이 사고를 통하여 문제를 해결하게 된다(박찬옥 외, 2011; Piaget, 1964). 따라서 유아가 지니고 있는 잠재능력은 놀면서 발휘되고, 가정이나 유아교육기관에서 실수를 저지르는 과정에서 점차 발달한다고 볼 수 있는 것이다.

유아기에 또래와의 놀이행동을 보면, 지능수준이 높은 유아들이 기능놀이보다는 구성놀이나 역할놀이를 많이 하고 또래와의 상호작용도 더 많은 것으로 나타났다(이선희, 2014). 뿐만 아니라 놀이의 지속시간과 놀이를 통한 성취정도에서도 차이가 나타난다.

유아의 인지발달의 측정 지표(박찬옥 외, 2008, 재인용)에는 지각하기, 기억하기, 상징적 사고 및 표상하기, 문제해결하기, 공간개념 갖기, 정보수집 및 조작하기, 분류하기, 서열하기, 수리적 책략 사용하기, 패턴 만들기를 포함하고 있다. 이를 지능이라는 관점에서 보면, 논리-수학적 지능, 언어지능, 공간지능 등과 밀접한 관련이 있다.

이러한 능력을 인지발달 또는 지능으로 설명할 때 이는 현재 유아의 수준을 놓고 그 차이를 말하는 것 뿐이다. 따라서 유아 개개인의 시작점은 조금 다를 수 있지만, 제공되는 환경과 경험, 본인의 욕구 등에 따라 유아의 인지발달 정도는 또 다른 결과를 가져올 수 있음을 간과해서는 안 될 것이다.

참고 문헌

곽금주, 성현란, 장유경, 심희옥, 이지연, 김수정, 배기조(2005). 한국영아발달연구. 서울: 학지사.

김현자, 조미영, 김기웅, 노희연, 서화니, 조득현(2015). 개정 아동문학. 서울: 창지사.

김혜금, 송영주, 임양미, 김현자, 김진숙(2011). 정신건강론. 경기: 정민사.

김혜금, 송영주, 임양미, 김현자, 김진숙, 박진옥(2013). 유아사회교육. 서울: 학지사.

박찬옥 · 황소영 · 나혜선(2011). 유아의 언어, 인지, 사회 · 정서 발달과 문제해결력의 관계. 유아교육학논집. 15(1), 117-140.

서유헌(2006). '아동발달과 뇌발달의 이해'. 건강한 아동, 건강한 뇌. 2006년 한국아동학회 춘계학술대회 자료집. 3-12.

유효순, 원혜경, 김정희(2013). 영아발달. 서울: 창지사.

이기숙, 오은숙 역(1998). 신생아부터 8세아까지 발달단계로 본 우리 아이들의 놀잇감 선택방법. 경기: 양서원.

이선희(20140. 유아가 또래놀이행동에 대한 사회경제적 지위, 가정환경자극 및 유아의 언어능력간의 구조적 관계. 교육과학연구. 45, 93-114

이숙재, 이봉선(2008). 개정 영유아의 발달과 교육. 서울: 창지사.

이순형, 이혜승, 이성옥, 황혜신, 이완정, 이소은, 권혜진, 이영미, 정윤주, 한유진, 성미영(2009). 보육학개론. 서울: 학지사.

이원영 역(1994). 아이는 성공하기 위해 태어난다. 서울: 샘터.

임현주(20160. 유아의 인지 · 언어발달과 가정환경 군집에 따른 창의성에 관한 연구. 유아교육연구. 36(2), 515-534

중앙육아종합지원센터(2013). 제3차 어린이집 표준보육과정에 기초한 연령별 보육프로그램의 활용.

황해익, 서정현, 송연숙, 이경화, 최혜진, 정혜영, 김남희, 이혜은, 손유진, 박순호, 손원경, 남미경, 김인순, 고은미, 유수경(2009). 유아교육개론. 경기: 공동체.

Adams, R. J.(1987). An evaluation of color preference in early infancy. Infant Behavior and Development, 10, 143-150.

Davydov, V. V.(1995). The influence of L. S. Vygotsky on education theory, research, and practice. *Educational Researcher, 24*(3), 12-21.

DeCasper, A. J., & Fifer, W.P. (1980). Of human bondings: Newborns prefer their mother's voices. Science, 208, 1174-1176.

Gibson, E. J., & Walk, R, D.(1960). The "visual cliff." Scientific American, 202, 64-71.

Hooper, S. R., Burchinal, M. R., Roberts, J. E., Zeisel, S. A., & Neebe, E. C. (1998). Social and family risk factors for infant development at one year: An application of the cumulative risk model. *Journal of Applied Developmental Psychology, 19*(1), 85-96.

Piaget, J.(1964). Cognitive Development in Children. In R. E. Ripple & V. N. Rockcastle(Eds.), *Piaget rediscovered.* Ithaca, NY: Cornell University.

Rutter, M., & Mawhood, L.(1991). The long term psychosocial sequelae of specific development disorders of speech and language. In M. Rutter & P. Caesaer (Eds.), *Biological risk factors for psychosocial disorders*(pp. 232-259). Cambrige, UK: Cambridge University Press.

제12장

언어발달

1. 영아기 언어발달
2. 유아기 언어발달

1. 영아기 언어발달

1) 만 0세의 언어발달

인간이 나타내는 최초의 음성언어는 울음이며, 쿠잉, 옹알이를 기초로 언어가 발달한다. 의미없는 소리처럼 들리는 음성이지만, 약간씩 다른 양상을 띠며 분화를 하게 된다. 그래서 인간에게 언어는 신비하고 축복된 선물이 될 것이다.

이 시기는 언어 이전시기(prelinguistic phase)로써 울음, 쿠잉, 옹알이는 영아의 소리에 반응해 주는 사람이 있을 때 더 자주 나타낼 수 있다고 볼 때, 이 시기에는 음성언어를 통해 사랑의 감정을 느끼게 하고 모방할 수 있는 대상이 있다는 것은 사회적 존재로서 의사소통 능력을 발달시키는 중요한 출발이 된다고 하겠다.

물론 언어 이전시기의 영아는 음성언어를 통해 자신을 나타내기도 하지만, 사람을 향해 팔을 내민다거나 혀로 우유병의 꼭지를 밀어내는 등 몸짓으로 표현하는 사인(baby sign)도 이 시기에 소통의 방법이 된다는 것을 이해해야 할 것이다.

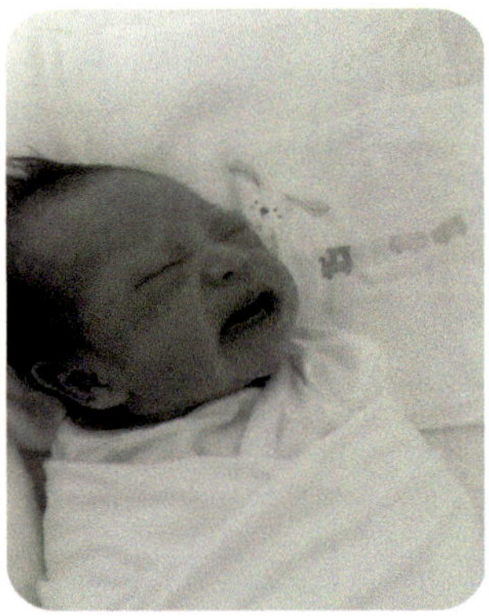

[그림 12-1] 1개월 영아

(1) 울음 및 쿠잉

신생아가 처음으로 내는 울음은 분명한 소리이지만 단조로운 울음소리는 호흡운동과 관련되어 있으므로 미분화된 울음(undifferentiated crying)이라 하겠다. 그러나 생후 1개월쯤 되면 울음에도 소리의 높이, 리듬, 음색의 변화가 뚜렷이 나타나게 된다(이경화 · 이성숙 · 김경화, 2010).

1개월이 되면 영아의 울음은 분화되면서 울음의 강도나 고저로 영아가 왜 우는지 그 이유에 대해 양육자가 구분할 수 있게 된다. 1-2개월경에는 이러한 울음이 소리내기로 울음과 비슷하나 목구멍을 울리는 소리로 '아아', '우우' 등과 같이 모음의 소리와 자음의 소리를 내기도 하는 쿠잉(cooing)을 하는 것이다.

(2) 옹알이

2-6개월의 영아는 소리내어 웃기를 하며, 타인의 목소리를 듣고 자신의 소리로 모방을 시도한다. 자음과 모음의 반복적인 연결을 하게 되면서 뭔가 말을 하고 있는 듯한 착각을 하게 한다. 이런 소리를 옹알이(bab-bling)이라고 한다.

4개월이 되면 활발한 옹알이(babbling)를 하며 옹알이에 고저가 나타난다. 6개월이 되면 일련의 소리를 모방하고 자신의 이름을 인식하여, 부르면 쳐다본다. 10개월이 되면 간단한 명령이나 요청을 이해하기 시작하고, 12개월이 되면 '엄마', '까까', '맘마' 등 한 가지 이상의 단어를 말할 수 있다(김혜금 외, 2010).

4-5개월경에 나타나는 옹알이는 모국어를 습득하는 중요한 기제로 성인과의 상호작용을 통하여 자신이 소속된 집단에서 자주 쓰이는 소리로 바뀌게 된다. 영아에게 중요한 언어의 역할을 하는 것 중의 하나는 몸짓이다. 팔 다리와 몸체를 움직여서 자신의 의사를 표현한다. 말을 하기 시작한 후에는 불완전한 어휘력을 보완하기 위해 몸짓을 사용하게 된다(한성심 외, 2009). 영아는 옹알이나 소리를 모방하려고 애쓰며, 음악을 들려주면 소리를 내거나 움직인다. 또한 자신의 이름을 알고, 물건의 이름을 말하면 지적하기도 한다.

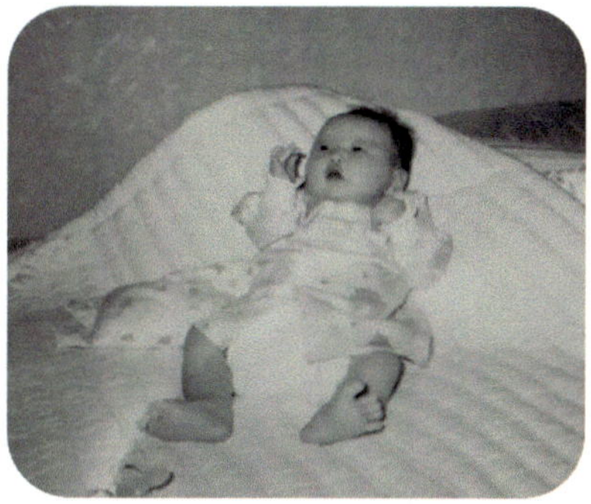

[그림 12-2] 4개월 영아

(3) 몸짓

몸짓이란 언어 대신 몸체를 움직여서 자신의 의도와 요구를 표현하는 것으로 영아에게 있어서 중요한 언어의 역할을 한다. 몸짓은 음성언어를 대신하거나 보충

하는 기능을 하기 때문에 단어를 사용하여 말을 하기 시작한 후에도 불완전한 어휘력을 보완하기 위한 보조 언어로써 몸짓을 사용한다(강문희 외, 2004). 따라서 영아를 양육하는 성인은 음성언어를 표현할 때 몸짓을 함께 보여주는 것은 영아가 사물과 상황 등에 따른 어휘를 학습하는 데 도움이 될 수 있다. 예를 들어, 동물이나 자동차 등 의성어나 의태어로 표현할 수 있는 생물, 무생물에 흥미를 갖고 소리와 몸짓을 모방하여 다양한 의사표현의 방법을 점진적으로 학습해 갈 수 있다.

음성언어를 통한 의사전달이 어려운 영아는 분명히 표정과 몸짓으로 자신의 상황을 표현하게 된다. 그런 경우 성인은 영아의 신호(sign)를 인식하고 반응하여 영아의 욕구를 충족시킬 수 있도록 할 때 영아의 언어발달은 지속적으로 이루어져 전언어 단계에서 언어단계로 발달할 수 있을 것이다.

8개월경에는 자신의 소리와 타인의 소리를 구분하고 때로는 타인의 소리를 따라 하기도 하고 주변에서 누군가가 자신의 이름을 부르며 고개를 돌려 반응하기도 하며, 거울에 비친 자신의 모습을 쳐다보며 눈, 코, 입 등 신체부분을 집어 보기도 한다. 특히 이 시기에는 책 속에 있는 그림을 보기 시작하므로 양육자는 책 속에 그림이 무엇인지 이야기를 해 준다면 그림책에 대한 관심과 표현을 촉진시킬 수 있다.

12개월경에는 한 단어로 의사소통을 하기 시작하는데, 이 하나의 단어는 상황에 따라 여러 의미를 함축하며 전체 문장의 의미를 내포하게 된다. 예를 들어, '엄마'라는 단어는 엄마 그 자체를 의미하기도 하지만 '엄마 배고파', '엄마 무서워'와 같은 다양한 의미를 담고 있다(한성심 외, 2009).

2) 만 1세의 언어발달

출생 후 12개월을 전후하여 반복하여 들려주는 소리를 들으면 그 소리를 모방하면서 계속 반복하여 소리를 내다가 언어를 모방하게 되는 변화를 나타내며, 자신의 욕구를 표현하고 타인을 가리키는 언어를 사용하기 시작한다. 물론 신체운동 능력이 영아 개인에 따른 차이가 있듯이 언어발달에도 다소 개인차가 나타난다.

(1) 13-18개월

영아가 생후 1년이 지나면 첫 단어를 말하기 시작하며, 이 시기부터 18개월경까지 두 단어를 연결해서 말하는 시기까지를 한 단어 단계(one word stage)로 보고 있다. 즉 한 단어로도 양육자와 의사소통이 된다는 것이다. 예를 들어, “멍멍”이라고 말하면, ‘강아지가 있구나’, “맘마”라고 하면, ‘배고프구나’로 양육자는 반응을 하게 된다.

이 시기 언어발달의 특징 중 하나는 과잉확대(over extension) 현상이다. 이는 하나의 단어를 적합하지 않은 다른 대상에게까지 일반화하여 사용하는 것을 의미한다(강문희 외, 2004). 예를 들어, 우유를 맘마라고 부르게 되고 요구한 것을 제공받게 되면 이후에 과일, 이유식 등을 맘마로 말하게 된다. 또한 개를 멍멍이라고 부르게 되고 성인의 반응이 이를 지지해 주었다면, 움직이는 모든 동물을 멍멍이라고 말하게 된다.

이 시기에 영아는 말하는 사람의 표정과 몸짓에 관심을 갖고 유심히 보며, 친숙한 낱말과 발음에 흥미를 보인다. 하지만 신체운동 능력에 개인차가 있듯이 음성언어에 대한 이해는 되어도 표현이 어려운 경우도 있다.

12-16개월이 된 영아는 한두 단어를 사용하여 다양한 의도를 표현하고 반복적인 운율을 즐기며 그림책을 볼 수 있다. 20개월이 되면 사용 어휘가 점차 늘어나 10-20개의 단어를 말할 수 있으며, 두 단어를 조합하여 함축된 의미로 표현하거나 다른 사람의 요구나 지시에 적절히 반응한다(김혜금 외, 2010).

18개월에 두 단어를 연결하고, 2세에는 주어나 목적어가 있는 2-3단어의 구문을 만들 수 있다. 30개월에는 조사의 사용이 생략된 전보식 문장을 사용하고 3세에는 문장을 일상적으로 사용하게 된다. 4세부터 주고받는 회화가 가능하여진다(은백린, 2001).

(2) 19-24개월

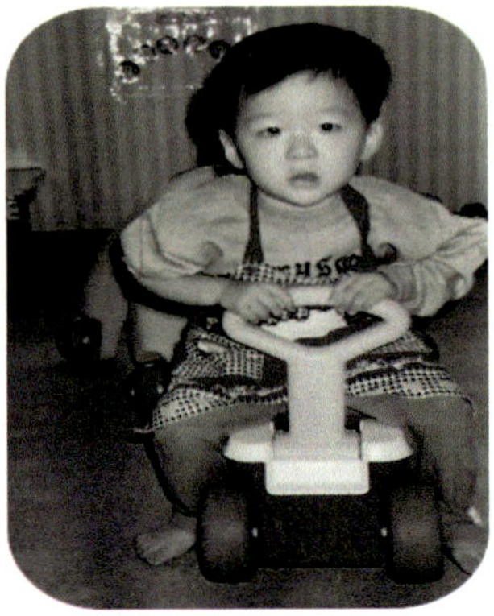

[그림 12-3] 22개월 영아

이 시기가 되면, 두 개의 단어를 연결시켜 문장을 만들 수 있게 된다. 그래서 두 단어 단계(two word stage)라 하며, 이 시기에 사용하는 언어를 전보식 언어(telegraphic speech)라고 한다. 예를 들어, "엄마, 맘마"는 조사나 접속사가 없이도 엄마에게 먹을 것을 요청하는 것으로 받아들여진다.

영아는 끊임없이 자신의 욕구를 언어로 표현하려고 하며, 말하는 것을 좋아하게 되고 표현할 수 있는 어휘도 늘어가고 성인의 질문에 반응하며 영아 역시 질문의 횟수가 늘어간다. 물론 완전한 문장으로 표현을 어려지만 "이(거) 뭐야?" 등의 표현으로 자신에게 답변하는 상대에게 관심을 갖기 위해, 또는 호기심으로 인해 질문을 하기도 한다.

영아가 두 개 이상의 단어를 연결시켜서 문장을 사용하게 되는 경우, 영아가 처음에 사용하는 단어는 가족의 명칭이나 친숙한 사물이나 신체 부분에 관한 것이 많으며 여아가 남아보다 더 빠르고 형제가 많은 가정의 경우에 더 빠른 편이다(한성심 외, 2009).

영아는 두 단어 단계가 끝나 가면서 더 많은 활동량과 함께 그 동안 보고 들은 많은 것들을 토대로 자연스럽게 모방하고, 놀이를 통해 언어로 표현하며 소통의 즐거움을 느끼게 된다. 그렇다고 하는 것은 그만큼 성인과의 상호작용이 필요하다는 것이고, 이때 성인의 의사소통 방법인 표정과 목소리, 어휘사용 등은 영아의 의사소통 능력에 결정적인 영향을 미칠 수 있음을 고려해야 할 것이다.

3) 만 2세의 언어발달

이 시기의 영아들은 그림책을 좋아하고 또래나 동생, 또는 주변 사람들이 말하는 소리와 내용에 관심을 나타내며 그들의 표현을 모방하며 놀이를 하기도 한다. 타인의 말이나 억양을 모방한 언어적 표현은 역할놀이시 나타나기도 한다.

김영훈(2014)은 두뇌 성격에 따라 영아의 언어발달은 신체발달 만큼이나 성인이 조바심을 갖고 표준적인 발달에 맞춰서 정상적인 성장·발달로 판단하려고 한다. 하지만 소아과에서는 다음과 같은 주의를 주고 있다.

- 일반적으로 2세경에 "엄마 무(엄마 물 주세요)"와 같은 짧은 문장을 말할 수 있게 되는데 2세까지 간단한 문장을 만들지 못한다고 모두 언어 지체는 아니다. 실제로 2세 때 "엄마", "아빠" 밖에 못하던 아기도 6개월 내지 1년 후에는 거의 정상적으로 말을 하게 되는 경우도 있다. 그러나 2년 6개월 내지 3세까지 두 단어를 결합하여 의미 있는 문장을 말할 수 없을 때는 아이의 언어 습득에 이상이 있는지 알아보아야 한다(고려의대 소아과 은백린, 2001).

영아들이 완전한 문장에 가까운 표현을 하기 시작하면서 문장의 문법에 적절한 문법적 형태소를 습득하여 사용하게 된다. 또한 문장의 형태도 단순한 문장에서 점차적으로 복잡하게 구성할 수 있게 되어 중문과 복문도 사용할 수 있게 된다(Radford, 1991). 따라서 어린이집과 가정에서는 낮잠 시간이나 조용한 놀이가 필요한 시간에 교사나 부모가 그림책을 읽어 주는 것은 영아들의 듣기 태도와 그림책에 대한 흥미를 높이는데 도움이 될 수 있다.

만 2세의 영아들은 서서히 엄마보다는 또래나 교사와 상호작용하기를 좋아하기 시작하기 때문에 어린이집 언어영역에서는 교사에게 그림책을 읽어 달라고 하거나 또래와 그림책을 펼쳐놓고 들었던 내용을 기억해 가며 읽는 시늉을 한다. 또한 미술영역에서 크레용이나 색연필 등 그리기 도구를 가지고 색종이나 도화지에 끄적거리기를 해서는 교사에게 보여주기도 한다.

24개월과 30개월의 언어발달의 이정표(Lenneberg, 1967; 이경화 외, 2010 재인용)에서는 다음과 같이 제시하고 있다.

(1) 24개월

50개 이상의 어휘력을 가지며, 주로 주위에서 흔히 보는 사물들의 이름을 거의 다 알고 있다. 또한 자발적으로 두 개의 단어를 합쳐서 이어문으로 만들기 시작하며 의사소통 행동이 확실히 증가하며 언어에 대한 흥미를 보여 준다.

(2) 30개월

어휘력이 가장 빨리 증가되는 시기로 거의 매일 몇 개씩의 새로운 단어를 습득한다. 의사소통의 목적을 가지고 말을 하며 어른들이 자기의 말을 이해하지 못하면 좌절감을 느낀다. 또한 문장의 길이는 적어도 두 개의 단어로 구성되어 있으며 3-5개의 단어로 구성된 문장을 말하기도 하며, 문장과 어구는 유아문법의 특징을 보여주는데 유아에 따라 큰 차이가 나지만 언어의 명료성은 아직 명확하지 못하고 이해력은 뛰어나다.

2. 유아기 언어발달

1) 언어발달의 특성

Vygotsky는 언어의 원초적인 기능이 의사소통이며, 사회적 접촉이므로 유아의 언어를 사회 중심적이라고 보았다(윤복희 외, 2013). 따라서 Vygotsky는 언어가 사회적 언어에서 자기중심적 언어로, 자기중심적 언어는 다시 내적 언어로 발달되어 간다고 설명하였다. Vygotsky는 유아의 언어발달에 있어서 가장 중요한 것은 유아보다 능력 있는 사람과의 사회적 상호작용으로 보았다. 따라서 부모, 교사, 유능한 또래는 유아의 언어발달에 있어서 매우 중요한 역할을 한다. Vygotsky는 유아의 언어발달을 네 단계로 제시하였다.

표 12-1 유아의 언어발달 단계

언어발달 단계	연령	특징
초보적 언어단계	0–2세	• 언어 이전의 인지 혹은 인지 이전의 언어단계 • 언어와 인지가 아직 만나지 않았으며, 말과 사고의 조작이 원초적인 형태로 나타난다.
외적 언어단계	2세	• 언어와 인지가 만나면서 의사소통을 위한 외적 언어인 사회적 언어가 나타난다.
혼잣말 단계	3–6세	• 스스로에게 조용히 말하는 혼잣말 형태가 나타난다. • 점차 인지적 정신기능이 성숙됨으로 인해 혼잣말은 개인 내적으로 들어가 언어적 사고를 구성하는데 중요한 역할을 한다.
내적 언어단계	6세 이후	• 혼잣말이 사고로 내면화되어 내적 언어가 된다.

출처: 이지현 외(2013). 재인용.

Piaget와 Vygotsky는 상호작용 이론을 주장했다는 점에서 유사한 관점을 지닌다. 하지만 주장하는 바에 다소 차이가 있으며, 이를 정리하면 다음과 같다.

표 12-2 Piaget와 Vygotsky의 상호작용 차이점

구분	Piaget	Vygotsky
상호작용	• 물리적 환경과의 능동적 상호작용 • 또래와의 상호작용 • 유아 스스로 이치를 깨달음(개인 스스로의 인지적 갈등 극복)	• 교사나 우수한 또래와의 협동적 상호작용 • 타인에 의한 유도를 통한 깨달음(전달받은 사회적 경험의 내면화)

구분	Piaget	Vygotsky
자기중심적 언어	• 자아중심적 사고의 결과 • 논리적 사고의 발달을 통해 자아중심적 언어는 점차 사라짐	• 문제해결을 추구하고 계획을 주도하기 위한 자기 지시 및 자기 조절 사고의 수단 • 자아중심적 언어(외적 언어)가 내적 언어로 진행되면서 논리적 사고가 발달함
언어발달과 인지	• 인지발달이 언어발달에 영향을 미침	• 언어는 사고의 도구임
언어발달과 학습	• 인지발달이 학습을 주도함	• 학습이 인지발달을 주도함

출처: 정남미(2013). 재인용.

사회적 상호작용 언어발달 이론의 제한점은 유아가 언어를 실제적으로 어떻게 습득하는지에 대해서는 구체적으로 밝히지 못하고 있다는 점이다. Vygotsky는 유아의 언어발달에 있어서 환경의 중요성은 설명하고 있지만, 유아가 어떻게 언어를 습득하는지에 대해서는 명확하게 제시하지 못하였다.

2) 유아기 언어발달의 특성

유아기에 있어 언어는 여러 가지 현상들을 이해하고 개념화하는 중요한 인지적 수단이 된다. 다른 사람의 생각과 의도를 바르게 이해하고 자신의 생각을 표현할 수 있게 되어 대인관계의 기본수단이 되기도 한다. 또한 자신의 감정, 정서를 표출하거나 통제하는 정서적 표출 수단이 된다. 이처럼 언어는 유아기 발달의 중요한 부분을 차지한다.

유아기 언어발달의 특성은 다음과 같다. 첫째, 문법적 형태소의 획득이다. 둘 또는 셋 이상의 단어를 조합할 때 차츰 격조사나 시제와 관련된 어미 등을 문장에 사용하여 보다 완성된 문장으로 발달하게 된다. 둘째, 과잉일반화와 축소화 현상이다. 과잉일반화란 한 단어의 의미가 다른 대상으로 적용·확대되는 일반화 과정을 말하며, 축소화 현상은 단어의 적용범위가 축소되는 분화과정을 의미한다. 이러한 현상은 유아기 초기가 지나면 어휘력이 증가하고 문법의 획득으로 사라지게 된다. 셋째, 부정문을 사용한다. 단어를 결합하기 시작하면서 부정적인 개념을 표현하기 시작하는데 부정적인 진술을 할 때에는 문법이나 문장 형태와 관계없이 '안'자만을 붙인다. 유아기 말기에 이르러 올바른 형태의 부정문이 나타나게 된다. 넷째, 의문문을 많이 사용한다. 의문문과 관련되는 유아기 아동의 언어특성에는 문법적 특성보다 오히려 질문이 많다는 사실이 더 특징이다. 모든 환경에 대해 탐색하고 호기심과 궁금증을 그냥 넘기지 않고 반드시 '왜'라는 질문을 통해 확인하려는 경향이 강하게 나타난다.

(1) 유아기 음성 언어발달의 특성

유아기에는 습득하는 어휘 수가 급격히 증가한다. 유아는 36개월을 전후하여 500개에 이르는 어휘 수를 획득하며, 이후 6세 말경에는 약 3,000개의 어휘를 습득한다(이숙재 외, 2013, 재인용). 물론 유아마다 사용하는 어휘 수는 유아의 사회문화적 맥락에 따라 다를 수 있기 때문에 절대적 기준이 아닐 수 있다.

유아기에는 문장에서 사용하는 어휘 수가 증가한다. 유아는 3, 4세에는 3-4개의 단어로 문장을 구성하고, 4, 5세는 4-5개의 단어, 5, 6세에는 6-7개의 단어로 이루어진 문장을 말한다(이숙재 외, 2013, 재인용). 따라서 유아는 단순한 문장을 시작으로 더욱 복잡하며 완전한 문장으로 생각을 표현할 수 있게 된다. 유아는 단순한 이야기를 말할 수 있으며 점차 이야기의 순서에 따라 말할 수 있게 된다.

유아기에는 어휘 이해능력도 증가한다. 유아는 수평적 발달과 수직적 발달을 통해 언어에 대한 이해력이 증가한다. 수평적 발달이란 자신이 알고 있는 어휘의 의미에 새로운 속성을 추가해 가는 것이다. 수직적 발달이란 어떤 개념을 습득하고 나서 그와 유사한 개념의 어휘들을 군집화하여 새로운 범주의 개념을 획득하는 것이다.

① 문법

유아는 문법적 형태소를 알아가며 음성언어가 더욱 발달하게 된다. 또한 유아의 문법적 형태소의 발달은 시기에 따라 그 종류가 다르다고 본다. 문법적 형태소의 출현 순위를 살펴보면 다음과 같다.

표 12-3 문법적 형태소의 출현 순위

순위	문법적 형태소	예
1	문장어미(야, 라, 자 등)	엄마야 / 이리와
2	공존(랑, 하고, 도, 같이)	엄마랑 애기랑 / 엄마같이
3	장소(에, 로, 한테)	엄마 앞에 / 산에 / 엄마한테
4	과거(었)	산에 갔어 / 새 봤어
5	미래(ㄹ)	줄꺼야 / 쉬 할래
6	주격(가)	엄마가 / 오빠가 / 병아리가
7	진행(ㄴ, ㄴ다)	책 본다
8	수동(이, 히)	아가 먹여 / 토끼가 놀랬어
9	주어(는)	나는 사자다
10	목적(을, 를)	그냥 먹어 귤을
11	도구(로)	칼로 고쳐

출처: 이숙재 외(2013). 재인용.

유아는 사회문화적 맥락 속에서 끊임없이 상호작용하며 서서히 올바른 문법을 획득하게 된다.

② 의사소통

의사소통 능력이란 사회적 상황에 맞게 말을 바꾸거나 화법에 맞는 말을 할 수 있는 능력이다. 사회적 사회작용 과정에서 언어를 사용하는 능력을 말한다. 3세부터 5세까지의 의사소통 능력의 발달은 다음과 같다(NAEYC, 1997).

표 12-4 3-5세까지의 의사소통 능력의 발달

	의사소통 능력의 발달
3-4세	• 어휘력이 점점 발달하여 약 2,000-4,000개의 낱말을 구사할 수 있다. • 최소한 3-4개의 낱말로 단순한 문장을 만들어 자신의 요구를 표현한다. • 대화의 주제를 금방 바꾸며, 대화에서 차례 지키기가 어렵다. • 낱말 발음하기를 어려워한다. • 단순한 손유희와 운율이 있는 노래를 좋아하며, 반복되는 구절이 많은 노래를 통해 낱말을 배운다. • 청자를 고려하여 말과 몸짓, 표정과 같은 비언어적 의사소통을 문화적으로 수용되는 방식에 맞춘다. • 누가, 무엇을, 어디에서, 왜로 시작되는 질문을 많이 한다. • 문장을 합하여 두 개의 아이디어를 연결하는 등 언어를 사용하여 사고를 조직한다. '그러나, 왜냐하면, ~할 때'와 같은 단어를 지나치게 많이 사용한다. • 단순한 이야기를 말할 수 있다. 그러나 종종 이야기의 초점을 잊고 자기가 좋아하는 부분에 대해 이야기한다.
4-5세	• 약 4,000-6,000개의 어휘를 구사할 수 있다. • 추상적인 단어의 사용에 관심이 증가한다. • 보통 5-6개의 단어로 이루어진 문장을 말한다. • 간단한 노래를 부르기 좋아한다. • 동시와 손유희를 많이 안다. • 가족, 자신의 경험에 대해 다른 사람에게 이야기하기를 좋아한다. • 명령조의 말로 여러 가지 요구를 한다. • 표정으로 자신의 감정을 표현하며 몸짓을 보고 그 사람의 생각을 읽어 낸다. • 주의를 기울이기만 한다면 일정 시간 동안 목소리의 크기를 조절할 수 있다. • 여러 가지 구조의 문장들을 만들어 보는 시도를 한다. • 자신의 경험과 관련이 있을 경우 새로운 어휘를 쉽게 배운다. • 이야기를 듣고 사건의 순서에 따라 이야기를 반복할 수 있다.

	의사소통 능력의 발달
5-6세	• 약 5,000-8,000개의 어휘를 구사할 수 있다. • 전보다 더 완전한 문장을 사용한다. • 대화에서 차례를 지키며 다른 사람의 말을 가로채는 경우가 줄어든다. • 말을 통하여 경험을 공유할 수 있다. • 다른 유아를 놀리기 위해서 특정한 얼굴 표정과 비언어적인 몸짓을 사용한다. • 간단한 동시의 구절을 기억한다. 다른 사람이 한 문장이나 표현을 완벽하게 반복한다. • 언어가 점점 더 유창해져서 자신의 생각을 잘 표현한다.

출처: 김영실 외(2006). 재인용.

유아기 음성 언어발달을 위해 부모는 유아의 경험에 대해 대화를 자주해야 한다. 많은 어휘를 알게 된 유아는 언어로써 표현할 수 있는 기회가 필요하다. 즉, 자주 표현할 수 있어야 언어는 더욱 유창해질 수 있다. 이에 부모나 성인은 유아의 경험을 바탕으로 하여 자주 대화하도록 한다. 특히, 이러한 대화는 일상 속에서 자연스럽게 이루어지도록 한다.

(2) 유아기 문자 언어발달의 특성

① 읽기 발달

유아의 읽기는 단계를 거쳐 발달한다. Jalongo(이지현 외, 2013에서 재인용)는 읽기 발달단계를 7수준으로 제시하였다.

표 12-5 유아의 읽기단계

수 준	특 징
1수준: 책이 무엇인지 이해한다.	• 영아기의 읽기 발달단계이다.

수 준	특 징
2수준: 책의 기능을 이해한다.	• 책의 기능에 대해 학습하기 시작한다. • 책을 똑바로 세워 책장을 넘기고 다른 물건과 다르게 다룰 줄 안다. • 그림책 속의 물건을 가리키며 이름을 말하고 자신의 경험과 그림을 연결시킨다.
3수준: 청취자와 참여자가 된다.	• 청취자의 역할에 대해 더 많이 알게 되고 함께 책보기 활동을 할 때, 책이 초점이 된다는 것을 안다. • 유아는 익숙한 이야기에 그림을 단서로 하여 소리 내어 외워서 읽는다.
4수준: 그림에 맞추어 이야기를 한다.	• 유아는 좋아하는 책이 있으며 익숙한 책의 내용에 새로운 내용을 첨가시키기도 하고 문학적인 관점으로 연결시키기도 한다.
5수준: 글자, 의미, 이야기 지식에 초점을 둔다.	• 유아는 책의 내용이 똑같아서 읽을 때마다 동일하다는 것을 안다. • 그림뿐만 아니라 글자를 볼 필요가 있으며 단어와 연결시켜야 함을 안다.
6수준: 단어 형태와 소리-글자관계에 초점을 둔다.	• 유아는 알고 있는 글자, 단어, 소리를 이용하여 책에 나와 있는 글자를 정확히 읽으려고 한다.
7수준: 글자와 이야기에 대한 지식을 연결한다.	• 유아는 모든 경험을 통합하여 읽기 독자로서 유용한 정보-음운론, 구문론, 의미론, 화용론-를 이용한다.

출처: 이지현 외(2013). 재인용.

유아의 읽기는 자신에게 의미 있는 경험 중심으로 나타난다. 즉, 글자를 정확히 인식하지 못하는 유아들은 자신의 경험에 비추어 읽기가 나타난다. 동물 관련 그림책을 보던 유아가 강아지가 나타나자, '강아지는 무서운 동물이에요.'라고 읽는다. 하지만 실제 그림책에는 '강아지는 친구 같은 동물이에요.'라고 적혀 있다.

② 쓰기 발달

유아는 글자 획순을 정확하지 않게 쓰다가 점차 올바른 획순과 모양으로 쓰게 된다. 유아가 글자에 대한 인식이 증가하면 글자를 모방하여 쓰게 된다. 하지만 유아가 쓰는 글자는 처음부터 정확한 획순을 따르지 않는다. 이연섭(이숙재 외, 재인용)은 우리나라 영유아의 한글 쓰기는 다음과 같은 7단계로 나타난다고 설명하였다.

표 12-6 유아의 쓰기단계

유아의 한글 쓰기 단계	
1단계	• 긁적거리는 단계
2단계	• 한두 개의 글자 모양이 우연히 나타나는 단계
3단계	• 식별이 가능한 글자가 나타나나, 획이 생략되거나 첨가, 또는 역전 현상을 보이는 단계
4단계	• 글자 형태는 갖추었으나 획순이나 모양이 바르지 않은 단계
5단계	• 글자의 획순과 모양이 바르게 나타나는 단계
6단계	• 단어 쓰기단계
7단계	• 문장 쓰기단계

출처: 이숙재 외(2013). 재인용.

1단계는 영아기의 쓰기 특성이라고 볼 수 있지만, 2단계 이후의 단계는 유아에 따라 나타나며 시기가 다소 차이가 날 수 있다. 유아기에는 영아기에 이어 급격한 쓰기 발달이 이루어지면서 정확하게 단어를 쓰게 되고, 문장으로까지 표현할 수 있게 된다.

유아는 평소 관심 있어 하는 글자를 중심으로 쓰기를 한다. 평소 관심 있는 문자를 중심으로 하여 통문자로 글쓰기가 나타난다. 특히, 유아는 스스로에 대한 관심으로 자신의 이름 쓰는 것을 즐긴다. 이외에 자동차나 공룡 등 자신이 좋아하는 것과 관련된 그림책을 보며, 글자를 익히고 따라 쓰게 된다. 유아의 글자 쓰기에 대한 관심은 일상생활에서 나타난다. 유아가 글자 쓰기에 대해 관심을 보이기 시작하면서 일상생활에서 만나는 여러 가지 글자를 따라 쓰려는 모습을 보인다.

부모는 유아가 아는 글자를 시작으로 새로운 글자에 대해 관심 갖고 읽을 수 있는 경험을 제공해야 한다. 유아에게 전혀 모르는 글자를 반복적으로 교육하게 되면 유아는 글자에 대한 흥미를 잃으며 더 이상 글자를 읽으려 하지 않게 된다. 따라서 유아가 아는 글자를 중심으로 하여 새로운 글자를 알아가도록 기회를 제공해야 한다. 좋아하는 그림책을 함께 읽은 후, 그림책에서 가장 흥미 있어 하는 부분을 펼친 후 유아가 아는 글자를 찾아보라고 한다. 또는 신문에 있는 그림을 보다가 '자동차'라는 글자를 찾아 읽는다. 신문에 숨어 있는 '자동차'라는 단어를 모두 찾은 후, '자동차'라는 단어를 함께 읽어 보거나 올려서 종이에 붙여 본다.

유아가 쓰고 싶은 글자를 선택할 수 있는 기회를 준다. 유아에게 글쓰기를 반복적으로 강요하는 것이 아니라 유아가 글을 쓰고자 할 때, 어떤 글을 쓰고 싶은지 물어 보고, 유아가 쓸 수 있는 기회를 제공하도록 한다. 또한 유아가 새로운 글자를 쓰고, 만족해 할 때, 부모는 유아의 변화과정을 지켜보며 그 과정에 대해 칭찬해 준다.

3) 언어발달의 환경요인

(1) 유아교육기관의 환경적 요인

① 인적 환경요인

유아와 가장 많은 상호작용을 하는 교사는 유아의 언어발달에 영향을 미칠 수 있다.

첫째, 교사의 상호작용은 유아의 언어발달에 영향을 미칠 수 있다. 상호작용은 언어적 상호작용, 행동적 상호작용, 그리고 정서적 상호작용이 있으며, 이들은 상호 밀접하게 연결되어 유아의 언어발달에 영향을 미칠 수 있다. 교사가 보이는 상호작용은 영유아의 언어발달에 직·간접적으로 영향을 미친다. 교사가 언어적 상호작용에서 보이는 언어 표현은 유아의 사고 발달을 통한 언어발달에 영향을 미친다.

둘째, 교사의 언어교수 효능감은 유아의 언어발달에 영향을 미칠 수 있다. 언어교수 효능감이란 유아에게 언어를 교육하는데 있어서 교사의 자신감을 말한다. 즉, 교사의 유아 언어교육에 대한 자신감은 유아의 언어발달에 영향을 미칠 수 있다.

셋째, 교사의 환경구성에 대한 관심은 유아의 언어발달에 영향을 미칠 수 있다. 즉, 교사가 얼마만큼 유아의 발달을 이해하고, 이에 적합한 환경을 구성하는가는 유아의 언어발달에 영향을 미칠 수 있다.

② 물적 환경요인

유아의 언어발달에 영향을 미치는 물적 환경으로 그림책의 구비 정도 및 그림책을 읽는 환경을 들 수 있다. 유아들에게 제공되는 그림책이 다양하면, 유아마다 각각의 방법으로 그림책 보는 것을 즐긴다. 그러므로 유아의 특성을 고려하여 이에 적합한 그림책을 구비하도록 한다. 또한 그림책을 구비할 때는 유아의 생활주제를 고려하고 전인적인 발달이 이루어질 수 있도록 사회성 발달에 관한 내용뿐 아니라 신체발달, 인지발달 등에 대한 전반적인 내용을 갖춘 그림책을 구비하도록 한다.

그림책을 읽는 환경도 유아의 언어발달에 영향을 미칠 수 있다. 그림책을 읽는 환경을 구성할 때는 조용하고 밝은 공간이어야 한다. 그림책을 읽는 환경은 유아가 편안히 앉아서 읽을 수 있도록 카펫이나 편안한 의자 및 책상이 구비되어야 한다.

(2) 사회·환경적 요인

사회·환경요인이란 유아의 발달에 영향을 미칠 수 있는 지역사회뿐 아니라 유아가 소속되어 있는 국가적 범위의 사회를 포함한다. 유아의 언어발달과 관련한 사회·환경요인은 다음과 같다.

① 인적 환경요인

유아의 언어발달에 영향을 미칠 수 있는 인적 환경요인으로는 부모를 포함하여 할머니, 할아버지 등을 들 수 있다. 할머니와 할아버지가 들려주는 옛이야기는 유아의 호기심과 상상력을 자극한다. 할머니와 할아버지가 들려주는 전래동요는 유아의 흥미를 유발함으로써 따라 부르는 기회를 갖게 한다. 이는 유아가 자연스럽게 언어자극을 받는 시간이 된다. 그림책 작가, 만화가, 시인 등은 유아에게 다양한 언어 경험을 제공할 수 있다. 유아가 만나게 되는 그림책 작가, 만화가, 시인 등은 유아에게 새롭고 재미있는 언어 경험을 전달하게 된다. 이는 유아로 하여금 언어와 관련한 직업에 대해 관심 갖는 계기를 마련한다.

② 물적 환경요인

유아의 언어발달에 영향을 미칠 수 있는 물적 환경요인으로 유아가 자유롭게 이용할 수 있는 어린이 도서관 등을 들 수 있다. 유아가 원하는 책을 마음껏 읽을 수 있는 어린이 도서관은 유아의 언어발달에 긍정적 영향을 준다.

유아가 견학을 갈 수 있는 출판사 및 서점은 유아의 언어발달에 영향을 미칠 수 있다. 유아가 견학을 통해 직접 경험할 수 있는 곳이 있다면 이는 유아의 호기심을 자극하게 된다. 이러한 호기심은 유아에게 책에 대한 관심으로 이끌게 된다.

유아가 경험할 수 있는 그림책 관련 축제는 유아의 언어발달에 영향을 미칠 수 있다. 책을 주제로 개최되는 축제는 유아가 책과 관련한 다양한 경험을 하도록 자극하게 된다. 언어적 자극에 노출됨으로써, 언어생활을 즐기는데 도움이 될 수 있다.

참고 문헌

강문희, 신현옥, 정옥환, 정정옥(2004). 아동발달, 경기: 교문사.

김영실, 김진영, 김소양(2006). 영유아를 위한 언어지도. 경기: 공동체.

김혜금, 임미정, 차승환, 전영희, 길미애(2010). 표준보육과정과 평가인증지표에 기초한 0, 1, 2세아 영아보육 프로그램. 서울: 학지사.

송진숙(2000). 영유아 발달척도의 개발을 위한 기초연구: 1-36개월 영유아를 중심으로. 한국생활과학회지, 9(4), 11-15.

윤복희, 김은영, 박혜경, 최일선(2013). 영유아 언어교육. 경기: 공동체.

윤정한, 임수양, 정태희 공저(2006). 영 · 유아 교수방법론. 서울: 형설출판사.

이경화, 이성숙, 김경화(2010). 유아언어교육. 경기: 공동체.

이석란(1995). 부모의 또래관계 중재, 유아의 언어적 상호작용, 성차가 또래수용과 우정에 미치는 영향. 성균관대학교 대학원 석사학위논문.

이숙재, 이봉선(2013). 영유아 언어교육. 서울: 창지사.

이승복(2006). '뇌와 언어발달: 언어습득의 신경적 기초'. 건강한 아동, 건강한 뇌. 2006년 한국아동학회 춘계학술대회 자료집. 69~74.

이지현, 마송희, 김수영, 정정희(2013). 영유아를 위한 언어교육. 경기: 공동체.

정남미(2013). 유아 언어교육. 서울: 창지사.

정옥분(2002). 아동발달의 이해. 서울: 학지사.

조복희(2008). 개정판 아동발달. 경기: 교육과학사.

중앙육아종합지원센터(2013). 제3차 어린이집 표준보육과정에 기초한 연령별 보육프로그램의 활용.

최한수(1998). 듀이의 아동교육론 연구. 미래유아교육학회지, 5(2), 1-40.

한성심, 김현자, 서지영(2009). 보육과정. 서울: 태영출판사.

한임순(1991). 유아교육개론. 서울: 동문사.

Bloom, L.(1993). *The transition from infancy to language: Acquiring the power of expression*. Cambridge, England: Cambridge University Press.

Gibson, E. J., & Walk, R. D.(1960). The "visual cliff." Scientific American, 202, 64-71.

Lennberg, E.(1967). The Biological Foundation of Lan.

Radford, A.(1991). Syntactic theory and the acquisition of English syntax, Cambridge, MA:

Basil Blackwell.

Shaffer D. R.(2005). 발달심리학(송길연, 장유경, 이지연, 정윤경 공역). 시그마프레스(원서 출판 2002).

Wilson, R.(1995). Environmentally appropriate practices. *Earlty Childhood Education Journal, 23*(2), 107-110.

제13장

정서발달

1. 영아기 정서발달
2. 유아기 정서발달

1. 영아기 정서발달

정서란 정서적으로 자극된 상황에 대처하기 위하여 특정한 신체적 변화와 동기화된 행동을 수반하는 것으로 기쁨, 슬픔, 공포 등이 그 예가 된다(심성경 외, 2013). 정서는 중추 신경계와 뇌로 신호를 전달하는 내적 사건이나 외적 사건에 의해 일어나는 것으로 사람마다 개인차를 가지기는 하지만 합의된 공통적 특성을 찾아볼 수 있다(심성경 외, 2013).

- 정서는 인간이 갖는 매우 개인적인 행동 특성이다.
- 잠재적 기본 정서는 어릴 때부터 일상생활에서 타인과 상호작용을 통해 발달한다.
- 정서는 중요한 목표와 관련된 사건의 의식적, 무의식적 평가에 의해 유발된다. 목표를 성취했을 때 긍정적인 정서를 느끼고, 성취하지 못했을 때 부정적인 정서를 느낀다.
- 정서의 핵심은 행동 준비성으로 특정한 정서가 특정한 행동을 유발하도록 하는 동기를 부여한다. 행복한 정서는 행복한 표현과 행동을, 슬픈 정서는 슬픈 표현이나 위축된 행동을 하게 하며 공포의 정서는 도피행동을 하게 한다.
- 정서는 독특한 유형의 마음 상태로 체험되고, 때때로 신체적 변화, 미소와 웃음 등의 표현이나 행동을 수반한다.

1) 만 0세의 정서발달

(1) 만 0세의 정서특성

영아기의 정서에는 두 가지 기능 또는 목적이 있는데 첫째는 영아의 상태를 다른 사람, 특히 주양육자에게 알림으로써 양육자로 하여금 영아를 보살피게 하는 기능이며. 둘째는 특정 자극에 대해 특정한 행동을 하도록 하는 동기를 부여하는 것이다.

만 0세는 출생부터 1세 전까지를 말하는데, 출생 시 신생아는 얼마 동안은 정서가 분화되지 않은 흥분상태에 있는 것으로 알려져 있다. 그 다음으로 쾌, 불쾌가 각각 행복, 기쁨, 만족 등의 다양한 긍정적 정서와 분노, 슬픔, 공포와 같은 다양한 부정적 정서로 분화된다. 이때 쾌의 정서보다 불쾌의 정서가 먼저 분화되는데, 그 이유는 불쾌의 정서를 표현하는 것은 생존과 더 밀접한 관련이 있기 때문이라 할 수 있다(문혁준 외, 2014: 281). 또한 출생시 흥미와 고통, 혐오 등 기본적이고 보편적인 표정을 지을 수 있다.

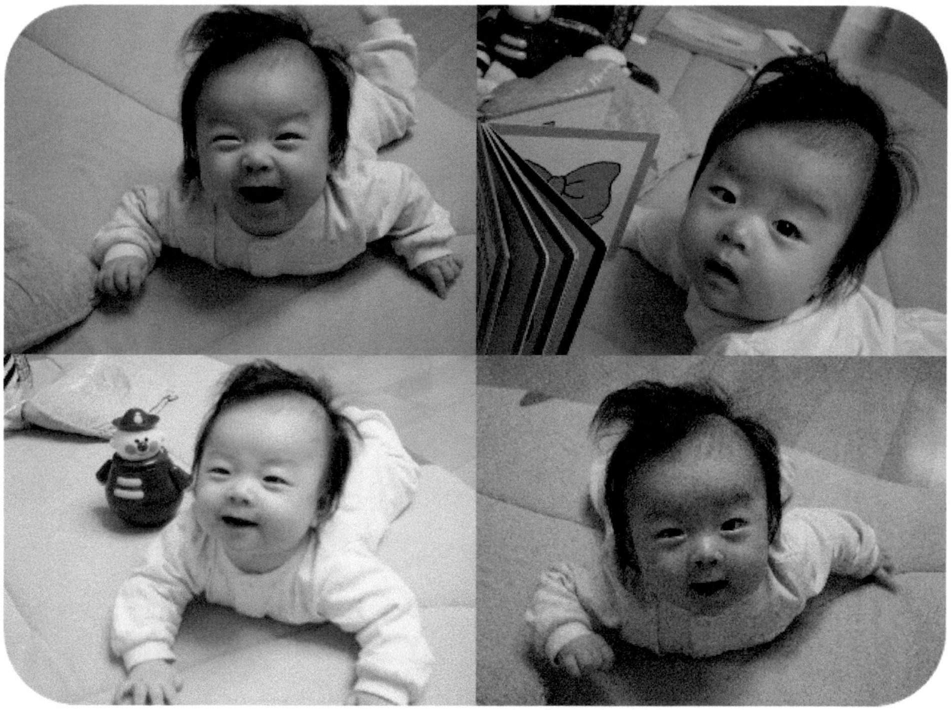

[그림 13-2] 영아의 정서 표현

Izard(1971)는 정서발달에 있어 생물학적 요인을 강조한다. 정서와 관련된 영아의 얼굴표정을 측정하기 위해 MAX(mally discriminative facial movement coding system)라는 도구를 개발하여 여러 가지 자극에 대한 영아의 얼굴표정을 비디오테이프로 녹화하여 관찰한 결과 호기심이나 혐오감 등은 출생시부터 존재하고 화, 놀람, 슬픔 등은 3-4개월에 나타나며, 공포는 5-7개월에 나타나고, 수치심과 수줍음은 6-8개월에 나타나지만 모욕감과 죄책감은 2세 전에는 나타나지 않는 것을 발견하고 그는 이러한 정서는 생물학적으로 프로그램화된 것으로 주장하면서 미소나 찡그림 등은 유전인자 속에 들어 있는 것이라고 보았다(전남련 외, 2014: 257-258).

Bridges(1932)는 태어날 때 흥분상태는 2-3개월경에 쾌와 불쾌로 분화되고, 생후 5-6개월에 불쾌의 정서인 분노, 혐오, 공포가, 10-12개월에 쾌의 정서인 의기양양과 애정이, 2세경에 질투심이 나타나 성인에게서 볼 수 있는 거의 모든 정서가 분화된다고 보았다(조성연 외, 2014: 300-301). 또한 그는 연구에서 출생 후 2년 동안 출현하는 여러 가지 정서의 도표를 만들었는데 이러한 정서는 선천적인 것으로 생의 초기에 나타나고 세계 모든 문화권의 영아들에게서는 볼 수 있기 때문에 일차 정서 또는 기본 정서라고 한다(전남련 외, 2014: 258).

영아기의 정서발달 예정표는 〈표 13-1〉과 같다.

표 13-1 영아기의 정서발달 예정표

출현 시기	정서	출현 시기	정서
출생시	흥미/불쾌/혐오	5-7개월	공포
출생-3개월	슬픔	6-8개월	수줍음
4-6주	기쁨	12-24개월	격노
3-4개월	분노	24-36개월	당황/죄책감
3-6개월	놀람		

출처: 정옥분(2012), 재인용.

그리고 생후 3년 동안 출현하는 영유아의 정서를 기쁨, 분노, 슬픔, 두려움으로 나누어 시기별로 정리한 영유아 정서발달은 다음 〈표 13-2〉와 같다.

표 13-2 생후 3년 동안 출현하는 영아의 정서

시기	기쁨	분노	슬픔	두려움
6주	기쁨			
3-4개월		분노	슬픔	
5-7개월				두려움
8-10개월	놀람		분리불안	조심성
1년	고무됨	좌절	당황	수줍음
2년	애정	저항, 질투, 경멸		낯가림 불안
3년	자긍심 공감	공감	수치심 죄책감 공감	수치심 죄책감 공감

출처: Kosteinik, Whiren, Sodeman, & Gregory(2009). Guiding children's social development and learning. NY : Cengage Learning.

만 0세의 정서를 정리하자면 출생 후부터 바로 울음으로 불쾌와 혐오의 정서를 표현하기 시작하며, 3개월이 되면 웃음을 보이고, 좌절과 분노를 나타내기도 한다. 8-10개월 영아는 부모의 표정과 반응을 살피기 시작하는 사회적 참조가 보이며, 격리불안을 나타낸다.

만 0세의 정서발달의 특징과 활동 가능한 프로그램은 〈표 13-3〉과 같다.

표 13-3 만 0세의 정서발달 특징과 활동 가능한 프로그램

개월	정서발달 특징	활동 가능한 프로그램
출생–	• 기쁨, 흥미, 공포, 놀람, 슬픔, 혐오 같은 기본적인 정서기초가 되는 표현을 한다.	• 노래 불러주기 • 클래식 들려주기

개월	정서발달 특징	활동 가능한 프로그램
2–3개월	• 주변에 흥미와 호기심을 보인다. • 사회적 미소를 나타낸다.	• 음악 들려주기 • 그림 보여주기 • 주변 사물 관찰하기
3–4개월	• 즐거움과 기쁨에 대한 긍정적 정서를 보인다. • 좌절과 분노를 나타낸다.	• 감각적 반응 정도 관찰하기
6–8개월	• 주양육자에게 특별히 의존한다. • 다양한 상황에서 자주 화를 나타낸다. • 화난 것을 표현하고 짜증을 부리기 시작한다. • 다른 사람의 표정을 보고 기분을 알 수 있다.	• 거울놀이하기 • 긍정적 정서표현 • 부정적 정서표현
8–12개월	• 분리될 때 불안해한다. • 다른 사람에 대한 애정을 표현하는 것이 좋다. • 분노나 공포를 표현하는 빈도와 강도가 강해진다. • 일과 행동으로 자신의 정서를 표현한다.	• 자아존중감 발달시키기 • 명령에 따르기 • 독립심 기르기 • 자신의 정서 표현하기

출처: 전남련 외(2014), p. 266 재인용.

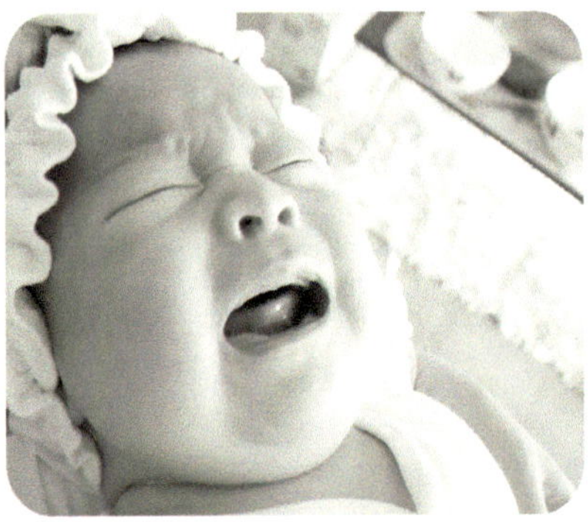

(1) 불쾌의 정서

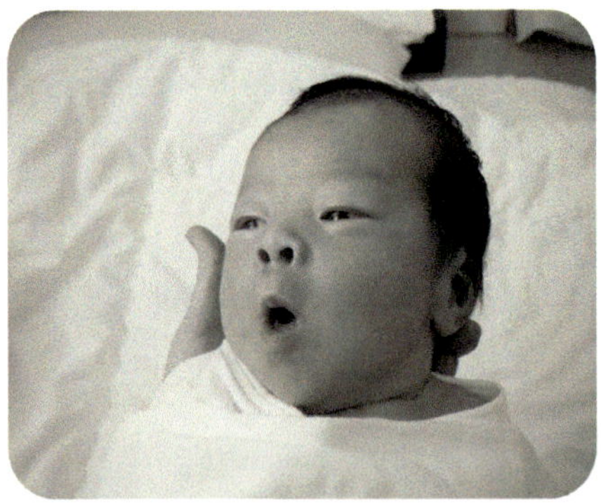

(2) 기본적 정서

[그림 13-1] 불쾌의 정서와 기본적 정서

(2) 정서의 유형

영아에게 나타나는 정서는 다양한 정서출현, 정서 인식의 발달(자기 정서인식 및 타인 정서인식), 자아 의식적 정서의 출현, 자신의 정서 조절 등의 단계를 통해 발달한다. 영유아기 정서의 개인차는 분명히 존재하며, 이는 초기 아동기까지 적응의 결정적 역할을 한다(심숙영, 2014: 15-16).

Lewis(2002)는 정서발달 연구에서 생의 초기 정서를 크게 두 가지 형태로 분류하였다.

① 일차 정서(기초정서)

인간이나 다른 동물에게서 나타난다. 초기 정서는 놀람, 관심, 즐거움, 분노, 슬픔, 공포, 혐오 등을 포함하며 생후 6-8개월에 처음 나타난다.

② 이차 정서(자아의식 정서, 복합정서)

인지, 특히 의식을 요구한다. 자아의식 정서는 생후 18개월 정도에 공감, 질투심, 당혹감 등으로 나타나며, 30개월 정도에는 자긍심, 수치심, 죄책감 등이 나타난다.

(3) 정서 표현

일차 정서는 인간의 정신 작용과 적응 행동에 기초가 되는 정서로 기쁨, 흥미와 같은 긍정적 정서, 슬픔, 분노, 고통, 공포와 같은 부정적 정서를 포함한다(Izard, 2009).

① 기쁨

영아는 웃음과 미소로 기쁨의 정서를 나타낸다. 영아의 미소는 영아와 양육자 간에 관계에 중요한 의미를 지니며, 반사적 미소와 사회적 미소가 있다. 반사적 미소는 출생 직후 나타내는 미소로 깊은 수면 상태나 부드러운 감촉 등에 대해

[그림 13-3] 정서 표현 '웃음짓기'

선척적이고 반사적으로 나타나며 배냇미소가 이에 해당한다. 생후 2-3개월이 되면 영아는 양육자가 웃어 주면 웃을 뿐 아니라 다른 사람을 보고 먼저 웃기도 하는 사회적 미소가 나타난다. 3-4개월 되면 강한 자극에 대해 미소보다는 웃음으로 기쁜 정서를 나타낼 수 있게 된다.

만 0세 영아의 기쁨의 발달 단계는 〈표 13-4〉와 같다.

표 13-4 만 0세 영아의 기쁨 발달

시기	기쁨(미소/웃음)
출생 직후	배냇 미소
4주	움직이는 물제와 외부자극에 미소지음 기쁨, 분노, 중성적인 표정을 보이면 기쁜 표정을 더 많이 주시함
6-10주	사람의 얼굴에 대해 사회적 미소를 보임
3개월	친숙한 사람과 친숙하지 않은 사람에 대해 다른 반응을 보임 양육자가 웃거나 장난을 하면 그에 반응하고 웃음을 보임
9-12개월	까꿍놀이를 즐겨함
12개월 이후	자신이 원인을 제공한 사건에 미소를 보일 수 있음

출처: 심성경 외(2013). p. 139 재인용.

② 분노

영아기에 가장 많이 나타내는 정서 중 하나이다. 만 0세아는 배고픔, 신체적인 불편함, 고통스러울 때 울음으로 분노를 표현하지만, 점차 자신이 원하는 것을 못하게 되어 욕구 좌절을 느낄 때 분노를 표현한다(조성연, 2014).

분노의 표현은 영아가 성장함에 따라 다른 형태로 나타난다. 영아 초기에는 자신이 느끼는 좌절감을 울음으로 표현하고, 4-6개월이 되면 분노가 나타나기 시작하는데 이 시기에 영아는 운동능력이 부족하여 자신이 갖고자 하는 것을 갖지 못하거나 자신이 원하는 대로 되지 않을 때 성난 목소리로 소리를 지르며 분노를 표현한다. 2세경이 되면 분노가 최고조에 달하며 사랑으로 수용되지 않으면 공격성으로 표출되기도 한다(정옥분, 2012).

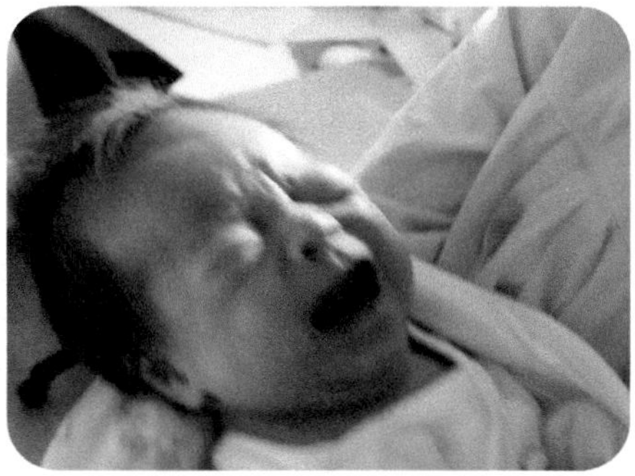
[그림 13-4] 정서 표현 '분노하기'

③ 공포

공포는 신체적, 심리적 위험에 대한 반응으로 불안과 연결되어 있다. 출생 후 얼마되지 않은 영아는 공포라는 정서는 잘 관찰되어지지 않는 것인데 대부분 안전한 환경에서 보살핌을 받기 때문에 몇 가지 선천적인 공포 반응 외에는 공포의 정서를 경험할 기회가 많지 않다. 그러나 점차 다양한 경험과 학습을 하면서 공포의 정서를 느낀다. 예를 들어 시각절벽 실험에서 볼 수 있듯이 2-3개월 영아는 높은 곳에서 깊이를 지각할 수 있지만 공포를 나타내지 않는 반면 영아가 기기 시작하면서 공포를 느낀다. 이는 영아가 기어다니면서 높이가 있는 곳에서 떨어져 보거나 양육자가 높은 곳이 위험하다는 것을 알려주어 학습하였기 때문이다. 또한 영아에게 가장 흔한 공포는 애착대상과의 분리되는 것에 대한 불안과 낯선 사람을 만났을 때 불안과 관련된 경우가 많다(문혁준, 2014: 282).

[그림 13-5] 정서 표현 '공포'

공포는 낯선 사람을 경계하기 시작하는 6개월경에 나타나는 데 9-14개월에 최고조에 달한다. 양육자와 떨어질 때 나타나는 분리불안도 이 시기에 절정에 이른다(조성연, 2014). 즉, 친숙한 사람과의 분리에 대한 분리불안 역시 영아의 공포반응과 밀접한 관련을 맺는다. 그리고 2세경 낯가림과 다른 공포가 감소한다.

표 13-5 영아기 공포의 발달

시기	공포
6개월	친숙하지 않은 사람 경계심과 낯선사람 에게 공포를 보이기 시작
9-14개월	공포가 최고조이며 분리불안 절정에 이름
2세경	낯가림과 공포가 감소함

(4) 정서의 이해

만 0세 영아도 성인의 표정 변화에 분명한 정서적 반응을 나타내는 것으로 보아 이들은 타인의 감정도 인식하는 것으로 여겨진다. 즉 영아는 일찍부터 다른 사람의 얼굴표정을 보고 정서를 구별하는 능력이 있어서 생후 2-3개월 정도 되면 행복, 슬픔, 분노, 공포, 놀람과 같은 얼굴 표정들을 구별할 수 있는 것으로 밝혀졌다(Barrera & Maurer, 1981.). 그러나 이 시기에는 서로 다른 정서를 표현하는 얼굴의 표정이 다르다는 것만 인식할 수 있을 뿐, 표정을 통한 의사소통의 기능을 이해하여 정서의 의미를 파악하는 것은 4-8개월 정도 되어야 가능한 것으로 보인다(Snow, 1983).

생후 6개월쯤 되면 영아는 정서를 구분할 수 있을 뿐 아니라 다른 사람의 정서에 의해 영향을 받는다. 이는 상황을 인식하기 위하여 다른 사람의 정서적 반응에 의존하는 사회적 참조(social reference)와 관련이 있다(Berk, 2012). 사회적 참조란 영아가 불확실한 상황에서 안정감을 찾기 위해 양육자의 얼굴 표정이나 목소리에 담긴 정서적 의미를 찾는 것을 말한다(Saarni, Mumme, & Campos, 1998). 즉 영아는 낯선 사람에 대한 양육자의 행동을 참조하여 불안해야 하는지 아닌지를 결정짓는다.

또한 어떤 행동을 하기 전에 부모에게 도움을 구하는 자신의 행동을 결정한다. Sorce 외(1985)는 시각절벽 장치를 이용하여 12개월 영아의 사회적 참조행동을 실험했다. 그 결과 영아는 시각절벽 끝에 멈춰 어머니의 표정을 살핀 후 어머니의 표정 여하에 따라 자신의 행동을 달리하였다. 즉 어머니의 표정이 긍정적이면 시각절벽 앞에 멈춰 더 이상 건너가지 않았다.

표 13-6 만 0세 정서 이해

시기	정서 이해
2–3개월	• 행복, 슬픔, 분노, 공포, 놀람과 같은 얼굴 표정들을 구별할 수 있음
4–8개월	• 표정을 통한 의사소통의 기능을 이해하여 정서의 의미를 파악함
6개월	• 영아는 정서를 구분할 수 있을 뿐 아니라 다른 사람의 정서에 의해 영향받음 • 사회적 참조 시작
12개월	• 타인의 일차 정서 인식이 향상 • 양육자의 행동을 참조하여 자신의 행동을 결정하기도 하고, 자신이 느끼는 정서를 자신의 것으로 인식함

(5) 정서의 조절

생애 초기에 정서는 조절되지 않은 채로 표출되기 때문에 극단적이고 강렬하다(문혁준 외, 2014). 하지만 만 0세 영아는 점점 자신과 타인의 정서를 이해하면서 자신의 정서도 조절하기 시작한다. 정서조절이란 개인이 어떤 목적을 이루려는 과정에서 자신의 정서적 반응을 조정, 평가, 수정하는데 관계되는 내적 및 외적 과정이다.

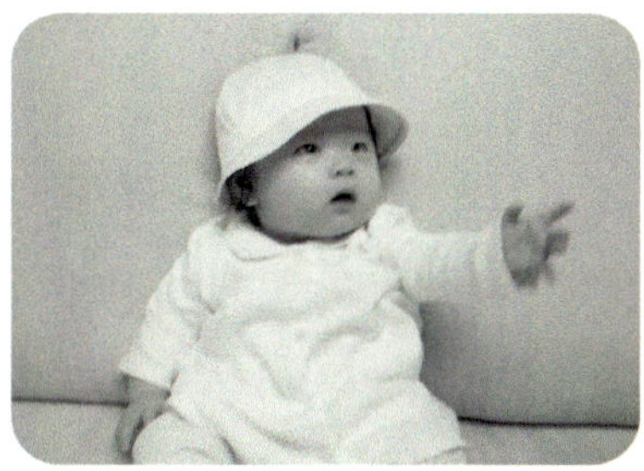

[그림 13-6] 만 0세의 정서 조절

이러한 정서 조절은 심리, 사회적 발달 영역에 포함되나 인지능력이 영향을 미치며 정서 조절은 이후의 성공적인 인지적 수행을 예측하는 중요한 발달과제이기 때문이다(권정윤 외, 2012).

생후 4-6개월 정도의 어린 영아도 자신의 손가락을 빠는 행위를 통해 스스로를 진정시키고, 불쾌한 자극이 있으면 고개를 돌리거나 멀어지려고 하고, 정서적으로 불안하면 양육자에게 다가가려 한다. 첫돌 무렵 기고 걷는 행동이 가능해지면서 영아는 다양한 자극에 접근하거나 후퇴함으로써 보다 효과적으로 정서를 조절한다. 또한 스스로 몸을 흔들거나 물건을 씹거나 자신을 당황시키는 사람이나 사건들에서 멀리 떨어지는 등 부정적 정서의 유발을 감소하는 책략을 발달시킨다(한유미, 2014).

표 13-7 만 0세 영아의 정서 조절

시기	정서 조절
6개월	• 긍정적 정서의 표출이 격려되고 보다 일반적이 됨 • 빨거나 몸을 돌림으로써 부정적 정서를 조절하려고 시도
7-12개월	• 정서적 자기조절의 향상 • 영아는 스스로 몸을 흔들거나 물건을 빨거나 혹은 불쾌한 자극으로부터 멀어지도록 이동

출처: Shaffer(2005).

(6) 기질

출생하면서부터 보이는 영아의 정서적 표현과 환경자극에 대한 반응성의 개인차를 기질이라고 한다(Rothbart & Bates, 1998). 기질이란 출생 직후부터 나타나는 개인의 안정되고 일관된 특성이며, 환경적 사건들에 대해 예측된 방식으로 반응하는 개인적 경향(권민균 외, 2005)인데 다른 사람과의 상호작용에 영향을 주는 사회 정서발달을 예측하는 주요 변인 중 하나이다(박경자, 1999).

이렇게 기질의 정의는 다양한데, 초기 연구자인 Chess와 Thomas, Birch (1965)는 기질을 개인의 행동을 결정짓는 기본적인 양식으로 정의했다.

기질에 대한 연구는 1956년에 시작한 뉴욕 종단연구(New York Longitudinal Study, NYLS)가 대표적인데, 이를 통해 발달에 미치는 아홉 가지 기질의 구성요소인 활동성, 규칙성, 접근/기피, 적응성, 반응강도, 반응의 역치, 기분, 산만성, 주의집중/지속성 등 9요인을 밝혀냈고, 각 요인의 행동에 관한 내용으로 구성된 어머니 보고용 질문지를 사용하여 영아의 기질을 세 가지 유형으로 진단하였다.(Thomas & Chess, 1986).

표 13-8 기질의 9가지 구성요인

구성요소	설명(평가내용)
활동성	젖먹기, 목욕하기, 옷입기 등 일상생활에서 영아가 하는 신체 활동량
규칙성	수유시간, 수면주기, 배변습관 등의 예측 가능성
접근/기피	새로운 사태나 장난감 음식 등 새로운 자극에 대한 기분 행동을 포함
적응성	상황의 변화에 대한 적응의 용이성
반응강도	긍정 및 부정적인 반응의 에너지 수준
반응역치	영아의 반응을 유발하는 데 필요한 자극의 양
기분	행동에 대한 행복하고 기분좋은 반응의 빈도
산만성	외부의 사태나 자극에 의해 영아의 진행 중인 행동이 쉽게 방해받는 정도
주의집중/지속성	영아의 활동의 지속기간과 장애에 직면했을 때 활동을 계속하려는 의지

출처: Thomas, A. & Chess, S.(1986), 송명자(1995). 재인용.

그리고 이러한 아홉 가지 구성요인을 기준으로 기질의 유형을 순한 기질(순둥이형),

까다로운 기질(체제거부형), 느린 기질(대기 만성형) 등 세 가지로 구분하였다.

① 순한 기질(순둥이형)

이 유형의 영아는 전반적으로 조용하고, 행복한 정서를 표현하며, 수면, 배설, 식사습관 등의 일상생활이 규칙적이며 예측가능하다. 또한 새로운 환경에 잘 적응하고 자주 흥분하지 않는다.

[그림 13-7] 순한 기질

② 까다로운 기질(체제거부형)

이 유형의 영아는 생활습관은 불규칙적이며 예측하기 어렵고, 환경의 자극이나 욕구좌절에 대한 반응이 강하다. 새로운 사람과 환경의 변화에 대한 적응도 어려우며 부정적인 정서도 자주 보인다(이경님, 2014).

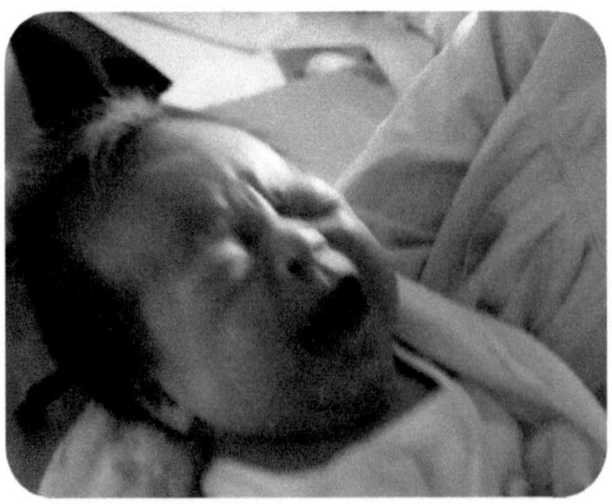

[그림 13-8] 까다로운 기질

③ 느린 기질(대기 만성형)

이 유형의 영아는 환경의 자극에 늦게 반응하는 기질로서 상황의 변화에 대한 적응이 늦고 수동적이고 회피적이며 낯선 사람이나 사물에 부정적인 반응을 보인다. 까다로운 기질과 달리 활동이 적고 정서적 강도도 약하다 낯선 상황에 대해 반응은 늦으나 다소 부드러운 방식의 반응을 보인다.

[그림 13-9] 느린 기질

(7) 기질과 양육방법

영아의 기질의 유형을 알면 부모나 양육자는 기질에 맞는 적절한 양육방법에 대해 도움을 받을수 있을 것이다. 영아의 기질은 선천적인 부분이 있기는 하지만 환경과의 상호작용, 특히 양육자와의 관계에서 달라질 수 있기 때문이다(심성경 외, 2011). John Gottman 등(2011)은 세 가지 기질 유형에 따른 양육방법 다음과 같이 제시하고 있다.

① 순한 기질 영아에 대한 양육방법

기질적으로 부모의 말을 잘 듣고 잘 따르는 특성을 가지고 있어 양육자는 순한 기질 영아가 양육하기 쉽다고 여긴다. 하지만 웬만한 큰 불평을 하지 않고 스스로 참는 특성을 지니고 있기에 억압형 부모에게는 표면적으로 드러내지는 않고 있지만 정신적 스트레스와 같은 문제가 발생할 수 있다. 따라서 양육자는 영아가 먼저 감정을 보이지 않아도 먼저 힘든 일은 없는지, 고민거리가 있는지 등을 유심히 살펴봐야 한다.

② 까다로운 기질 영아에 대한 양육방법

이 유형의 영아는 생활이 불규칙하고 화를 잘 내는 특성을 보여 양육자가 어려움을 많이 경험하고 힘들어 하는 경향이 많다. 하지만 양육자는 변화와 도전을 끊임없이 하는 까다로운 기질의 영아의 특성이 변화가 많은 현대사회에서 장점이 될 수 있고 영아를 억압하는 것보다 긍정적으로 보며 개발해 주는 노력을 해야 한다. 또한 더욱더 공감해 주고 스스로 옳고 그른 행동을 선택할 수 있도록 도와준다.

③ 느린 기질 영아에 대한 양육방법

느린 기질의 영아는 적응하는데 오래 걸리고 새로운 환경에 적응을 좋아하지 않지만 한번 적응하면 꾸준히 노력하는 특성을 가지고 있다. 즉, 양육과정에서 서두르면 영아에게 고스란히 상처가 되기에 조심해야 하고, 영아가 머리가 나쁘거나 모자란 것이 아님을 알고, 기다려 주는 마음으로 아이를 지켜봐 주는 자세가 필요하다.

2) 만 1세의 정서발달

(1) 만 1세의 정서특성

만 1세 영아는 초기 정서에서 이차 정서, 즉 자아의식적 정서를 나타낸다. 인지와 특히 의식을 요구하며 자아의식적 정서를 나타내기 시작한다.

이 시기의 정서의 특징은 대체로 분노와 좌절의 감정을 많이 느끼고 짜증을 나타낸다. 또한 15-18개월경에 낯선 사람에 대한 두려움을 가장 강하게 나타내며, 상상력의 증가로 환상적인 어려움을 나타내기도 한다(심성경 외, 2013). 또한 격렬한 행동으로 자신의 감정을 표현하고 금방 울다가 웃거나 웃다가 고함치고, 우는 등 극과 극을 나타내는 감정의 굴곡을 나타낸다. 걸음마기 영아들은 성인으로부터 옳고 그름의 개념을 학습한다.

[그림 13-10] 만 1세의 정서 표현

그리고 이 연령에는 자신의 관점에서 세상을 보는 자아중심성을 갖고 있다. 1세 무렵까지 자신의 신체와 자신이 가지고 노는 사물을 '자기 자신'의 일부로 지각하나, 점차적으로 '자기가 아닌' 다른 사물이나 사람을 자기 자신과 구별할 수 있게 된다. 이러한 발달은 자아개념, 그리고 타인과의 상호작용을 넓혀 주는 근거가 된다(전남련, 2014). 그리고 자아감을 발달시키며, '나의 것, 너' 등 타인과 구별되는 단어를 사용하며, 타인과 자신의 관계를 확장해서 타인의 행동에 울음, 웃음 등으로 반응하게 된다.

또한 타인과 자신의 행동을 모방하고 그들은 타인을 기쁘게 하려고 노력하거나 칭찬을 받게 되면 타인에게 도움을 줄 수도 있다. 만 1세 영아는 친숙한 양육자와의 상호작용은 열망하고 흥미 있어 하며, 그렇지 않은 사람과의 상호작용에는 조용하고 수동적인 반응을 보인다(최미현 외, 2000: 48-49).

만 1세의 정서발달 특징을 살펴보면 다음 〈표 13-9〉와 같다(심성경 외, 2011; 전남련 외, 2014).

표 13-9 만 1세 정서발달의 특징

개월	정서발달의 특징
12개월	• 낯선 상황에서 부모와 떨어지지 않으려 분리불안을 보인다. • 기분 변화가 잦고 자신의 감정을 좀 더 분명하게 전한다.

	• 한 가지 사실에 대해 두 가지 상반된 감정이 있을 수 있음을 인식할 수 있음을 안다. • 부모와 타인에게 스스로의 감정을 표현한다.
13-18개월	• 어른들에게 인정받고 싶어한다. • 자기 맘대로 안될 때 화를 낸다. • 놀이를 통해 정서를 표현한다. • 생후 18개월에는 감정의 지속시간이 아주 짧다.
19-24개월	• 타인에게 끊임없이 명령하고 명령이 받아들여지기를 바란다. • 자신에 대해 정확한 자아상을 갖게 된다. • 자기인식과 성인의 지시에 대한 이해가 증가하면서 수치, 당황, 자부심 같은 자아에 대한 인식과 관련된 정서가 나타난다. • 생후 24개월에는 자신에 대해 긍정적이거나 부정적인 느낌을 모두 갖고 있다.

출처: 심성경 외 (2013), 전남련 외 (2014). 재인용.

(2) 정서 표현(이차 정서)

[그림 13-11] 질투를 표현하는 영아

만 1세아의 정서발달에서 정서 표현으로 이차 정서를 보이는 시기인데, 한 가지 이상의 정서를 통합할 줄 아는 보다 복잡한 인지능력을 필요로 하며 18개월 이후에 나타나는 이차 정서로는 자부심, 당황, 수치심 등이 있다. 이러한 이차 정서는 각각 스스로 가지고 있는 자본감 손상이나 자기감의 증대를 포함하고 있기 때문에 자기 의식적 정서라고도 한다(우수경 외, 2013).

18-24개월 영아는 자신이 구별되는 독특한 개인임을 확실히 하게 알아간다. 수치심과 당혹감을 시선을 아래로 하고, 고개를 숙이고, 손으로 얼굴을 가리는 등으로 표현한다. 또한 영아들은 빼앗았던 장난감을 돌려준 다음 화가 난 놀이친구를 가볍게 쓰다듬으며 죄책감 같은 반응도 보인다(우수경 외, 2013).

질투는 18-24개월에 나타나는데 영아들은 엄마가 다른 영아들에게 관심을 보일 때, 다른 성인에 주의를 기울일 때보다 더욱 강한 질투를 표현한다(Draghi-Lorenz et al., 2005).

(3) 정서 이해

만 1세 영아는 자신이 느끼는 정서를 자신의 것으로 인식할 수 있다(안라리, 2005). 그리고 양육자가 두 개의 물체를 놓고 하나는 매우 역겨워 보이는 반응을 보이고 다른 물체에는 별다른 반응을 보이지 않으면, 12개월 된 영아는 부모가 역겨워하는 물체는 피하지만 다른 물체를 피하지 않는다. 14개월 된 영아는 1시간 전에 했던 이러한 경험을 기억한다. 이와 같이 영아는 양육자의 정서를 참조하여 자신의 행동을 더 세련되게 조절한다(Kail, 2007).

정서 표현 중 고통에 대한 것으로 12-18개월 된 영아는 예방접종하기 전에 고통을 예측하고 정서적 반응을 보이는데, 이는 자신이 고통상황에 처해 있음을 과거의 기억이나 진료실의 모습을 통해 인식하기 때문이다.

그리고 분노는 1세 반 정도에 분노가 가장 빈번하게 표현되며, 이후 사회적 적응력이 발달됨에 따라 점차 줄어든다(한유미, 2014).

기쁨은 만 1세경 기쁜 감정을 있는 그대로 표현해서 깡충깡충 뛰거나 박수를 치면서 즐거워하고 웃음이나 동작으로 표현한다. 이와 같이 영아기에는 생리적, 감각적, 신체운동성에 기쁨을 느끼며, 유아기가 되어서야 사회적인 인간관계에서 기쁨을 느낀다(김미영, 2013).

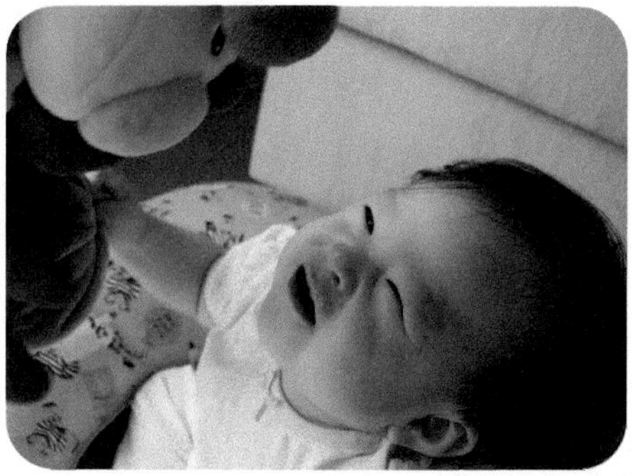

[그림 13-12] 자신의 신체 인지

또 Lewis와 Brooks-Gunn(1979)은 영아의 코 위에 붉은 입술연지를 바른 다음, 거울 앞에 세워 놓고 자아인식(self-recognition)의 발달을 연구하였다. 이 연구에 의하면 18-24개월 된 대부분의 영아들이 거울에 비친 코가 아닌 자신의 코를 만짐으로써 영아들은 거울이 그들의 모습을 반영한다는 것을 인식하였으며, 얼굴에 이상한 점이 있다는 것을 감지하고 그에 따른 반응으로 자신의 코에 손을 뻗쳐 빨간색 연지를 지우려고 하였다. 따라서 18-24개월 무렵이면 자신의 신체 모습에 대하여 인식하고 있음을 알 수 있다.

다음 〈표 13-10〉은 만 1세 영아의 정서 이해에 대한 내용이다.

표 13-10 만 1세 영아의 정서 이해

개월	정서 이해
12-18개월	• 자신이 느끼는 정서를 자신의 것으로 인식한다. • 과거의 기억을 통해 고통을 예측하고 정서적 반응을 보인다. • 분노가 가장 빈번하게 표현된다. • 만 1세경 기쁜 감정을 있는 그대로 표현하며 웃음이나 동작으로 표현한다.
18-24개월	• 이차 정서(자의식)가 나타난다. • 감정이입이 나타난다. • 자신의 신체 모습에 대해 인식하고 정서에 대해 말하기 시작한다.

(4) 정서 조절

어떠한 사회에서든 정서를 표현할 경우 어떤 특정 상황에서 어떤 정서는 표현해도 괜찮지만 어떤 정서는 표현해서는 안 되는 규칙이 있다. 첫돌 무렵부터 영아는 벌써 자기의 몸을 앞뒤로 흔들거나, 입술을 깨물거나 불쾌한 사건이나 사람들을 피함으로써 부정적 정서 유발을 감소시키는 책략을 발달시킨다(Kopp, 1989).

그리고, 12-18개월 사이에는 자기 통제의 기본적인 형태인 순응성이 나타나기 시작한다. 순응성은 양육자의 지시나 요구에 그대로 따르는 것이다. 그런데 이 시기의 영아는 양육자의 기대를 약간은 인식하고 때로는 간단하게 따를 수 있겠지만 독립에 대한 충동도 있기 때문에 양육자의 기대를 무시해버릴 수 있다. 18개월 되면 영아는 부정적인 정서를 숨길 줄 알게 된다. 20개월이 된 영아는 넘어졌을 때 어머니가 함께 있을 때만 울음을 터뜨린다(정옥분, 2012). 또한 18-24개월이 되면 영아는 자신을 당황시키는 사람이나 사물(기계 장치 장난감)의 활동을 통제하려는 경향을 높게 나타낸다. 또한 자신을 좌절시키는 상황으로부터 벗어나기 위해 양육자에게 호소하거나 장난감을 갖고 놀기 시작하면서 좌절 상황을 대처하고 분노, 슬픔과 같은 부정적 정서를 억누르기 위해 눈살을 찌푸리거나 입술을 꼭 다무는 등의 조절 행동을 나타낼 수 있다. 이외에도 영아는 공포와 같은 부정적 정서를 조절하기 위해 양육자의 주의와 위안을 적극적으로 유도하기도 한다(김보영, 2013).

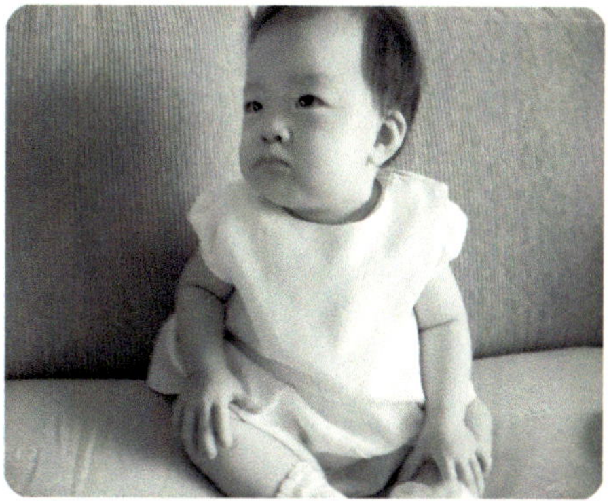

[그림 13-13] 정서 표현

〈표 13-11〉은 만 1세 영아의 정서 조절에 대한 내용이다.

표 13-11 만 1세의 정서 조절

개월	정서 조절
12–18개월	• 불쾌한 사건이나 사람을 피함으로써 부정적 정서 유발을 감소시키는 책략을 발달시킨다.
18–24개월	• 영아는 부정적인 정서를 숨길 줄 알게 된다. • 20개월이 된 영아는 넘어졌을 때 어머니가 함께 있을 때만 울음을 터뜨린다. • 자신을 좌절시키는 상황을 벗어나기 위해 양육자에게 호소하거나 장난감을 갖고 놀기 시작하면서 좌절 상황을 대처한다. • 분노, 슬픔과 같은 부정적 정서를 억누르기 위해 눈살을 찌푸리거나 입술을 꼭 다무는 등의 조절 행동을 나타낸다.

3) 만 2세의 정서발달

(1) 만 2세의 정서특성

만 2세 영아의 정서의 특성은 영아가 자아를 인식하면서 더욱 다양해지고 구체화되어 복잡한 이차 정서(자아 의식적)로 분화한다. 만 2-3세가 되면 질투심과 죄책감과 자부심 등과 같은 이차 정서(복합정서)를 표현하기 시작한다. 이 정서들은 스스로 가지고 있는 자아감을 해치거나 증진시킨다. 만 2세가 되면 영아가 자신의 수행이 좋은지 나쁜지 평가할 수 있을 때, 자부심(미소, 박수)과 수치심을 보인다(심숙영, 2014).

이차 정서는 자신의 인식뿐만 아니라 자신의 행동을 평가하는 능력까지도 필요로 한다(Lewis et al., 1992). 즉, 해서는 안 된다고 생각하는 것을 했을 때 죄책감을 느낄 것이고, 어려운 일을 했을 때 자랑스러워할 것이다.

[그림 13-14] 만 2세의 정서 표현

만 2세아 정서발달의 특징과 활동 가능한 프로그램을 살펴보면 다음 〈표 13-12〉와 같다(심성경 외, 2011; 이영애, 2012; 전남련 외, 2014).

표 13-12 만 2세 영아의 정서발달의 특징과 활동 프로그램

개월	정서발달의 특징	활동 가능한 프로그램
25-30개월	• 비난에 강력하게 반응하기 • 타인의 정서를 흉내내기 시작한다. • 부모와 양육자의 평가를 통해 '자아' 개념이 발달하기 시작한다. • 대부분의 상황이나 비난에 강력하게 반응한다.	• 감정표현하기 • 자아개념 형성하기
30-36개월	• 놀이를 통해 정서를 표현한다. • 부모와 동일시하고 부모의 흉내를 내면서 배운다. • 자신이 아닌 다른 사람에 대해 생각할 수 있다. • 놀이를 통해 정서를 표현한다.	• 역할놀이 • 남의 입장 되어 보기

출처: 심성경 외(2014), 전남련 외(2014). 재인용.

(2) 정서 표현

만 2세 영아의 정서 표현 중 기쁨은 언어로 표현하며, 신기한 자극이나 새로운 것이나 게임에서 이긴 상황 등 특정 행동이나 상황을 보고 매우 즐거워한다. 기쁨은 만 3세에 자긍심으로 표현되고 슬픔과 두려움은 수치심으로 정서 분화된다.

① 당황

Lewis, Sullivan, Stranger, & Weiss(1989)의 연구에서 9-24개월 사이의 영아를 대상으로 당황함과 자기인식의 관계를 살펴보았다. 둘은 비슷한 시기에 나타나며 당황함을 표현하는 영아들은 대부분 거울속의 자신도 인식할 수 있었다. 이를 기반으로 Lewis 등은 자기인식이 출현하는 생후 2년이 지난 시점에서 당황함이 나타난다고 보았다(곽금주 외, 2014).

② 자긍심과 수치심

Stipek, Recchia와 McClintic(1992)의 연구에서 자긍심은 아동이 과제 수행에

대한 주변 사람들의 반응에 관심을 가지기 시작할 때인 2세 말에 나타난다(곽금주, 2014). 즉, 영아가 과제 수행의 성공과 실패 경험에서 관찰되는데 과제 성공했을 때 미소를 짓고, 과제 실패 시 영아는 고개를 숙이는 등의 행동을 나타낸다.

[그림 13-13] 만 2세 영아의 자긍심 표현

(3) 정서 이해

만 2세의 정서는 교사의 인정, 사랑, 칭찬을 받고자 하는 욕구가 강해 불안을 느끼기도 한다. 또한 동생에 대한 질투, 다른 친구가 칭찬을 받는 것에 대한 질투심 때문에 불안을 갖게 되는 연령이며, 공포의 대상이 많아진다.

2세는 낯선 곳, 어두운 곳을 무서워하고 주로 청각적인 것, 동물의 울음소리 등에 공포를 느끼고 무서워한다. 따라서 유아가 불안이나 공포를 느끼는 대상에 대해 자세히 설명해 주어서 비합리적인 공포가 생기지 않도록 지도하는 것이 필요하다.

이 시기의 영아는 자신의 요구를 도와주는 존재로 타인을 인식할 수 있으나, 또한 자신이 타인으로부터 독립적인 존재가 되기를 원한다. 그리하여 성인의 도움 없이 무엇이든 의욕적으로 해 보려고 하고, 성인의 지시에 '안해' 또는 '내가'의 표현이 많아진다. 그러나 현실의 상황에서는 모든 것이 영아 자신의 생각처럼 움직여지지 않기 때문에 자신의 욕구를 방해받는 경우도 많다(전남련, 2014).

(4) 정서 조절

Thompson(1994)은 정서 조절이란 어떠한 목적을 이루기 위해 자신의 정서 반응을 감독하고, 평가하고, 수정하는 외적, 내적 과정이라고 정의하였다. 처음에는 영아가 스스로 자신의 정서를 잘 조절할 수 없기 때문에 외부에 의해 정서 조절이 이루어진다. 이러한 외적 과정은 영아가 울 때 안아서 달래 주거나 무서워하면 주의를 전환시켜 주는 것과 같은 주양육자의 노력이 이루어진다. 만 2세 전후가 되면 그 동안의 양육자에 의한 정서 조절 경험을 바탕으로 점차 양육자의 도움 없이 스스로 정서를 조절할 수 있다(문혁준 외, 2014).

정서 조절 능력은 2세경에 나타나기 시작하며, 이 시기에는 표상 및 기억의 발달로 양육자의 의도를 기억하여 사회적 기대에 따라 자기 행동을 조절할 수 있게 된다(Kopp & Neufeld, 2002).

곽금주 등(2005)의 연구에서는 24개월 된 영아는 공포상황에서는 공포를 일으키는 자극을 회피하기도 하고 밀어 버리거나 언어로 표현하여 문제를 해결하려는 전략을 많이 사용하였으며, 분노 상황에서는 주변의 다른 사물로 주의를 돌리거나 발을 구르는 책상을 치는 것과 같은 긴장을 줄이려는 전략을 사용하는 것으로 나타났다. 즉, 이 연구에서는 부정적 정서를 유발하는 상황에서 나타나는 행동을 바탕으로 영아가 주로 사용하는 여섯 가지 정서 조절 전략을 〈표 13-13〉과 같이 제시하였다.

표 13-13 영아의 정서 조절 전략

전략	설명	예
짜증내기	도움을 구하거나 상황을 변화시키려는 노력 없이 혼자서 짜증을 내는 행동	칭얼거리거나 울먹이며 책상을 손이나 발로 차는 행동
참조 구하기	어머니의 얼굴 표정을 살피거나 어머니의 반응을 이끌어 내고자 시도하는 행동	어머니와의 눈맞춤 시도 행동

주의전환	주어진 자극상황으로 향했던 주의를 철회하고 다른 곳으로 주의를 전환시키는 행동	다른 사물 쪽으로 시선을 돌리는 행동
회피	주어진 상황을 피하고자 하는 행동	그 자리에서 벗어나고자 몸을 비틀어 돌리거나 자리를 이탈하는 행동
문제해결	주어진 상황을 중단시키거나 변화시키고자 하는 적극적인 시도 행동	어머니에게 장난감을 달라고 요구하는 행동
자기 안정	도움을 구하거나 상황을 변화시키려는 노력없이 스스로 안정을 취하고자 하는 행동	손가락 빨기, 손 꼬기, 머리카락 꼬기

출처: 곽금주 외(2014). 재인용.

2. 유아기 정서발달

1) 정서발달의 이해와 특징

(1) 정서발달의 이해

아이가 웃거나 울고 또는 두려워하는 행동을 보일 때 우리는 이런 행동이 아이가 자라면서 배우는 행동이라고 거의 생각하지 않는다. 출생한 아이가 세상을 처음 접했을 때, 최초로 보이는 행동이 우는 반응이라고 생각하듯이 웃거나 우는 등의 정서적 반응은 기본적으로 인간이 태어날 때 본능적으로 갖고 나온 행동이라고 여긴다. 그리고 이런 정서 반응이나 정서 표현은 본능적이거나 생애 초기에 형성되므로 발달 과정에서 특별한 변화를 보일 것이라고 기대하지 않는다. 그러나 이러한 정서 표현은 언어적 반응보다도 더 확실한 의사소통의 역할을 하고 변화하는 인간의 모습을 기술할 때 중요한 영역이 된다.

유아기는 자신과 타인의 감정을 이해하고, 상황과 대상에 맞게 감정을 조절하여 표현하는 능력을 발달시켜 나가는 시기이다. 또한 유아는 자기 평가와 자신의 내면적 속성에 대한 이해를 바탕으로 자아를 다면적으로 이해하면서 자아존중감을 발달시킨다(이희정 외, 2014).

유아기 정서의 특징은 공포나 분노를 유발하는 자극에 대해서 비교적 강한 반응을 보이는 것이다. 이 정서들의 지속기간은 짧지만 계속되는 동안에는 대단히 강력하다. 강한 공포, 질투와 그로 인한 울음 및 떼를 쓰는 것이 특징이다.

이 시기는 정서가 보다 분화되고 또 정서의 표현유형도 보다 쉽게 알아볼 수 있게 된다. 강한 정서는 부분적으로 오래 계속되는 놀이나, 요구보다 음식을 너무 적게 먹었거나, 먹기 싫은 음식을 거부하는 결과로 인한 피로가 그 원인이다. 그리고 유아는 부모가 하라고 허용하는 것 이상의 것을 할 수 있기 때문에, 부모들의 제한에 반항하게 되는 수가 많다. 따라서 유아의 생각에 쉽게 그리고 성공적으로 할 수 없을 때 화를 내게 된다.

유아기의 정서는 2세 이전에 이미 분화되었던 여러 가지 정서가 그대로 유지된다. 유아기 정서의 특징을 살펴보면 다음과 같다.

첫째, 어떤 특정한 정서 상태의 지속시간이 짧고 자주 바뀐다. 따라서 금방 싸운 친구와도 다시 친하게 지내고, 금방까지 함께 놀던 친구와도 다시는 안 놀 것처럼 싸우기도 한다.

둘째, 정서 상태의 기복이 심해서 작은 일에도 굉장히 좋아하는 반면 사소한 일에도 화가 나서 발버둥을 치며 울기도 한다. 그러나 4세경이 되면 정서적 표현은 점차 완만해진다.

셋째, 자신의 감정을 즉각적으로 자주 표현한다는 특징이 있다.

(2) 정서의 일반적 특징

① 정서 상태의 지속이 짧다.

유아의 정서는 보통 2-3분 계속하다가 갑자기 종식된다. 그 이유는 유아는 성인과 달리 그 정서의 외적 동작에 남김없이 표출하기 때문이다.

② 유아의 정서는 강렬하다.

유아의 정서는 아주 강하게 폭발하는 특징을 지니고 있다. 그 정서적 반응에는 일반적으로 강도의 차이가 없다. 그러므로 사소한 자극이 중대한 자극과 동일 정도의 정서적 반응을 일으켜 이따금 어른들을 놀라게 하는 일이 있다.

③ 유아의 정서는 변하기 쉽다.

유아의 정서는 폭발적이고 돌발적이며 극단적으로 변해 간다. 즐겁게 웃다가도 어느 사이에 울고, 질투하다가도 애정으로 변하며, 성냈다가도 금방 미소로 신속하게 변해 간다. 이는 정서를 보유하는 일이 없이 표출함으로써 축적된 정서를 정화하기 때문이며, 미숙한 인지적 발달 때문에 장면에 대한 이해능력이 결여되어 있기 때문이다.

④ 정서적 반응을 자주 보인다.

어린 유아들은 여러 감정의 표출이 매우 빠르고 짧지만 자주 나타난다. 연령이 증가함에 따라 폭발적으로 정서를 표현하는 것은 바람직하지 않으며 때로는 벌을 받을 수도 있다는 것을 알게 된다.

2) 정서 표현

이 시기의 유아는 사회적으로 중요한 정서 상태, 즉 공포와 불안, 질투, 기쁨과 애정, 그리고 호기심을 표현하게 된다. 그러므로 어떻게 하면 이러한 정서를 사회가 용납하는 방법으로 표현하게 할 것인가 하는 것이 사회화의 중요한 목표라 할 수 있다. 정서는 생후 18개월 정도에 공감, 질투심, 당혹감 등으로 나타나며, 30개월 정도에는 자긍심, 수치심, 죄책감 등이 나타난다.

따라서 유아기에 들어서면서 당혹감, 수치심, 죄책감, 부러움, 자부심과 같은 좀더 복잡한 정서가 나타나는데, 이것을 이차 정서라 한다. 3세경에는 질투심이 나타난다(Lewis, M. & Brooks, J., 1978). 또한 3세 이후 유아에게는 자의식 정서와 자기 평가가 연결되어 자신감과 수치심이 더욱 분명히 나타난다.

(1) 분노

분노는 특히 유아기 때 가장 보편적으로 나타나는 정서로 이 시기에는 유아에게 분노를 일으키는 상황이 많고 유아가 원하는 것을 얻을 수 있는 가장 빠르고 쉬운 방법이 분노의 표현이라는 것을 알기 때문이다.

분노의 표출형식에는 개인차와 연령차가 있다. 2-3세 된 유아는 자기활동이나 자기소유에 대하여 누가 간섭할 때나 자신이 하고 싶은 행동을 어머니가 못하게 할 때 화를 내고, 아동이 성이 났을 때 뚜렷이 눈에 띄는 행동은 엄지손가락을 빨고 있는 것이다.

4세경이 되면 분노반응은 영아의 경우보다 방향성이 있다. 다른 유아의 감정을 상하게 하거나 신체에 상처를 입혀서 복수를 하려는 시도가 많아진다. 떼쓰는 것은 3세와 4세 사이에 가장 심하게 나타난다. 4-5세 때는 어떤 문제를 해결하기 위해서 언어를 아주 많이 사용하여 남의 험담을 하거나 자랑을 하고 야유하고 흉내를 내는 등 여러 가지 행동을 한다.

(2) 공포

유아는 영아나 아동보다 무서워하는 것들이 더 많다. 지능발달과 더불어 이전에는 알지 못했던 사태의 잠정적인 위험성을 알기 때문이다. 예를 들어 뱀을 무서워하는 것은 3세 반 이전에는 잘 나타나지 않다가 4세 정도 되면 뚜렷한 공포를 보인다.

이 시기의 공포는 특수한 것이라기보다는 일반적인 것으로, 적절한 공포라기보다는 공황상태와 비슷하다. 자라면서 공포반응은 보다 특수한 것으로 분화되어 간다.

유아의 전형적인 공포반응은 도망가거나 울거나 그를 놀라게 하는 사태를 피하거나 '너가 가져가', '가기 싫어', '난 못해' 등과 같이 언어적 반응들이 울거나 변덕을 부리는 것과 함께 나타난다. 이러한 공포의 빈도와 강도는 유아가 성장함에 따라 감소한다.

(3) 질투

질투는 공포나 분노와는 달리 신체 · 생리적 상황이나 행동상의 어떤 관계로 인해서 발생하는 것이 아니라 지적 및 사회적 발달, 즉 인간관계의 발달 가운데서 생겨나는 행동이며 정서반응이다. 즉, 자신을 타인과 비교하는 데서 일어나는 당황, 수치, 죄책감과 함께 보다 복잡한 인지능력을 필요로 하는 이차적인 정서이다.

질투의 표현반응은 두 가지 반응을 보면, 하나는 질투를 하며 공격반응을 보이고 다른 하나는 퇴행적 행동, 즉 어리광을 부리는 행동을 보인다(동생이 생겼을 때 질투로 오줌싸기, 아양떨기, 손가락 빨기, 음식물 토하기 등).

연령적으로 대개 3-4세경에 질투가 가장 심하게 나타난다. 질투는 애정을 상실하거나 상실할 것을 두려워하는 정서로서 분노와 공포, 애정이 혼합된 정서이다. 이 시기의 질투는 흔히 형제간의 질투로 유아 자신에게 향했던 부모의 사랑이나 관심이 새로 태어난 동생에게 집중되거나 다른 형제를 편애할 때 생긴다. 질투는 사회적으로 부적응적인 행동과 연결되지 않도록 그 감정을 조절하고 해소해 줄 수 있어야 한다(이희정 외, 2014).

(4) 애정

영아와 같이 유아는 자기에게 기쁨을 주는 사람들을 좋아하는 것을 배우게 된다. 유아는 사람에게 뿐만 아니라 동물이나 무생물에게도 애정표현을 한다. 유아는 흔히 가족구성원에게 하는 것처럼 자기의 장난감이나 애완동물에게 애정을 표시한다.

유아의 애정적 행동은 따뜻한 시선, 친절, 동정 등 신체와 언어로 표현되는데, 언어적인 것이 신체적인 것보다 더 많다. 여아들이 남아들보다 더 애정적인 경향이 있으며 이성에 대해서보다는 동성의 성인이나 유아에게 애정적 반응을 많이 한다.

애정의 기초적 발달은 가정에서부터 이루어져서 대인관계가 확대됨에 따라서 애정관계도 점점 확대되어 간다. 이와 같이 애정은 상호적이며 부모를 중심으로 한 애정이 아동에게 큰 영향을 주고 있는 것이다.

3) 정서 이해

유아기가 되면 정서표현에 대해 많은 것을 이해하고, 정서를 표현하는 단어를 사용하거나 이해하는 능력이 급속도로 증가한다. 슬픔과 같은 부정적 정서보다는 행복과 같은 긍정적 정서를 더 쉽게 이해한다.

- 3-4세 유아 절반 이상이 '좋다'라는 단어를 사용, 소수만이 '슬프다'라는 단어를 사용
- 6세의 유아는 '뽐내는', '난처한', '가련한'과 같은 복잡한 정서개념도 이해

유아는 다른 사람의 긍정적 정서를 이해하는 데는 성인과 거의 동일한 수준이지만, 부정적 정서를 이해하는 데는 서툴다. 유아는 사람들이 '진짜로' 느끼는 정서와 그들이 '표현하는' 정서를 잘 구별하지 못한다. 유아는 아직 사물의 실제 모습과 겉으로 보여지는 모습의 차이를 이해하지 못하기 때문이다.

그리고 유아는 행복한 얼굴표정과 슬픈 얼굴표정을 구별할 수 있지만, 슬픔을 느끼는 사람이 행복한 표정을 짓고 있거나, 기쁜 상황에서 기쁜 표정을 짓지 않으면 혼란스러워한다. 3-4세경이 되면 유아는 기쁨, 슬픔, 분노, 놀람 등의 비교적 단순한 정서와 이들 정서를 야기시키는 원인에 대한 이해도 증가한다. 5-6세가 되면

타인의 정서를 분명히 구분할 수 있다. 기쁨과 슬픔을 동시에 느낄 수 있는 복합정서 경험이나 복합정서 이해는 6-7세 이후나 가능하다.

유아기가 되면 정서를 이해하는 능력이 인지와 언어발달과 더불어 급속히 발달하며, 유아의 정서 이해 능력은 다음과 같이 발달한다(Berk, 2013).

첫째, 유아기에 정서를 표현하는 단어를 사용하거나 이해하는 능력이 증가한다. 부정적인 정서보다 긍정적인 정서를 더 잘 이해한다.

둘째, 취학전 유아는 정서의 원인을 이해한다. 4-5세 유아는 '저 아이는 엄마가 보고 싶어 우는 거야' 하면서 정서의 원인을 추론한다.

셋째, 유아는 정서 표현의 행동적 신호와 그 결과를 이해한다. 즉, 친구가 표현한 정서를 보고 그 친구가 무엇을 할 것인지를 예측할 수 있다.

넷째, 유아는 사고와 감정이 서로 관련되어 있다는 것을 인식한다. 예전 슬펐던 경험을 떠올리면 슬퍼질 수 있다는 것을 안다.

다섯째, 유아는 다른 사람의 슬픔과 같은 부정적인 감정을 달래 주기 위해 '안아주기'를 생각해 내기도 한다.

여섯째, 유아는 두 가지 정서가 동시에 발생할 수 있다는 것을 이해하지 못한다.

마지막으로, 유아는 혼합정서를 인식한다. 혼합정서의 이해는 학령기에 개인의 정서 표현과 실제 감정이 일치하지 않을 수 있다는 것을 이해하는 기반이 되며, 자의식 정서의 인식을 증진시켜 준다.

그리고 유아의 정서 이해와 정서 표현에 대한 발달적 특징을 살펴보면 다음의 〈표 13-14〉와 같다.

표 13-14 유아기 정서 이해의 발달적 특징

연령	정서 표현	정서 이해
1–2세	• 자의식 정서의 출현 • 언어 사용으로 정서적 자아조절 향상	• 타인과 자신의 정서반응이 다르다는 것을 이해하기 시작 • 정서 관련 어휘의 획득 • 감정이입의 출현
3–6세	• 자의식 정서의 자기평가적 정서의 연결 • 정서 조절을 위한 능동적 책략 사용 • 정서표출 양식에 순응, 자신이 느끼지 못한 긍정적 정서를 가장	• 정서의 원인, 결과 및 행동적 신호 이해 • 반영적 감정이입

출처: 이희정 외 (2014).

따라서 양육자가 유아의 정서적 느낌을 인정해 주고 갈등 상황에서 협상과 타협을 유도할 때, 유아는 타인의 정서를 더 잘 이해할 수 있게 된다(이희정 외, 2014).

4) 정서 조절

정서 조절 능력은 정서 표현(특히 부정적 정서표현)을 통제하는 능력을 말한다. 다른 사람 앞에서 부정적 정서 표현을 자제하는 능력은 3세경에 나타난다. 유아보다는 아동이 실망스런 선물을 받은 후에 부정적 표현을 덜 하며, 자신의 진짜 감정을 숨기는 것이 왜 바람직한지 그 이유도 설명할 수 있다. 즉, 기대에 못 미치는 선물을 받았을 때 여아가 남아보다 더 과장된 미소를 짓고, 정서규제의 한 가지 중요한 측면은 좌절에 대한 참을성도 생긴다.

- 2세경에 나타나기 시작, 유아기에 극적으로 증가
- 원하는 장난감을 가질 수 없거나 하고 싶지 않은 일을 해야 할 때와 같은

좌절상황에 직면했을 때 나이 든 유아가 더 잘 견딤

좌절에 대한 참을성은 부모와의 관계에도 영향을 미치는데, 좌절에 대한 참을성은 만족지연에도 나타난다. 만족지연이란 지금 바로 보상을 받는 것보다 만족을 지연시켜 나중에 더 큰 보상을 받게 되는 것으로 유아기는 만족지연 능력이 증가한다.

유아는 여러 가지 정서를 표현하는 과정에서 정서적 경험을 조절하는 방법을 배워 나간다. 정서 조절은 목표 달성을 위해 정서적 각성을 적절한 강도 수준으로 적응시키는 전략을 의미한다. 정서 조절은 주의력을 집중시키거나 전화시키기, 생각과 행동을 억제하기, 혹은 스트레스 상황을 완화시키기와 같은 인지적 능력을 요구한다(이희정 외, 2014). 3-4세가 되면 유아는 자신의 다양한 정서적 자기조절 전략을 말로 부연설명하기도 한다. 예를 들면 불쾌한 광경을 피하고 싶은 유아는 눈이나 귀를 막으며 “엄마가 돌아오실꺼야”라고 말하며 스스로를 달랜다(이희정 외, 2014). 유아기의 정서 조절 전략의 증가는 폭발적 정서 표현을 감소시킨다(Tompson & Goodvin, 2007).

참고 문헌

곽금주, 김인화, 한은주(2005). 영아의 정서조절 전략과 어머니의 반응 유형간의 관련성. 한국아동학회지, 26(6), 73-187.

곽금주, 김연수(2014). 영아발달. 서울: 학지사.

권민균, 김진아(2005), 영아의 애착 안정성 및 기질과 보육시설 초기 적응간의 관계성에 관한 연구. 인간발달연구. 12(4), 177-189.

권민균, 문혁준, 권희경, 성미영, 신유림(2012). 아동발달. 서울: 창지사.

권정윤 외(2012). 영아의 정서 조절능력 관련 변인 탐색. 유아교육연구, 32(4), 427-444.

김미영(2013). 영아발달. 경기: 정민사.

김보영(2013). 2세 영아의 정서 조절에 관한 참여관찰 연구: 어린이집의 맥락적 요소(물리적 환경, 교사, 또래)를 중심으로, 경기대학교 대학원 박사학위논문.

김성희, 허혜정(1998). 유아 발달교육. 경기: 교육과학사.

김연진 외(2014). 영아발달. 서울: 태영출판사.

문혁준, 김경은, 서소정, 성미영, 안선희, 임정하, 하지영, 황혜정(2014). 영아발달. 서울: 창지사.

박경자(1999). 영아의 애착안정성에 영향을 미치는 변인: 어머니의 민감성과 영아의 기질. 아동학회지. 20(3), 3-17.

송명자(1995). 발달심리학. 서울: 학지사.

심성경, 변길희, 박지애, 최은희(2011). 놀잇감 대여 프로그램이 어머니-영아 상호작용과 영아의 정서지능에 미치는 영향. 교과교육학연구. 15(2), 305-332.

심성경, 송화진, 변길희, 김나림, 박주희(2013). 영아발달. 경기: 공동체.

심숙영(2013). 애착 유형에 따른 정서지능 및 사회지능 간의 구조분석. 아동교육연구, 22(4), 45-62.

심숙영(2014). 영유아 사회정서행동. 서울: 교육과학사.

안라리(2005). 유아의 개인변인 및 어머니의 정서성과 유아의 정서발달, 사회적 능력의 관계. 이화여자대학교 대학원 박사학위논문.

우수경, 정원주, 박숙희, 신혜경, 이정미(2013). 영아발달. 경기: 공동체.

유효순(1992). 유아의 애착과 사회성과의 관계에 관한 연구. 방송통신대학교 논문집, 15, 473-491.

이경님(2014). 영아발달. 동아대 출판부.

이경영(1998). 유아를 위한 사회교육. 경기: 교육과학사.

이경희(2010). 아동발달과 부모교육. 경기: 교문사.

이희정, 위영희, 이유진, 윤갑정, 홍희영(2014). 아동발달. 경기: 양서원.
전남련, 김기선, 이은임, 남궁기순, 한혜선, 심현임, 이미향, 김인자, 이선영, 김정희, (2014) . 영아발달 경기; 양서원
정옥분(2004). 영유아 발달의 이해. 서울: 학지사.
정옥분(2012). 영아발달. 서울: 학지사.
정옥분(2013). 아동발달의 이해. 서울: 학지사.
조복희(2014). 영아발달. 서울: 교육과학사.
조성연, 이정희, 천희영, 심미경, 황혜정, 최혜영, 전효정(2014). 영아발달. 서울: 신정.
조숙진(2010). 영아-교사의 애착 증진을 위한 음률활동 프로그램 개발 및 효과. 배재대학교 대학원 박사학위논문.
조형숙, 강현경, 김태인, 배정호(2013). 유아발달. 서울: 창지사.
존 가트만, 조벽, 최성애(2011). 내 아이를 위한 감정코칭. 한국경제신문사.
최미현, 박명화, 박성미, 최양미, 김애자, 김정신(2000). 영유아보육의 이해. 서울: 창지사
최석란(2003). 유아사회교육의 이해. 서울: 학지사.
한유미(2014). 영아발달. 서울: 창지사.
홍순옥, 박순호, 김인순(2013). 영아발달. 경기: 양서원.

Ainsworth, M. D. S.(1967). Infancy in Uganda. Baltimore: Johns Hopkins University Press.
Barrera & Maurer(1981). The perception of facial expressions by the three-month-old. Child Development, 52, 203-206. Young-Browne, Rosenfeld & Horowitz, 1977.
Berk, L, E.(2012). Child Development (9th Ed.). NY: Pearson.
Berk, L. E.(2000). Child Development(5th Ed.). Boston, MA: Allyn & Bacon.
Berk, L. E.(2008). Infant & Children(6th Ed.). MA: Addison-Wesley.
Berk, L. E.(2013). Child development (9th Ed.). NY: Pearson.
Bowlby(1969). Attachment and loss: Vol. 1, Attachment. New York: Basic Books.
Draghi-Lorenz, R., Reddy, V., & Morris, P.(2005). Young infant can be perceived as shy, coy, bashful, embarrassed. Infant and Child Developement, 14(1), 63-83.
Fergus, P. Hughes(2012). 놀이와 아동발달. 서울: 시그마프레스.
Izard, C. E (1971). The face of emotion. New York: Appletion-century Croffs.
Kail, R. V. (2007). Children and Their Development(4th Ed.). Pearson.
Kail, R. V. (2008). 아동과 발달(Children and Their Development (권민균, 김정민, 최형성 역). 서울: 시그마프레스.
Kopp, C. B., & Neufeld, S. J.(2002). Emotional development in infancy. In R. Davidson, K. Scherer, & H. H. Goldsmith(eds.), Handbook of affective sciences, New York:

Oxford University Press.

Kosteinik, Whiren, Sodeman, & Gregory(2009). Guiding children's social development and learning. NY: Cengage Learning.

Lewis, M. & Brooks, J.(1978). Self-knowlwdge in emotional development. In M. Lewis & L. Rosenblum(Eds.), The development of affect(pp. 205-226). New York: Plenum.

Lewis, M., & Sullivan, M. S., Stranger, C., & Weiss, M.(1989). Self development and self conscious emotion. Child development, 60, 146-15.

Miller. S. A.(1998). Develpoment Research Methods(2th ed.). NJ: Prentice-Hall.

Rochat, P.(2001). The Infant's World Cambridge: Havard Univercity Press.

Rothbart, M. K. & Bates, J. E.(1998). Temperament. In W. Damon & N. Eisenberg(Eds.), Handbook of child psychology(5th Ed.). Vol 3. New York: John Wiley & Sons Inc.

Saarni, C., Mumme, D. L. & Campos. J. J.(1998). Emotional development : Action, communication and understanding. In W. Damon & N. Elsenberg(Edg.), Handbook of child psychology(5th Ed.). Vol 3. New York: John Wiley & Sons, Inc.

Shaffer, D. R.(2005). Social and Personality Development. Wadsworth, Cengage Learning.

Shore(1997). Rethinking the brain : New insights into early development. New York: Families and Work Institute.

Snow, C. W.(1983). Infant development(2th Ed.). Upper Saddle River, NJ: Prentice- Hall.

Sorce, J., Emde, E., & Klinnert, M.(1985). Maternal emotional signaling: Its effects on the visual cliff behavioi of 1-years-olds. Developmental Psychology, 21, 195-200.

Thomas, A., & Chess, S.(1986). The New York Longitudinal Study: From infancy to early adult life. In Plomin and J. Dunn(Eds.). The study of temperament: Changes, continuities, and challenges, Hillsdale, NJ: Lawrence Eribaum.

제14장

사회성 발달

1. 영아기 사회성 발달
2. 유아기 사회성 발달

1. 영아기 사회성 발달

사회성 발달이란 타인과의 상호 호혜적인 상호작용을 할 수 있는 기술의 습득과 그런 기술들을 상황에 적절하게 사용할 수 있는 능력을 말하며(Sarason, 1981), 사회성 발달과 같은 개념으로 사회적 능력, 사회적 상호작용 그리고 사회적 유능성의 개념을 들 수 있다(이은혜, 1995).

1) 만 0세의 사회성 발달

Sarason(1984)은 영아의 사회성 발달은 타인과 유능하게 상호작용하는 능력의 기술을 적절하게 활용할 수 있는 것이라고 보았다. 영아의 사회성 발달은 출생 후 2년 동안 자기인식과 관련이 깊다. 자기인식발달은 공생과 분리-개별화로 나누어지며 자기인식과 자기통제를 포함하는 자기라는 개념의 발달이다. 공생은 영아가 주변 환경을 알아차리고 인식하는 때인 두 달째 나타난다. 출생 후 영아는 자신과 주양육자와 구분하는데 어려움을 겪으며 타인의 존재 및 사건에 대해 이해하지 못한다. 즉 영아와 주양육자인 어머니는 공생의 관계에 있다. 이후 영아는 성인과의 상호작용을 통해 점차 다음 단계인 분리-개별화의 단계로 발전한다. 분리와 개별화 단계는 자기인식의 단계로 영아는 자기 자신과 타인을 구분할 수 있게 되면 걸음마 시기에 이르러 스스로 움직일 수 있는 기동력이 생기면서 성인에게 분리되면서 점차 독립적이 되어 간다. 영아와 어머니의 공생관계는 영아의 사회성 발달에 영향을 준다. 영아가 주변 환경과 긍정적인 관계를 형성하면 공생관계에서 다음 단계로 쉽게 발달할 수 있겠으나 주양육자와 주변 환경의 무관심과 일관성 없는 관계를 형성하는 경우 신뢰감을 갖기 어려워 두 번째 단계에서 요구되는 성인과의 분리에 어려움을 겪게 된다.

출생 후 영아에게 주양육자는 다양한 자극을 주어 영아를 자극시키고 상호작용을 한다. 영아는 주양육자의 자극에 점차 미소를 나타내는 것을 알 수 있다. 이를 사회적 미소라고 한다. 사회적 웃음은 양육자가 수유할 때 미소를 지으며 이야기하면, 영아는 기분이 좋아져 만족스러운 경험을 하게 되고 이러한 경험이 반복되면 신뢰감을 형성하게 된다.

(1) 애착

애착은 영아와 주양육자 간의 독특한 애정적 유대감을 말한다. 즉, Bowlby (1969)가 영아와 어머니의 유대관계를 설명하기 위해 처음 소개한 개념으로 애착을 출생 후 주양육자와의 관계로부터 서서히 발달하고 애착관계에 있는 사람을 자주 상호작용하며 서로가 물리적으로나 심리적으로 가까움을 유지하려 한다.

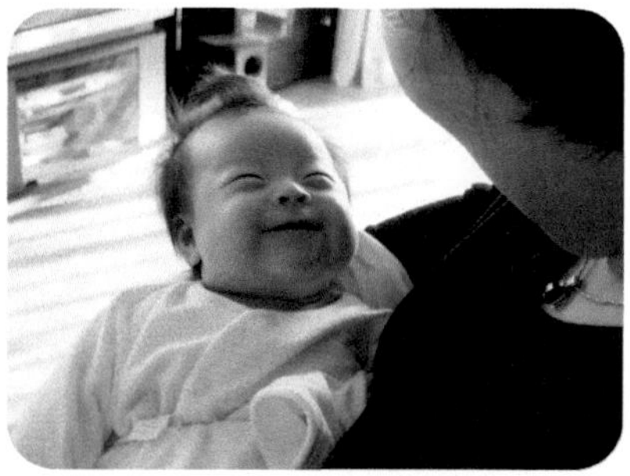

[그림 14-1] 애착행동

영아에게 주양육자는 출생 후 애착을 형성하게 되는 주요 대상으로 주양육자는 영아의 욕구에 민감하게 반응하고 보살핌으로 애착이 형성된다. 영아는 애착관계를 형성해 가면서 자신과 타인 그리고 주변 환경에 대해 신뢰감을 형성한다. 영아는 자신의 욕구를 알아차리고 반응하는 주양육자에 대해 정서적 안정감을 느끼고 신뢰하게 된다. 이러한 초기 신뢰감 형성은 영아에게 자신을 둘러싼 환경에 대해 긍정적이게 되고 이 신뢰감은 앞으로 관계 형성의 토대가 된다.

① 애착발달 단계

영아의 애착은 어느 한순간에 발달되는 것이 아니라 8-10개월경 애착을 형성하며 24개월 이후 상호 애착관계를 형성하기까지 출생에서부터 양육자와의 상호작용을 통하여 서서히 발달된다.

〈표 14-1〉은 출생에서부터 24개월 이후까지의 영아의 애착발달 4단계로 나누어 설명하고 있다.

표 14-1 영아의 애착발달 4단계(출생-24개월 이후)

단계	시기	영아의 행동
1단계 (전 애착형성 단계)	출생-6주	• 영아는 울기, 미소짓기, 눈응시하기 등 다양한 신호를 보내는 단계로 주변 사람들의 자극에 반응하고 가까운 관계를 유지한다. • 아직 사람을 구별하여 인식하지 않기에 애착이 형성되지 못해 부모, 타인, 형제들에게 동등하게 똑같은 행동을 보이며 영아는 친숙한 주양육자에게만 보이는 애착행동을 보이지 않는다.
2단계 (애착형성 단계)	6주-6~8개월	• 영아는 주양육자와 낯선 사람을 다르게 반응하고 주양육자에게만 더 많이 웃거나 옹알이를 하는 등 신호를 보인다. 신뢰가 발달하기 시작한다. • 대상영속성의 개념을 획득하지 못해 양육자를 하나의 영속적 대상으로 인식하지 못하고 주양육자와의 격리불안을 보이지 않는다.
3단계 (분명한 애착형성 단계)	6-8~18개월	• 영아는 특정인인 주양육자에게 애착을 형성하고 6-8개월이 되면 낯가림이 생기며 양육자 부재를 불편해 한다. • 특정인에게 애착을 형성하고 접근과 접촉을 추구하고 애착이 형성된 사람이 보이지 않으면 분리불안이 나타난다.
4단계 (상호호혜적 애착관계 형성)	18-24개월 이후	• 영아는 인지능력과 언어능력의 발달로 영아는 주양육자가 언제 돌아올지 예측할 수 있게 되며, 점차 분리불안이 감소한다. • 주양육자와 상호협조적인 관계를 맺으며 다른 사람들과 유대 관계를 형성한다. • 자신이 원하는 방향으로 애착 대상의 행동을 수정한다.

출처: Bowlby(1969), 곽금주 외(2007), 정옥분(2015), 존 가트만 외(2011). 참조 재구성.

Bowlby(1969)는 영아가 어머니와 애착을 형성해 나가는 과정을 다음과 같이

[그림 14-2] 만 0세의 애착발달

네 단계로 분류했고 애착 발달단계를 좀 더 자세하게 설명하면 다음과 같다(Bowlby, 1969; 한유미. 2014; 심성경 외, 2013).

첫째, 전 애착형성 단계(출생-6주)는 무분별한 사회적 반응 단계라고도 한다. 신생아조차 물체보다 사람들을 쳐다보거나 웃는 등으로 보아 인간은 어떤 사람에게든 애착을 가질 수 있도록 태어난다고 할 수 있다. 그러나 이 시기에 영아는 누구에게나 똑같이 반응한다. 따라서 미소를 짓거나, 눈을 응시하거나 다양한 신호체계로 주변인과 관계를 유지하나 아직 사람을 구별하거나 애착이 형성되지 못해 부모, 타인, 형제들에게 동등하게 똑같은 행동을 보이며 영아는 친숙한 주양육자에게만 보이는 애착행동을 보이지 않는다.

둘째, 애착형성 단계(6주-6~8개월)는 애착형성 또는 변별적 사회적 반응 단계이다. 선별적 · 사회적 반응이 나타나는 시기로 영아는 어머니와 낯선 사람을 구별하기 시작하고 낯선 사람보다 어머니를 빈번하게 쳐다보거나 미소를 짓는 등 어머니에 대한 뚜렷한 선호를 나타낸다. 대상영속성의 개념을 획득하지 못해 양육자를 하나의 영속적 대상으로 인식하지 못하고 주양육자와의 격리불안을 보이지 않는다(심성경 외, 2013).

셋째, 분명한 애착형성 단계(6-8~18개월)는 애착이 분명하게 나타나는 단계로 동반자 관계 형성 단계라고 한다. 이 시기의 영아는 대상영속성이 형성되어 애착이 형성된 양육자가 눈앞에 안 보이면 계속 찾는 행동을 보인다. 즉, 어머니와 같은 특정인에게 애착을 형성하고 그 사람에게 적극적 접근과 접촉을 추구한다. 따라서 애착 대상이 사라지면 매우 당황하고 불안을 나타내는 분리불안이 나타난다.

넷째, 상호호혜적 애착관계 형성 단계(18개월-2세 이후)는 상호호혜적 애착관계의 형성 또는 목표수정적인 동반자 관계 단계에 진입한다. 이 시기의 영아는 인지와 언어능력이 발달함에 따라 애착대상의 행동을 예측할 수 있게 된다. 즉, 어머니가 언제 돌아올지 예측할 수 있으므로 분리불안이 감소하게 된다. 또한 애착대상과 상호 협조적인 관계를 맺으며 자신이 원하는 방향으로 애착대상의 행동을 수정한다.

② 애착의 유형

영아기의 출생 후 1년간의 경험은 심리적 발달의 토대가 된다고 보기 때문에 애착은 매우 중요하다. 영아의 애착을 측정하기 위해 가장 널리 사용되는 방법은 Ainsworth의 낯선 상황 실험이다. 이 실험은 영아가 스트레스를 느낄 때 애착인물에게 어떻게 행동하는지를 관찰하기 위해 〈표 14-2〉와 같이 8개의 에피소드에 따른 낯선 상황 실험을 실시하였다.

표 14-2 Ainsworth의 낯선 상황 실험 과정

에피소드	등장인물	지속시간	내용	관찰되는 애착행동
1	어머니 영아	30초	실험자가 어머니와 영아를 실험실로 안내한 후 나간다.	
2	어머니 영아	3분	영아가 장난감을 갖고 놀면서 실험실을 탐색하는 동안 어머니는 의자에 앉아 있다.	안전기지로서의 어머니
3	어머니 영아 낯선 사람	3분	낯선 사람이 들어와 의자에 앉은 후 어머니와 이야기한다(1분: 침묵, 2분: 낯선 사람과 엄마와 대화, 3분: 낯선 사람이 아기에게 접근).	낯선 사람에 대한 반응안전기지로서의 어머니
4	낯선 사람 영아	3분 또는 그 미만	첫 번째 격리: 어머니가 방을 나간다. 낯선 사람이 영아의 신호에 반응을 해 주고 진정시킨다.	분리불안
5	어머니 영아	3분 또는 그 이상	첫 번째 재회: 어머니가 돌아와서 영아를 진정시킨다. 낯선 사람은 나간다.	재회에 대한 반응
6	영아	3분 또는 그 미만	두 번째 격리: 어머니가 실험실을 나간다.	분리불안

에피소드	등장인물	지속시간	내용	관찰되는 애착행동
7	낯선 사람 영아	3분 또는 그 미만	낯선 사람이 들어와서 영아를 달랜다.	낯선 사람에 의해 진정되는 능력
8	어머니 영아	3분	두 번째 재회: 어머니가 돌아와서 영아를 진정시킨다. 다시 장난감을 갖고 놀게 한다.	재회에 대한 반응

출처: Miller, S. A.(1998). p. 175. 정정욱 외(2003). 재인용.

Ainsworth(1983)는 낯선 상황 실험을 통해 안정애착, 불안정-회피애착, 불안정-저항애착 등 세 가지 애착 유형으로 분류하였다. 그 이후 세 가지 유형만으로 분류하기 어렵다고 보아 혼란애착 유형이 추가되었다.

첫째, 안정애착(Secure attachment)은 전체 영아의 50-60%로 가장 많은 영아들이 보이는 애착유형이다. 낯선 사람보다 어머니에게 뚜렷한 관심과 선호를 나타내며, 어머니가 실험실 밖에서 나가면 울기도 하지만, 어머니가 다시 실험실로 돌아오면 울음을 멈추고 어머니와 다시 밀접한 관계를 유지한다. 어머니가 곁에 있으면 낯선 사람에게도 친근한 행동을 보이며, 안정애착 영아는 어머니를 안전의 기반으로 삼아서 환경을 잘 탐색한다(심성경, 2013). 이러한 영아를 둔 어머니는 대체로 영아의 마음을 읽고 영아의 요구에 민감하게 반응하며 영아가 스스로 놀 수 있도록 허용해 준다(김현호, 2014).

[그림 14-3] 안정애착형

둘째, 불안정-회피애착(Avoidant attachment)은 전체 영아 중 10-20%로 이들은 어머니의 존재나 부재에 무관심한 듯하며, 어머니가 방을 나가도 울거나 저항하지 않을 뿐 아니라 어머니가 돌아와도 무시하거나 회피한다. 어머니에게 친밀함을 추구하지 않으며 낯선 사람에게도 비슷한 반응을 보인다(한유미, 2014). 이러한 영아를 둔 어머니는 영아와의 신체적 접촉이 적고, 화가 나 있거나 초조하며, 영아의 요구에 무감각하고 거부하는 듯한 태도를 보인다.

셋째, 불안정-저항애착(Resistance attachment)은 전체 영아 중 10-25%로 이들은 어머니가 방을 떠나기 전부터 불안해하고 어머니 곁에 붙어서 주변 환경도 잘 탐색하지 않는다. 어머니가 밖으로 나갈 경우 극심한 불안과 함께 몹시 당황하며 울면서 저항한다. 그러나 어머니가 돌아오면 매달리는 등 접촉하려고 애쓰는 동시에 화를 내면서 발로 차거나 밀쳐 내는 접촉의 양면성을 보인다. 안아 주어도 계속 울고 쉽게 달래지지 않는다(한유미, 2014). 이러한 영아를 둔 어머니는 영아를 거부하지는 않지만 영아의 요구에 무감각한 경향을 보이고 영아를 다루는 방식이 어색하다.

넷째, 불안정-혼란애착(Disorganized attachment)은 전체 영아 중 5-10%로 최근에 분류되었고 가장 불안정한 애착 유형으로 회피애착과 저항애착이 복합된 반응을 보인다. 이들은 어떤 한 가지 방식으로 일관성 있게 탐색하거나 반응하지 않고 비조직적이고 모순된 행동을 보인다. 어머니가 나가도 전혀 반응을 보이지 않거나 심한 분리불안을 나타내기도 하며 다시 돌아왔을 때 달려가다 도중에 멈춘 후 한 바퀴 돌고 어머니로부터 도망쳐 버리는 것 같은 행동을 잠시 보이거나 어쩔 줄 몰라 당황하는 반응을 보인다. 이러한 영아들은 어머니로부터 무시당하거나 신체적으로 학대받았던 과거의 경험 때문에 어머니에게 끌리면서도 공포를 느끼는 것일 수 있다(최경숙 외, 2005).

③ 낯가림과 분리불안

영아가 특정 대상에게 애착이 형성되면서 대표적으로 나타나는 현상은 낯가림과 분리불안이다.

- **낯가림**: 영아는 대상영속성의 개념을 획득하면서 또한 특정인과 애착이 형성되게 되면, 낯선 사람이 다가오거나 부모가 낯선 사람에게 맡길 때 크게 우는

데, 이것을 낯가림이라 한다. 낯가림은 낯선 사람에 대한 그 자체에 대한 반응이 아니고, 영아가 익숙해 있는 얼굴과 낯선 얼굴에 대한 불일치에 대해 보이는 반응이다. 낯가림은 6-8개월경에 나타나기 시작해서 첫돌 전후 최고조에 달했다가 서서히 감소한다(정옥분, 2012). 생후 3개월에서 5세 사이에 있는 우리나라 유아의 낯가림 및 분리불안과 어머니의 양육태도와의 관계를 알아본 연구(이주혜, 1981)에서, 어머니의 양육태도가 수용적일수록 낯가림과 분리불안이 일찍 나타났다. 이 결과 어머니의 수용적인 태도일 때 애착이 잘 이루어지고, 애착 형성이 잘 될수록 영아는 대상에 대한 개념 형성이 빨라져서 나타난 현상으로 해석된다.

- **분리불안**: 영아는 애착이 형성된 대상인 어머니와 분리되었을 때 불안을 나타내는데 이것을 분리불안 또는 격리불안이라고 한다. 낯가림이 낯선 사람에 대한 불안에서 비롯되었다면 분리불안은 친숙한 사함과의 분리 또한 불안의 근원이 된다(정옥분, 2012). 분리불안은 6~8개월 때 나타나기 시작하여 14-15개월에 절정을 이르다가 두 돌 전후로 사라진다. 분리불안도 영아에 따라 정도가 다르다. 예를 들어 어머니와 밀접한 관계, 안정된 관계를 형성한 영아는 분리불안을 덜 나타낸다.

(2) 자아발달

자아발달에서 자아 인지란 자신을 주위 사람이나 사물과는 구분되는 존재로서의 자기에 대한 지각을 의미한다(Berk, 2000). 인간의 자아에 대한 이해의 발달을 살펴볼 때 아기는 언제부터 자신을 세상과 분리된 존재로서 인식할 지가 궁금한데 답은 아직 논쟁이 되고 있다. 생후 1주일 내에 자신의 존재에 대한 의식이 발달된다고 보는 견해와 첫돌 이전에는 자신에 대한 의식이 없다고 보는 견해가 있다.

이미 신생아기에 영아의 자기인식이 발달될 수 있음을 보여주는 연구(Rochat, 2001)에 의하면 신생아가 모빌을 치고 흔들리는 것을 볼 때 영아 자신과 물리적

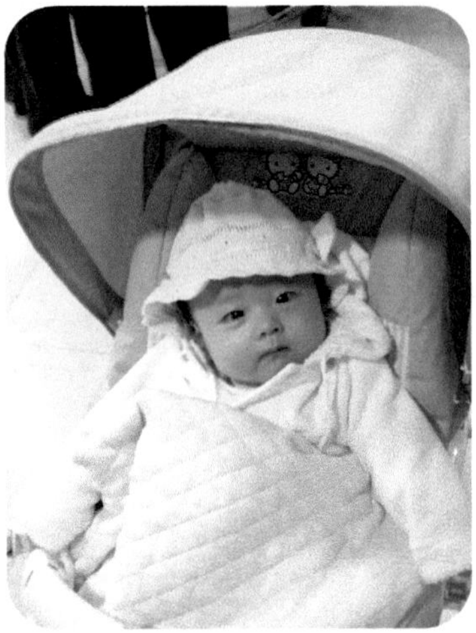

[그림 14-4] 자아인식

세계가 구분된다는 것을 인식하는 것처럼 보인다고 하였다.

영아들은 생후 4개월경 주위 사물이나 사건에 대하여 영향을 미칠 수 있을 조금씩 인식하는 것 같으며 이러한 자기인식의 초보적 모습은 양육자의 상호작용에 의해 발달되는 것처럼 보인다. 그러므로 민감하고 반응적인 부모의 아기들은 자신의 환경에 대하여 영향을 미칠 수 있음을 빨리 이해하고 발달시키게 된다. 영아기 자기인식은 수치감, 자부심, 부끄러움, 공감 등 자기 의식적 정서의 발달과 연관이 있는 것으로 알려졌다(Lewis et al., 1989).

만 0세 영아는 분리 개별화를 위해 두 단계를 거치게 된다(조복희, 2014).

첫째 단계, 공생 단계는 생후 2개월이 지나면서 공생 단계의 자아인식이 시작된다. 주변의 소리를 듣고 여러 물체를 보며 그것이 자신의 바깥 세계가 아닌 자신과 완전히 같이 생각한다. 특히 어머니와 일체감을 느끼는데 아동의 욕구에 어머니가 즉각적이며 긍정적으로 반응할 때 자신을 어머니로부터 분리시키나 어머니가 아동의 감정에 반응을 보이지 않거나 하면 분리과정이 어렵다.

두 번째 단계는 분리-개별화 단계로 생후 4-5개월이 되면 시작된다. 아동이 어머니 품에 안겨 있으면서 주변 환경에 호기심을 보이는 모습이 영아의 어머니로부터 분리되려고 하는 과정이다. 기고 걷게 되면서 분리 개별화가 본격적으로 일어난다.

영아기의 시각적 자기인지 연구를 위해 가장 흔히 사용하는 방법은 거울 속 자기인식 측정이다. 즉, 9-24개월 된 영아에게 코에 루즈를 바르고 거울을 보여준 후 어떤 반응을 보이는지 실험한 결과 어린 영아일수록 자신의 모습에 반응이 없었다. 거울 속의 자기를 보고 자신을 아는가 하는 실험에서 15개월 이전 영아들은 반응이 없었으며 15-17개월 영아는 거울 속의 모습과 자기를 번갈아 보며 연관성을 통해 자아인지를 시작하였고, 거의 24개월 되어서야 대부분의 영아들이 거울 속 자신의 모습에 대해 정확히 인식하는 것으로 밝혀졌다.

자기에 대한 이해는 자기인식이 서서히 나타나는 생후 2년 이후 발달하기 시작하여 아동기와 청년기를 거쳐 자신의 특성과 능력에 대한 다양하고 복잡한 관점으로 발전한다 하였다.

(3) 사회성 발달특징

출생 후 첫 1개월 동안 영아는 안전감과 신뢰감의 감정을 발달시킨다. 그러나 영아 스스로 이러한 감정을 발달시킬 수 없고 다른 사람이 그들에게 대하는 태도로부터 이러한 감정을 발달시킨다. 따라서 주양육자의 행동이 영아의 신호에 즉각적이고 일관적으로 반응하는 것이 중요하다. 또한 이 시기에 배냇미소를 보이는 데 사회적 의미가 없으며 무의식적으로 반응하는 형태이다. 그러나 점차 욕구에 만족에 관심을 보이고, 생후 6주 정도가 지나면 사회적으로 행복한 미소를 보인다. 2-3개월이 지나면 소리내어 웃기도 하고 안아 주는 것을 좋아하고 울음으로 불편함을 표시하여 관심을 얻으려 한다(전남련, 2014).

2-3개월에 영아는 비변별적인 반응을 보이는데 이 시기의 사회성 발달은 애착발달과 관계가 있다. 점차 애착이 형성되며 6-8개월 때 낯선 사람과 친숙한 사람을 구분하고 자신의 신체에 관심을 갖고 자신의 손과 발을 쳐다보며 놀이하는 초보적 자아개념이 발달하기 시작한다. 8-12개월 때 양육자와의 애착이 형성되고 사회적 참조가 가능해지고, 분리불안도 심해진다. 즉, 낯가림은 5-6개월경 시작하나 8개월경 되면 분리불안이 심해지고 부모를 쳐다보고 말하는 상호작용 기술을 사용하기 시작하며 양육자에게 소유개념이 생겨 떠나지 못하게 한다(심성경 외, 2013). 그리고 8개월 이후부터 영아는 부모를 보고 말하는 상호작용 기술을 사용하기 시작하

며, 만 1세쯤 되면 부모의 목소리나 동작을 모방하게 된다.

[그림 14-5] 만 0세의 타인에 대한 관심

만 0세의 사회성 발달 특징과 활동 가능한 프로그램을 정리해 보면 다음 〈표 14-3〉과 같다(심성경 외, 2010; 이영애, 2012; 전남련 외, 2014).

표 14-3 0세아 사회성 발달특징 및 활동 가능한 프로그램

개월	사회성 발달특징	활동 가능한 프로그램
출생 –	• 여러 가지 상황에서 울음의 강조, 속도, 높낮이 등을 달리하며 울기를 통해 다영한 의사 전달함 • 사람에 대한 특별한 관심을 갖고 목소리에 반응함	• 부모의 목소리 알기 • 부모 알아보기
2–3 개월	• 사회적 미소짓기 시작, 성인의 표정을 보고 반응함 • 주변에 흥미와 호기심을 가짐	• 사람들과 있을 때 오래 집중하기 • 교사와 친숙해지기 • 특정인을 알아보기
3–4 개월	• 자신에 대한 인식이 나타나기 시작한다(거울에서 자신 보고 웃기). • 혼자 미소짓고 낯선 분위기를 눈치채고 울거나 당황한다.	• 자발적으로 미소짓기 • 거울에서 자신을 보고 웃기
5–6 개월	• 미소와 꾸짖음에 다르게 반응한다. • 낯익은 사람을 보면 웃고 낯선 사람을 보면 무서워한다.	• 타인의 표정에 반응하기

6–8 개월	• 정서적 표현이 조직화되기 시작하고 사회적인 사건과 연결되어 나타난다. • 자신의 감정을 인지하고, 어른에게 반응을 얻으려고 하고 다른 유아에게도 반응을 시도한다. • 다른 영아와의 상호작용이 증가한다(다른 영아의 옷을 잡아당기며 호기심을 나타낸다). • 부모에 대한 강한 애착과 익숙한 양육자에 대한 선호가 분명해져 분리불안이 나타난다. • 거울을 통해 자신을 인식한다. 독립적으로 행동한다. • 다른 영아들을 관찰하고 모방하고 인식한다. • 사람과 함께 놀이하고 움직임, 소리, 미소, 울음을 통해 부모나 양육자의 주의를 끈다.	• 부모에게 다양한 반응을 보이고 강한 애착 보이기 • 거울에서 자신 알아보기 • 애착 대상에게 여러 정서 나타내기 • 타인을 관찰하고 모방하기 • 다른 유아 알아보기 • 사람들과 함께 놀기
7–9 개월	• 어른을 따라 손뼉치며 짝짜꿍을 하거나 "빠이 빠이"하며 손을 흔든다. • 다른 영아의 행동과 소리를 모방한다.	• 타인 모방하여 짝짜꿍놀이하기
8–12 개월	• 사회적 참조하기(불확실한 상황에서 익숙한 양육자의 표정을 보고 판단하는 것)가 가능해진다. • 타인의 얼굴 표정에 대한 이해력이 증가한다. • 자아존중감이 이 시기에 발달한다. • 타인과의 상호작용을 시작하여 반응을 한다. • 양육자나 부모를 시야 안에 두고 놀이하고 양육자에 대한 소유가 생겨 자신의 주변에서 떠나지 못하게 한다. • 생후 9개월에는 다른 사람에 대한 애정을 표현하는 것을 좋아한다. • 또래와 상호작용을 시작하고 고집을 피우기 시작한다.	• 낯선 타인에게 공포감이나 정서 나타내기 • 타인에게 반응하고 상호작용 시작하기 • 놀이 시작하고 모방하기 • 자기와 같은 성의 영아 인식하기 • 자기 주장하고 사물에 대해 소유욕 갖기

출처: 심성경 외(2013), 전남련 외(2014). 참조 재구성.

2) 만 1세아 사회성 발달

(1) 애착

만 1세아는 Bowlby(1969)의 애착발달 단계에서 특정 애착대상에 대한 접근성 유지 단계를 거쳐 상호호혜적 애착관계로 발전하게 된다.

먼저 분명한 애착 단계인 특정 애착대상에 대한 근접성 유지 단계(6-18개월)는 본격적으로 주양육자에 대해 능동적인 접근과 접촉 추구 등의 애착행동이 나타난다. 그리고 18-24개월 사이에 영아는 애착을 형성하여 낯선 사람을 보면 낯을 가리고, 애착 형성된 주양육자가 보이지 않으면 격리불안을 나타낸다(Bowlby, 1969; 강문희, 2006)

또한 18개월경이 되면 영아의 애착 형성은 주양육자인 어머니뿐만 아니라 다른 사람들, 즉 아버지, 조부모, 교사 및 형제 등과도 이루어진다. 양육자와의 안정된 애착관계과 안전하고 지지적인 환경을 가진 영아들은 두뇌발달과 학습에 최적의 기회를 지니게 된다. 반면 지속적인 스트레스와 무관심, 외상 등은 영아의 발달을 저해할 수 있다.

그 다음 단계인 상호호혜적 애착관계의 형성 단계로서 18개월-2세 이후인데 상호호혜적 관계이기도 하고 목표수정적 동반자 관계 단계로 진입하게 된다. 아직 만 1세아는 이 단계의 초반 시기로 영아는 인지와 언어능력이 발달되며 애착 대상의 행동을 예측하게 된다. 그로 인해 만 1세 후반기 24개월 전후 분리불안이 감소되기도 하나 영아마다 개인차가 있다.

이원영 등(1999)의 연구에서는 영아의 애착 증진을 위해 일관성 있고 반응적인 상호작용을 실행할 수 있도록 상호작용 지침서를 CDA(Infant Toddler Curriculum)(Watson, & Wilson, 1999)의 영아 행동에 따른 교수 전략의 예로 다음과 같이 제시하였다.

표 14-4 영아 애착 증진을 위한 교수 전략

영아행동/ 상황	상호작용 방법
애정을 보인다.	안아 주거나 미소짓고 애정표현을 받아 준다.
의기소침해 있다.	일관성 있게 애정 어린 표현과 신체적 접촉을 해 주고 자주 안아 주고 놀아 준다.
짜증을 낸다.	가능하다면 원인을 없애 주고 때로는 무시한다.
교사와 떨어지면 불안을 나타낸다.	영아 곁을 잠시 떠날 때마다

영아행동/ 상황	상호작용 방법
낯선이에 대해 두려움을 나타낸다.	영아에게 낯선 사람을 신중하게 소개한다. 영아를 낯선 사람에게 적당한 거리를 두고 익숙해질 수 있도록 시간을 준다.
영아가 혼자서 창안한 놀이를 한다.	영아가 스스로 만든 놀이를 하도록 내버려 둔다. 영아를 방해하거나 교사가 주는 놀이를 하지 않도록 한다.
다른 사람을 모방한다.	영아와 서로 따라하는 놀이를 한다.
교사와 같이 방에 있으려고 따라 다닌다.	교사가 어디에 있던 영아가 볼 수 있도록 공간을 구성한다.
다른 사람을 쳐다보는 것에 즐거움을 느낀다.	영아가 다른 아이들이 놀이하고 있는 것을 볼 수 있는 위치에 앉게 해 준다.
다른 사람의 정서상태를 인식한다	정서 상태에 따라 일관된 표현을 한다. 예) 즐거움-미소짓기, 화가 났을 때- 단호하고 미소짓지 않기
교사에게 도움을 요청한다.	영아가 필요할 때 일관성 있게 도움을 준다. 영아가 자신이 스스로 할 수 없는 일에 대해 도움을 요청할 때 칭찬을 해 준다. 예) 신발 묶을 때 당황해하거나 울지 않고 도움을 청하는 경우
부정적으로 행동한다.	영아에게 제안을 다른 방법으로 나타낼 수 있도록 알려주고, 여러 활동에 흥미를 가지도록 강화한다.
공격적 행동을 보이고 증가한다.	부정적 감정을 발산하고 통제하는 놀이활동(점토놀이, 신체활동 등)을 제공하고, 대상 아동 옆에 주의할 점을 상기시켜 주고 때때로 상황으로부터 영아를 이동시키거나 특정 놀잇감을 치운다.

출처: 심숙영 외(2014), p. 87 재인용.

(2) 자아발달

영아들은 서서히 주변환경을 살피기 시작하는데 이것은 자신과 주변환경과의 차이를 인식하게 되는 것이고, 다른 사람의 존재를 깨닫는 것은 자신의 존재를 인식하는 것이며, 자신의 존재에 대한 인식은 다른 사람에 대해 인식한다는 것이다. 여러 학자들은 거울 실험을 통해 자아인식도를 측정하였는데 생후 1년 6개월 정도가 되어야 이 실험에 반응하는 것으로 나타났다. 즉, 생후 1년쯤 되면 영아는 자신과 타인에 대한 기초개념을 습득하게 된다.

영아가 자기인식을 하는지 알아보는 유명한 연구(Lewis & Brooks, 1978)로서 영아의 코에 빨간 종이를 코에 붙여 놓고 거울 앞에 세워 놓은 후 영아가 어떤 반응을 보이는 지를 관찰하였다. 만약 영아가 거울을 보고 입술 연지가 묻은 자신의 코를 만진다면, 이것은 거울 속에 비춰진 상이 자신이라는 것을 인식한다는 것을 의미한다. 9-24개월 영아 96명을 대상으로 연구한 결과, 1세 미만의 영아는 자신의 코를 만지는 반응을 보이지 않았지만, 첫돌이 지난 영아는 대부분 자기 코를 만지는 반응을 보였다.

윤경희(1998)는 우리나라의 영아 20명을 대상으로 같은 실험연구를 했는데, 10-12개월의 영아들은 거울 자체에 흥미를 많이 보였고, 이 중 3/5은 자기 코를 만지는 반응을 보였고 16-18개월의 영아들은 전부가 자기 코를 만지는 반응을 보여 자신의 모습에 대한 인식이 생겼고, 22-24개월의 영아들은 40% 정도가 입술 연지를 찍는 것을 거부하는 행동을 보였다. 이 연구에서는 외국의 연구보다 늦은 18개월 무렵부터 자기인식을 시작하여 24개월이 되면 대부분의 영아들이 신체모습을 통한 자기인식을 시작하였다.

그러므로 이때 성인들은 영아들에게 전신 거울을 제공하여 영아가 거울에 비친 자기모습을 통해 '나'와 타인에 대해 학습할 수 있도록 해 주며 주변 사물과의 상호작용을 통해 영아가 자기 자신과 분리된 사물과의 차이를 인식하도록 하게 한다.

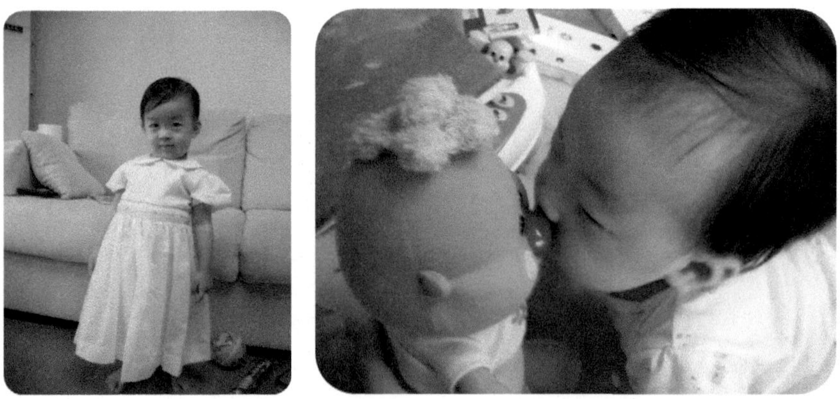

[그림 14-6] 만 1세 영아의 주변 사물에 관심

(3) 사회성 발달특성

만 1세아의 영아들은 자아의 지각적 형상에 대한 인식이 생기며 자아의 존재에 대한 의식이 확립된다. 즉, 13-18개월경 대상영속성 개념을 획득하면서 영아는 당장 눈앞에 양육자가 보이지 않아도 어딘가에 존재할 것이라는 개념을 인식하게 되고, 엄마와 분리된 자신을 받아들일 수 있게 되고 타인과 분리된 존재로서의 자신을 인식하는 자아개념이 생기게 된다(심성경 외, 2013). 19-24개월이 되면 다른 사람의 행동을 모방하고 다른 사람의 감정을 느끼게 된다.

또한 2세경이 되면 영아들은 자신있게 걷고 말하고 탐색하기 때문에 자신의 능력에 대한 자신감을 갖게 된다. 따라서 부모가 요구하거나 제시하는 것은 '안돼', '싫어'라는 말을 많이 하며 고집을 피우는 시기로 '제1 반항기'라고 부른다. 이 시기를 거치며 영아들은 자신의 소망과 양육자의 요구 사이에 균형을 이루는 것을 학습한다(전남련, 2013).

이 시기의 영아들은 여전히 양육자에 대한 의존성을 나타내면서 동시에 자기 주장적이며, 자신을 독립적인 존재로 인식하는 등 독립심이 발달하기 시작하며, 독립적이고 지시적이다. 양육자는 영아의 독립심을 수용하면서 영아의 정서적 유대와 안정감을 제공해야 한다.

다음 〈표 14-5〉는 만 1세아 사회성 발달의 특징과 활동 가능한 프로그램을 제시하였다.

표 14-5 만 1세의 사회성 발달특징과 활동 가능 프로그램

개월	사회성 발달의 특징	활동 가능 프로그램
13-18 개월	• 거울 속 자신을 인식한다. • 자아개념을 갖고 자기중심적이나 부끄러움을 탄다. • 친근한 성인이나 형제와 놀이를 함께 시작한다(혼자, 병행놀이). • 놀잇감에서 다른 영아나 큰 아이에게 관심이 바뀌면서 이전보다 더 잘 어울려 논다.	• 자아개념 갖기 • 부모나 교사 찾기 • 게임하기 • 각기 다른 사람에게 대해 다르게 대하기

	• 놀잇감을 가운데 두고 또래와 접촉한다. • 간단한 명령과 지시를 따를 수 있다. • 관심을 끌기 위해 다양한 행동을 한다.	• 주의를 끌기 위해 여러 행동하기 • 평행놀이하기
19-24 개월	• 자신의 감정과 타인의 감정이 다름을 인정한다. • 주양육자가 없는 것을 쉽게 받아들인다. • 성인에게 점점 더 많은 관심을 갖고 행동을 모방하려는 강한 욕구를 보이며, 교사 일을 도와준다. • 목욕을 시키거나 옷을 입힐 성인에게 협력할 수 있다. • 어떤 행동이나 물건을 보여주기 위해서 다른 사람을 끌어들인다. • 자신을 나타내기 위해 자신의 이름을 사용하기 시작한다. • 성, 연령, 착함, 나쁨을 기준으로 자신과 타인을 분류하기 시작한다. • 다른 영아 옆에서 놀잇감을 가지고 놀기는 하지만 별개의 행동을 하면서 놀이를 한다(병행놀이). • 나누어 쓰기는 어렵다. • 잘 아는 또래들과 인사를 한다. • 2세, 3세 영아와 함께 놀이할 수 있다.	• 사회적 관계 확장하기 • 타인의 감정을 인식하기 • '나', '내 것', '너'와 같은 말 사용하기 • 자신의 소유물 알기 • 타인관계 모방하기 • 친사회적 행동, 나누기, 돕기, 협동, 교환하기, 양보하기 등 • 평행놀이하기

출처: 심성경 외(2013), 전남련 외(2014). 참조 재구성.

3) 만 2세의 사회성 발달

(1) 애착

만 2세 영아는 Bowlby(1969) 애착발달 단계에서 상호호혜적 애착관계 형성 또는 목표 수정 협력 단계 등 마지막 단계의 시기에 포함된다. 즉, 인지 능력의 증대와 함께 타인의 소망이나 목표를 탐지하고 예상할 수 있으며, 자신의 욕구를 충족시키기 위하여 양육자의 행동을 적당히 변화시키거나 자신의 욕구를 지연시키는 전략을 사용하기 시작한다. 이 시기의 영아는 애착 대상에 대한 행동을 예측할 수 있기 때문에 어머니가 언제 돌아올지 예측할 수 있으므로 분리불안이 감소하게 된다. 또한 애착 대상과 상호 협조적인 관계를 맺으면서 자신이 원하는 방향으로 애착 대상의 행동을 수정한다.

만 2세아 애착과 관련된 내용 중 종일보육을 받는 영아들이 증가함에 따라 어린이집에서 영아의 사회적 유능성과 보육교사의 애착과의 관계를 밝힌 연구들에 의하면(김영명, 1997; 손혜숙, 1998), 보육교사와 어떤 애착관계를 맺느냐에 따라 영아의 사회성 발달이 달라지며, 어머니와의 애착과는 독립적으로 형성된 보육교사와의 애착관계는 어머니와의 불안정 애착에서 오는 발달의 부정적 영향을 보상할 수 있을 것이라고 제안하였다. 이에 따라 영아에게 어머니 역할을 대신하며 주요한 대안 애착의 대상이 되고 있는 교사 역할의 중요성이 크게 부각되고 있으며(신지연, 조숙진, 2010; 주영은, 2009), 교사와의 민감한 상호작용으로 형성된 애착 안정성은 이후의 사회 정서적 발달뿐만 아니라 인지발달을 예측하는 유용한 개념으로 받아들여지고 있다.

(2) 자아발달

자아개념은 신체적 특징, 개인적 기술, 특성, 가치관, 희망, 역할, 사회적 신분 등을 포함한 '나'는 누구이며, 무엇인가를 깨닫는 것을 의미한다. 자아개념은 자신이 독특하고 타인과 구별되는 분리된 실체라고 인식하는 데에서 발달하기 시작한다. 영유아가 자기 자신에 대한 개념을 형성하게 됨에 따라 그들은 자신의 속성에 대해 긍정적 또는 부정적인 가치를 부여하게 되는데, 자신에 대한 이러한 평가를 자아존중감이라고 한다(정옥분, 2006).

만 2세경에는 신체적으로 고유한 존재로서의 자아정체성인 자아인식을 발전시켜 나가게 된다(Berk, 2008). 곽승주(2003)의 연구에 따르면 만 2세 영아들은 종종 부정적인 언어표현과 함께 도움을 시도하는 교사의 손을 뿌리치며 저항하는 몸짓을 나타내었고, 표정, 몸짓 등으로 뚜렷한 자기중심적 의사를 보이면서 소유감, 자율적인 의지를 나타내는 경우가 많았다. 이러한 연구결과를 통해서도 2세 영아에게서 자아인식이 나타나고 있음을 알 수 있다.

따라서 영아들은 태어나면서 자신들이 신체적으로 주위의 환경과 다르다는 것을 본능적으로 지각하며 점차 자아인식을 발전시켜 나간다. 이러한 자아인식은 자아개념과 자아존중감의 발달을 초래하며, 자아인식을 위해서는 어느 정도 수준의 인지발달과 더불어 사회적 경험이 중요함을 알 수 있다.

(3) 사회성 발달특징

만 2세가 되면 영아는 소유개념이 생기면서 내것과 남의 것을 구별할 줄 알다. 그러나 자기 중심적이고 소유욕이 강해 싸우게 되고 사람에 대한 선호가 분명해져서 자기가 좋아하는 사람에 대하여 애정을 표현하고, 좋아하지 않는 사람에게는 틀리게 표현한다. 2세 유아는 주로 옆에 가까이 있는 친구와 나란히 노는 병행놀이를 한다(전남련, 2013). 30개월경에는 '내것', '너의 것'을 이해하고 나누기, 다른 사람을 돕는 것이 가능하게 된다.

영아의 또래간의 상호작용에 대해 살펴보면, 영아는 생후 초기부터 또래에 대해 관심을 가짐을 알 수 있다. 생후 초기에 또래를 응시하거나 접촉을 시도하는 행동을 보이거나, 10-25개월의 영아가 사회적 행동을 어머니보다 또래와 더 많이 한다는 연구 결과도 있다(장영희, 1987; Kail, 2008). 이후 언어적, 신체적 발달이 활발히 이루어지는 만 2세가 되면 교사와의 상호작용보다 또래와 갖는 상호작용이 더 증가하며 질적인 면에서도 교사와 가지는 상호작용과 다르다고 보고하였다(박지선, 2000). 영아의 또래관계는 영아의 놀이행동을 통해서 살펴볼 수 있다. 대체적으로 연령이 어릴수록 사회적 상호작용이 많지 않은 단독놀이나 병행놀이를 많이 한다). 하지만 영아는 놀이를 통해 또래에게 관심을 표현하고 그들과 상호작용하며 점차 성장해감에 따라 좀더 복잡한 놀이를 하게 된다.

또래관계는 기질, 환경, 성별, 이전의 경험, 어머니와의 애착 등 다양한 변인(임은혜, 2005; 최서윤, 2002)에 영향을 받으나 그 중 많은 영향을 미치는 변인 중 하나로 교사와의 관계를 들 수 있다. 예를 들면 정미조 · 김희진(2009)의 연구에서 갈등적인 관계에 있다고 교사가 인식한 영아는 실제로 교사, 또래와 부정적 상호작용을 많이 했으며, 교사가 영아와의 관계를 긍정적으로 인식할수록 실제 또래, 교사와의 관계에서 부정적인 상호작용을 적게 하는 것으로 나타났다. 또한 이 연구에서 만 2세 영아는 또래관계가 활발히 이루어지며 긍정적인 상호작용이 부정적인 상호작용보다 많이 이루어졌지만, 영아들은 발달상 사회적 기술이 부족해 또래관계에서 갈등과 좌절을 겪기 쉬움을 지적하였다. 따라서 교사는 영아가 또래와의 관계에서 사회적 기술을 습득하여 사용할 수 있도록 영아기의 사회성 발달의 특징과 효과적인 상호작용 방법에 대해 숙지하여야 할 것이다.

2세아의 사회성 발달의 특징과 활용 가능 프로그램에 대해 〈표 14-6〉에 나타내었다.

표 14-6 2세아 사회성 발달의 특징과 활용가능 프로그램

개월	사회성 발달 특징	활동 가능 프로그램
25-30개월	• 독립심을 보인다. • 성인에게 관심을 끈다. • 다른 사람의 감정을 알고 감정을 나타낸다. • 내것, 너의 것을 이해하고 나누기, 다른 사람을 돕는 것이 가능하다. • 또래를 주의 깊게 관찰 모방한다. • 병행놀이를 한다. • 자신을 독립적인 존재로 인식하며 사회적 요구에 순응하는 행동을 할 수 있게 된다.	• 타인의 감정을 인식하기 • 타인의 감정을 표현하기 • 자기 기술에 대한 인식하기 • 독립성 보이기 • 나누어 쓰고 다른 사람 돕기 • 평행놀이 참여하기
30-36개월	• 2~3명의 영아와 놀이할 수 있고, 협동적 놀이를 시작한다. • 다른 사람에게 끊임없이 명령을 하고 명령이 받아들이기를 기다린다.	• 도움 청하기 • 타인에게 지시하기 • 소유행동하기 • 공유하기

개월	사회성 발달 특징	활동 가능 프로그램
	• 자신이 의도한 것과 의도하지 않은 행동 구별한다. • 소유욕이 강한 행동을 한다 • 다른 사람에게 도움을 청한다. • 차례를 지킨다.	• 차례지키기 • 협동적으로 놀기

출처: 심성경 외(2013), 전남련 외(2014). 참조 재구성.

2. 유아기 사회성 발달

1) 사회성 발달의 특징

유아기는 유치원과 어린이집 등 기관에 다니게 되면서 지금까지 가족 내에 머물던 것에서 벗어나 또래와 교사 등의 관계를 형성하고, 다양한 매체와 지역사회의 영향을 받으며 폭넓은 대인관계를 형성한다.

유아는 이러한 사회화를 통하여 사회성이 길러지고 사회화는 사회성을 바탕으로 이루어진다. 일반적으로 사회성이 '높다' 또는 '낮다'라고 말할 때 그 의미는 유아가 속한 사회에 잘 적응하는 정도를 의미한다. 사회성이란 개인이 사회적 또는 집단적 상황에서 적절히 적응하고 조절하는 행동의 경향 또는 행동의 특성으로 개인의 사회적응성과 대인관계의 원만성이라고 정의할 수 있다(최윤정, 2015)

유아는 자아를 인식하며 자신과 타인의 정서를 이해할 수 있고, 정서를 통제할 수 있다. 그리고 유아는 타인과의 상호작용을 통해 보다 세련된 사회적 관계를 넓혀 나갈 수 있다. 또한 유아는 애착을 형제, 조부모를 비롯한 다양한 인물들에게로 확장시킨다. 이런 애착은 양육자에 대한 애착의 질과 같은 특성을 가진다.

유아의 사회성의 발달은 유아들이 사회적 접촉을 어떻게 하고, 가족 외에 사람들, 특히 같은 연령의 또래 유아들과 어떻게 어울려야 하는가를 배운다. 이들은 어떻게 순응하고 또 어떻게 협동적으로 놀이를 할 것인가를 배운다.

이와 같은 유아의 사회성 발달의 특징을 정리하면 〈표 14-7〉과 같다.

표 14-7 사회성 발달의 특징

연령	사회성 발달의 특징
3세	• 또래아이와 놀지만 나란히 앉아서 따로 논다. • 남자와 여자를 분류할 수 있다. • 또래에게 질투심을 보이는 등 변덕스럽다. • '싫어'라는 말을 자주하고 특정한 사람이나 사물을 무서워한다.
4세	• 동성인 또래를 좋아하고 역할놀이를 할 수 있다. • 공격적인 행동이 가장 많이 나타나는 시기이다. • 규칙적으로 학습할 수 있고, 가끔 남을 도와주는 행동을 한다.
5세 이후	• 또래 친구가 생기고 규칙 있는 놀이나 또래와 함께하는 놀이를 할 수 있다. • 공격적인 행동이 줄고, 신체적인 공격보다 언어적 공격이 증가한다. • 개인의 성이 상황의 변화나 소망과 상관 없이 변하지 않는다는 것을 안다.

출처: 심성경 외 (2010).

2) 자아개념의 발달

(1) 자아개념의 발달

유아는 자신이 다른 사람과 분리되어 있으며 다르다는 것을 분명히 이해하면서 자신을 정의하기 시작한다. 대상으로서의 자아개념은 나를 대표하는 일련의 특성으로 구성된다. 2세 6개월에서 6세 사이에는 범주적 판단에 의한 자신을 정의한다. 5세 이후에는 연령, 체격, 성을 포함하여 전체적인 범위의 차원에서 자신을 매우 구체적으로 설명할 수 있다. 즉, 자신을 연령(나이가 많다/어리다), 크기(크다/작다), 성(남자/여자)에 초점을 맞추어 한 범주에 놓는다. 또한 내면의 자아와 외부의 자아를 구분한다. 그러나 이 때는 아직 자신의 내적인 특질보다는 외모에 대하여 주의를 기울여 자신을 시각적인 특징, 즉 자신이 어떻게 생겼는지, 무엇을 가지고 노는지, 자신은 어디에서 사는가? 자신은 무엇을 잘하고 무엇을 잘못하는가와 관련해서만 설명한다.

즉, 유아기에는 자신이 다른 사람과 분리된 실체라는 사실을 깨닫지만 자아개념은 피상적이다. 유아들에게 자신을 표현해 보라고 하면 '나는 4살 남자예요, 나는 키가 커요, 나는 그림을 잘 그려요,'라는 식으로 자신을 설명한다. 이와 같이 3-5세 유아들의 자아개념은 자신과 타인을 성별, 나이 등의 범주에 따라 구분하는 '범주자아'적 특성을 지닌다.

자신의 내적인 특성이나 또래 비교를 통한 자기개념은 6-8세 되어야 나타나기 시작한다. 아동기 이후 자아개념이 더 통합되고 사회적인 비교룰 통해 분화되며, 외적인 특성을 묘사하는 것을 벗어나 자신의 가치, 신념, 사상 같은 내재적이고 심리적인 특성을 중심으로 자신을 묘사하게 되는 변화를 보인다(문정화 외, 2008).

다음의 〈표 14-8〉은 유아기 자아개념의 연령별 발달 수준에 대한 것이다.

표 14-8 자아개념의 연령별 발달 수준

연령	자아개념 발달
3-5세	• 3-5세 유아들의 자아개념은 자신과 타인을 성별, 나이 등의 범주에 따라 구분하는 '범주자아'적 특성을 지닌다.
6-8세	• 자신의 내적인 특성이나 또래 비교를 통한 자기개념은 6-8세 되어야 나타나기 시작한다. • 아동기 이후 자아개념이 더 통합되고 사회적인 비교룰 통해 분화되며, 외적인 특성을 묘사하는 것을 벗어나 자신의 가치, 신념, 사상 같은 내재적이고 심리적인 특성을 중심으로 자신을 묘사하게 되는 변화를 보인다('내 친구들만큼 야구를 잘하지 못한다'고 함).

출처: 박찬옥(2015)

(2) 타인에 대한 이해

타인을 이해하기 위해서는 인간 자체로서의 타인에 대한 이해가 필요하고 타인의 행동의 의미에 대한 이해가 필요하다. 아동의 대인지각을 알아보기 위해서는 아동에게 아동이 잘 알고 있는 사람에 대해 진술해 보게 하는 방법과 타인의 시각적, 감정적, 인지적 조망수용을 알아보는 방법이 있다. 타인의 행동에 대해서는 행동의 의도와 원인에 대한 추론능력을 알아볼 수 있다.

사회인지의 발달을 설명하는 이론 중 하나가 Selman의 역할수용(role-taking)이론이다. 역할수용이란 다른 사람의 입장이 되어 그 기분을 이해하는 능력이다. 역할수용 능력은 자신에 대한 타인의 이해 뿐만 아니라 타인에 대한 이해를 높이기도 한다. 즉, 역할수용 능력이 뛰어난 아동은 친구의 욕구에 민감하고 보다 효율적인 의사소통을 하게 된다.

Selman(1980)은 사회적 역할수용의 발달을 5단계로 나누어 설명하였다.

1단계는 자기중심적 미분화 단계(3-6세)로서 이 단계의 유아는 자신의 입장과 다른 사람의 입장을 구별하지 못한다. 어떤 상황에서 상대방이 어떻게 느끼겠는가를 물어 보면 그들은 자신의 느낌을 말한다.

2단계는 주관적 역할수용 단계(5-9세)이다. 이 무렵의 아동은 다른 사람들은 다른 생각을 가지고 있다는 것을 깨닫기 시작하지만 왜그런지는 이해하지 못한다. 단지 눈에 보이는 사실에 근거로 결론을 내린다.

3단계는 상호적 역할 수용 단계(7-12세)로서 아동기에 해당한다. 이 단계는 다른 사람의 관점을 이해하게 된다. 이러한 능력으로 인해 그 누구의 관점도 옳은 것은 아니라는 사실을 깨닫는다. 다른 사람의 관점도 자신의 관점과 마찬가지로 옳을 수 있다는 것을 이해하게 된다.

4단계는 제3자적 역할수용 단계(10-15세)로서 청소년은 이제 자신의 관점, 상대방의 관점, 제3자의 관점까지 이해할 수 있다.

5단계는 사회관습적 역할수용 단계(12-성인)로서 청년은 이제 상호적 역할수용이 항상 완전한 이해를 가져오지 않는다는 것을 깨닫게 된다. 이 단계에서는 모든 사람들이 공유하는 사회적, 관습적, 법적, 도덕적 관점의 복합적, 상호적(일반타자)

역할수용이 필요하다는 것을 깨닫는다.

다음의 〈표 14-9〉는 Selman(1980)의 아동기의 사회적 역할수용의 발달 단계를 제시한 것이다.

표 14-9 사회적 역할수용의 발달 단계

연령	사회적 역할수용 발달단계
3–6세	자기중심적 미분화 단계(3–6세)로서 이 단계의 유아는 자신의 입장과 다른 사람의 입장을 구별하지 못한다. 어떤 상황에서 상대방이 어떻게 느끼겠는가를 물어 보면 그들은 자신의 느낌을 말한다.
5–9세	주관적 역할수용 단계(5–9세)이다. 이 무렵의 아동은 다른 사람들은 다른 생각을 가지고 있다는 것을 깨닫기 시작하지만 왜그런지는 이해하지 못한다. 단지 눈에 보이는 사실에 근거로 결론을 내린다 (5세 반이 되면 상대방의 고의적인 행위와 우발적인 행위를 구별).
7–12세	상호적 역할수용 단계(7–12세)로서 아동기에 해당한다. 이 단계는 다른 사람의 관점을 이해하게 된다. 이러한 능력으로 인해 그 누구의 관점도 옳은 것은 아니라는 사실을 깨닫는다. 다른 사람의 관점도 자신의 관점과 마찬가지로 옳을 수 있다는 것을 이해하게 된다(7세 이전에는 친구를 묘사하는데 소유물, 가족, 집, 구체적인 행동 등을 묘사하지만 7세 이후에는 주위사람에 대해 심리적 속성, 특질, 능력 등으로 묘사한다(예: "영희는 친절하다").

출처: 정옥분(2004).

(3) 자기통제의 발달

자기통제라 함은 목표를 달성하기 위해 순간의 충동적인 욕구나 행동을 억제할 수 있는 능력을 말한다. 자기통제 능력은 유혹에 저항하는 능력, 만족을 지연하는 능력, 충동을 억제하는 능력으로 구성되어 있다.

나이가 들어가면 부모는 유아가 자신의 행동을 조절할 것을 요구한다. 스스로 하여금 자신의 이동, 언어적 행동을 통제하도록 가르치고 정서도 적절히 관리하도록 가르친다. 점차 대·소변도 가리고, 짜증도 부리지 말고, 엄마를 발로 차지

말고, 친구를 때리지 말고, 놀고 나면 장난감을 치우도록 가르친다. 이러한 자신의 행동에 대한 책임감은 날이갈수록 커진다. 즉, 자기통제란 양육자나 다른 어른의 기대에 일치시키는 것이며, 특히 그들이 옆에 없을 때 매일의 생활에서 자신의 행동을 조절하는 것이다.

다음은 유아의 사회적 기술 중 자기통제 기술을 표로 나타낸 것이다.

표 14-10 유아기의 자기통제 기술

범 주		내 용
자기통제	정서 조절	• 자신 및 타인의 감정 인식하기 • 자신의 감정을 긍정적으로 표현하기 • 분노 감정 다루기 • 거절과 금지 수용하기
	행동 조절	• 계획한 대로 실행하기 • 맡은 일 열심히 하기 • 마무리 잘하기 • 상황에 맞게 욕구 지연시키기

출처: 이옥주(2006).

따라서 자기통제 발달에 대해 두 가지 가정을 할 수 있다(정옥분, 2004). 첫째, 아동들의 행동은 거의 전적으로 외적인 감독(부모등에 의한)에 의해 통제된다. 둘째 연령이 증가하면서 아동이 자기통제의 가치를 만족하는 규준을 채택하게 되고, 규준을 따르게 해 주는 자기 규제의 기술을 습득함에 따라, 자기통제는 점차 내면화되어 스스로 통제할 수 있게 된다.

3) 친사회적 행동의 발달

유아의 사회적 발달에서 가장 큰 관심을 기울여야 할 영역 중의 하나는 친사회적 행동의 발달이다. 친사회적 행동이란 감정이입, 나누기, 관대함, 차례 지키기, 도움

주기 등과 같은 긍정적인 사회적 행동으로 사람들 사이의 우호관계를 촉진시키거나 유지하는 행동을 의미한다. 이러한 친사회적 행동은 다른 사람과 잘 지내기 위해서 필요한 특성들이며 행동적 모델을 통해서 가르칠 수 있다. 사회성을 발달시키는 친사회적 행동의 근간이 되는 기본요소는 감정이입으로 설명될 수 있다.

(1) 감정이입

감정이입은 모든 친사회적 행동의 기초가 된다. 아이가 다른 사람의 마음을 읽을 수 읽는 능력, 즉 다른 사람의 느낌이나 생각을 이해하는 것을 감정이입이라 한다. 다른 사람의 정서적 상태를 이해하고 그 사람과 같은 정서적 상태를 갖는 것이다. 이 능력을 갖추기 전에는 다른 사람을 돕거나, 다른 사람과 나누어 갖거나, 남을 동정하기는 어렵다. 자아중심성에서 벗어나야만 타인에 대한 감정이입적인 관심을 표현할 수 있다.

Hoffman(1987)은 감정이입의 발달을 4단계로 설명했는데 첫 단계에서는 영아가 자신과 다른 사람의 존재를 구분하지 못하며, 두 번째 단계에서는 자신이 아니라 다른 사람이 고통을 당하고 있다는 것을 이해는 하지만 그 사람이 자신과 다른 감정이 있다는 것을 이해 못해 다른 사람의 고통에 부적절하게 반응한다. 세 번째 단계에서는 유아가 다른 사람은 자신과는 다른 감정을 가질 수 있다는 것을 깨닫고, 이제 다른 사람의 고통의 원인을 찾아 해결하려고 하며, 마지막 단계에서는 다른 사람이 고통받는 것을 직접 보지 않더라도 상상하는 것만으로 감정이입이 가능하다고 보았다.

감정이입의 연령별 발달단계(정옥분, 2015)를 살펴보면 다음과 같다.

표 14-11 감정이입의 연령별 발달단계

연령	감정이입의 발달 내용
0–1세	• 영아는 자신을 다른 사람과 구분하지 못하기 때문에 다른 사람에게 일어난 일을 자신에게 일어난 일인 것처럼 행동한다. 주변의 영아가 강한 정서를 표출하면 같은 정서를 보인다.
1–2세	• 인간영속성의 개념을 획득하게 되는 단계로 자신이 아니라 다른 사람이 고통을 당하고 있다는 것을 이해한다. • 고통에 대한 반응으로 그 사람이 자신과 다른 감정이 있다는 것을 이해 못해 다른 사람의 고통에 부적절하게 반응한다 (장난감 때문에 싸워서 울고 있는 친구를 달래기 위해 자신이 좋아하는 자동차를 가져다 주는 등의 자아중심적 감정이입을 보임). • 상대방이 울면 함께 우는 것과 같은 공감적 반응을 보인다.
2–3세	• 유아는 다른 사람은 자신과는 다른 감정을 가질 수 있다는 것을 닫고, 이제 다른 사람의 고통의 원인을 찾아 해결하려고 한다. • 고통받는 사람의 존재가 자기 눈앞에 있을 때만 감정이입이 가능하다. • 곤경에 처한 또래에 대해 이타적 행동을 보이고, 위로하고 도와주려는 행동이 나타난다 (자발적인 자기 희생적 친사회적 행동은 드물다).
4–9세	• 직접 눈앞에 보이지 않는 다른 사람의 고통을 상상만으로도 감정이입할 수 있다. • 상상을 통하여 극빈생활을 동정할 수 있는 아동은 그들이 눈앞에 없을 때도 이타행동을 하려고 노력할 수 있다.

출처: 정옥분(2015).

(2) 친사회적 행동발달에 영향을 미치는 요인

유아의 친사회적 행동의 발달에 영향을 미치는 요인으로는 부모와 주변환경, 교육환경 등의 환경적 요인과 도덕성 발달 및 인지발달 등 개인적인 요인으로 구분할 수 있다.

① 환경적 요인

첫째, 부모에게서 사랑받고 지지받으며 생활하는 유아는 남을 잘 도우며, 감정이입적이고, 사려가 깊은 것을 볼 수 있다.

둘째, 가정이나 유아교육기관에서 친사회적 행동의 모델을 많이 보여주고, 다른 사람을 실제로 돕는 일을 할 기회를 주었을 경우 유아의 이타적인 친사회적 행동이 나타남을 알 수 있다.

셋째, 유아가 생활하는 주거 환경 주변의 이웃과 유아가 자주 접하는 매스미디어 등은 유아가 남을 돕는 마음을 갖고 구체적인 실천을 할 수 있는 기쁨을 자연스럽게 알게 한다.

② 개인적 요인

첫째, 친사회적 행동을 하기 위해서는 행위의 옳고 그름을 판단하는 도덕성과 타인의 아픔에 대한 공감능력이 친사회적 행동을 뒷받침할 수 있다.

둘째, 조망수용 능력과 문제해결 능력을 통해 도와줄 상황에서 적절한 행동을 선택하고 수행할 수 있다.

이타행동을 하는 심리적 특성과 관련된 요인으로 다음의 몇 가지가 이타행동의 동기가 되어 남을 도와주는 행동을 하게 한다.

첫째, 죄책감을 느낀 사람일수록 남에게 도움을 주는 경향이 높다. 이는 남을 도와주는 행동을 통해 죄책감을 조금이라도 감소시키려는 심리적 해소책 때문이라 할 수 있다. 또한 불평등한 특혜에 의한 불형평감을 많이 느낀 사람도 위의 범주에 속한다.

둘째, 어려움에 처한 사람과 감정이입적 공감을 느낄 때 도움행동의 경향이 짙다. 특히 다른 정서에 비해 다른 사람에 대한 슬픈 감정이 크면 클수록 더욱 도움행동의 경향이 짙다.

셋째, 도움을 받는 사람이 좋아하는 사람일수록, 도움받을 자격이 있는 사람일수록 도움행동의 빈도수가 높다. 도움을 받을 사람과 관계가 좋은 쪽으로 깊으면 깊을수록 도움행동의 빈도수는 높아진다.

이외에도 도움행동에 영향을 미치는 개인의 내적 상태로 기분이 좋은 것을 들 수 있다. 기분이 좋을 때는 그렇지 않을 때보다 도움행동이 증가된다.

이타적 행동을 통해서 느끼는 만족은 그것 자체가 곧바로 내적 보상이 되어 이타적 행동을 강화한다. 이와 같은 이타적 행동의 출현은 아동의 자기중심성이 점차 감소되어 타인의 입장까지도 이해할 수 있는 인지능력이 발달함으로써만이 가능하다.

이타성을 나타내는 대표적인 행동 양식으로는 다른 아동에게 기꺼이 물질적인 혜택을 주는 것으로 기증, 자선, 양도 등을 하는 경우와 실질적인 물질적 혜택은 아니지만 고통 속에 있는 다른 아동을 기꺼이 도와주려는 심리적 행동으로 이타성을 나타내는 방법이 있다.

(3) 사회적 인지의 발달

사회적 인지란 인간과 인간의 활동에 대한 지식, 자신과 타인에 대한 지식, 사회적 상황이나 구조 속에서 일어나는 상호작용을 위한 역할이나 규칙에 대한 지식이다. 아동은 사회적 상황에서 각자 독특한 방식으로 행동하고 반응한다. 그러한 행동과 반응은 모두 아동 각자가 가지고 있는 사회적인 지식이 바탕이 되어 일어나게 된다. 이렇게 다양한 사회적 상황에서 다른 사람과의 상호작용을 하는데 개입되는 다양한 사회적 문제를 해결하기 위해서 알아야 할 지식들이 바로 사회적 인지의 내용이 된다. 사회인지 능력이 아동의 사회적인 유용성을 높인다는 많은 연구를 보면 사회적응을 위해서는 사회인지 능력이 발달해야 한다. 또래관계에 문제가 있는 아동의 경우 일반적인 인지능력에는 문제가 없으나 사회인지 추론 능력에서는 또래와의 정상적인 관계를 맺는 것이 어렵다는 사실을 말해 준다. 즉 아동이 자라나는 동안 타인과 관계를 맺으며 살아가기 위해서는 사회인지의 발달이 필수적이다.

(4) 친사회적 행동의 영역과 교사의 역할

유아기는 친사회적 행동을 발달시킬 수 있는 최적의 시기이다. 사람들을 돕고, 나누는 것을 자주 관찰한 유아들은 친사회적으로 행동하고 성인이 따뜻하고 지지적이면 성인과 안정된 애착을 형성하고 친사회적 행동을 한다.

김영옥(2003)의 유아의 친사회적 행동의 7가지 하위영역은 접근하기, 나누기, 주도적 배려, 의사소통, 도움주기, 지도성, 감정이입 및 조절로 구성되었다. 하위영역과 내용을 구체적으로 살펴보면 다음의 〈표 14-12〉와 같다.

표 14-12 유아의 친사회적 행동의 7가지 하위영역 및 내용

하위영역	내용
접근하기	친밀한 관계를 맺고 유지하기 위하여 유아가 언어적 전달, 신체적 접촉 등의 방법으로 또래에게 접근할 수 있는 능력
나누기	또래와 자신 소유의 놀이장소, 놀이기회, 소유물을 나눌 수 있는 능력
주도적 배려	또래와의 관계에서 요구하지 않아도 유아 자신의 능력, 상황, 물건 등을 활용하여 또래에게 배려해 주는 능력
의사소통	또래의 상황에 관심을 가지고 참여 및 수용하기 위하여 나타내는 유아의 언어적, 비언어적 능력
도움주기	또래가 언어적과 비언어적으로 도움을 요청시 도움 필요한 상황을 인식하여 자신의 조건을 활용하여 도움을 주는 능력
지도성	또래와의 관계에서 스스로의 행동 관리 및 조절하여 또래와의 사회적 관계를 바람직한 방향(친사회적)으로 이끌 수 있는 능력
감정이입 및 조절	친밀한 관계를 맺고 유지하기 위하여 스스로의 감정을 조절하고 공감 및 감정이입할 수 있는 능력

출처: 손정아(2015).

유아의 친사회적 행동 증진을 위한 교사의 역할은 다음과 같다(손정아, 2015).

첫째, 유아가 친사회적 행동을 하는지 잘 관찰한다.

둘째, 유아에게 도와달라고 직접 요청한다.

셋째, 도움이나 협동을 필요로 할 때 이를 인식시키고, 결정을 하도록 한다.

넷째, 타인에게 도움이나 협동을 요청하는 신호를 가르친다.

다섯째, 협동을 하지 않을 상황에 대해서 논의한다.

여섯째, 친사회적 행동을 할 때 긍정적인 태도와 보상한다.

일곱째, 다양한 친사회적 행동을 보여준다.

여덟째, 교사는 다른 유아가 모델이 된 친사회적 행동을 지적해준다.

아홉째, 유아의 친사회적 자아상을 발달시키기 위해 긍정적 귀인을 사용한다.

참고 문헌

곽금주, 김수정(2007). 영아기 기질의 발달적 변화와 영아기 사회적 부적응 행동 간의 관계. 한국아동학회, 28(6), 183-200.

곽금주, 김연수(2014). 영아발달. 서울: 학지사.

곽승주(2003). 영아-교사 간 상호작용에 관한 문화기술적 연구: 2세 영아를 중심으로. 성신여자대학교 대학원 석사학위논문.

강문희, 정정옥, 김승경(2006). 영유아 발달의 이해. 서울: 신정.

김연진(2014). 영아발달. 서울: 태영출판사.

김영명(1997). 어머니 및 보육교사에 대한 유아의 애착안정성에 따른 정서적 행동문제. 서울대학교 대학원 석사학위논문.

김영옥(2003). 유아의 친사회적 행동 평가 척도 개발 연구. 한국아동학회지, 24(5), pp. 105-118

김현호, 오선영, 윤경옥, 이선원, 최용득, 현영렬(2014). 영아발달. 경기: 정민사.

박지선(2000). 영유아의 교사 및 또래와의 사회적 상호작용에 관한 연구. 덕성여자대학교 대학원 석사학위논문

박찬옥, 서동미, 엄은나(2015). 유아사회교육. 정민사.

손정아(2015). 유아의 정서지능과 친사회적 행동증진을 위한 정서활동프로그램 개발. 경남과학기술대학교 석사학위논문.

손혜숙(1998). 어머니와 교사의 복합애착 유형에 따른 유아의 자아개념 및 사회성에 관한 연구. 중앙대학교 대학원 박사학위논문.

신지연, 최석란(2005). 1, 2세 영아의 어머니와 보육교사에 대한 복합 애착과 사회 · 정서적 행동. 아동학회지, 26(1), 137-154.

심성경, 김경의, 이효숙, 변길희, 박유미, 박주희(2010). 아동발달. 서울: 학지사.

심성경, 송화진, 변길희, 김나림 박주희(2013). 영아발달. 경기: 공동체.

심숙영(2013). 애착 유형에 따른 정서지능 및 사회지능 간의 구조분석. 아동교육연구, 22(4), 45-62.

심숙영(2014). 영유아 사회정서행동. 경기: 교육과학사.

윤경희(1998). 영아의 자아인식에 관한 연구. 성신여자대학교 대학원 석사학위논문.

이경님(2014). 영아발달. 동아대 출판부.

이경희(2000). 아동발달과 부모교육. 경기: 교문사.

이영애(2012). 아이의 사회성 : 세상과 잘 어울리고 어디서나 환영받는 아이로 키우는 양육법. 서울: 지식채널.

이영자, 유효순, 이정욱(2001). 유아사회교육. 경기: 교문사.

이옥주(2006). 유아사회교육의 교수 내용 지식에 관한 연구. 덕성여자대학교 박사학위논문.

이원영, 조희숙(1999). 유아의 어휘력, 이야기 이해능력 및 인쇄물 인식능력간의 관계 연구. 유아교육논총, 9, 133-154.

이은해(1995). 아동발달의 평가와 측정. 경기: 교문사.

이주혜(1981). 유아의 낯가림 및 분리불안과 어머니의 양육태도와의 관계. 성균관대학교 대학원 석사학위논문.

임승렬(2010). 영아보육과정 운영과 실제. 경기: 교문사.

임은혜(2005). 영아의 기질에 따른 기관 적응 및 또래와의 비언어적 상호작용에 관한 연구. 덕성여자대학교 대학원 석사학위논문.

장영희(1987). 영아의 사회적 행동에 대한 연구: 어머니 및 또래와의 관계를 중심으로. 이화여자대학교 대학원. 박사학위논문.

전남련, 김기선, 이옥임, 남궁기순, 한혜선, 심현임, 이미향, 김인자, 이선명, 김정희, 이재영, 이은기(2014). 영아발달. 경기: 양서원.

정미조, 김희진(2009). 교사가 인식한 영아-교사 관계와 놀이시 나타난 영아-교사 및 영아-또래 상호작용. 아동학회지, 30(3), 99-112.

정옥분(2004). 영유아 발달의 이해. 서울: 학지사.

정옥분(2006). 사회정서발달, 서울: 학지사

정옥분(2015). 영유아 발달의 이해, 서울: 학지사

정옥분(2012). 영아발달. 서울: 학지사.

조복희(2014). 영아발달. 경기: 교육과학사.

조숙진(2010). 영아-교사의 애착 증진을 위한 음률활동 프로그램 개발 및 효과. 배재대학교 대학원 박사학위논문.

존 가트만, 조벽, 최성애(2011). 내 아이를 위한 감정코칭. 한국경제신문사.

주영은(2009), 감각운동 중심 영아프로그램이 운동능력과 애착관계에 미치는 영향: 6~12개월 영아를 중심으로. 성신여자대학교 대학원 박사학위논문.

최경숙, 박영아(2005). 아동발달. 서울: 창지사.

최서윤(2002). 영아와 어머니의 애착안정성에 따른 사회적 놀이행동. 이화여자대학교 교육대학원 석사학위논문.

최윤정, 장세희(2015). 유아사회교육. 경기: 공동체

한유미(2014). 영아발달. 서울: 창지사.

허윤진(2002). 어머니와의 분리 경험과 타인 양육의 특성이 모-자간 애착에 미치는 영향. 서울여자

대학교 특수치료전문대학원 석사학위논문.

Ainsworth, M. D. S.(1967). Infancy in Uganda. Baltimore: Johns Hopkins Univesity Press.

Berk, L. E.(2000). Child Development(5th Ed.). Boston: MA: Allyn & Bacon.

Berk, L. E.(2008). Infant & Children(6th Ed.). MA: Addison-Wesley.

Bowlby, John M.(1958). Attachment and loss: Vol. 1. Attachment. New York: Basic Books.

Bowlby(1969). Attachment and loss: Vol. 1, Attachment. New York: Basic Books.

Harper, L. V., & Huie, K. S.(1985). The effect prior group experience, age and familiarity on the quality and organization of preschoolers' social relationship. Child Development, 56, 704-717.

Hoffman (1987). The contribution of empathy to justice and moral judgment. In N. Eisenberg & J. Strayer(Eds.), Empathy and its development Cambridge University Press.

Kail, R. V.(2008). 아동과 발달(Children and Their Development (권민균, 김정민, 최형성 역). 서울: 시그마프레스.

Kostelnik, M. J., et al.(2009). 영유아의 사회정서발달과 교육(박경자 공역). 경기: 교문사.

Lewis, M & Brooks, J.(1978). Self-knowlwdge in emotional development. In M. Lewis & L. Rosenblum(Eds.), The development of affect(pp. 205-226). New York: Plenum.

Lewis, M., & Sullivan, M. S., Sranger C., & Weiss, M., (1989). Self development and self concious emotion. Child Development, 160, 146-15.

Miller. S. A.(1998). Develpoment Research Methods(2th ed.). NJ: Prentice-Hall. p. 175.

Rochat, P.(2001). The infant's world. Cambrige: Havard University Press.

Sarason, B. R. (1981). The dimerision of social competence: Contributions from a variety of research areas. In J. D. Sargent (series Ed.) & G. A. Robinson (Vol. Ed.), Instructional interrentions to improve social competence: Vol. 2. Best practices in mental disabilities.

Selman, R. (1980). The growth of interpersonal understanding. New York: Academic Press.

제 4 부

영유아발달과 생태환경

제15장

가정내적 환경

1. 가정내적 환경과 영유아발달
2. 발달에 영향을 미치는 가정내적 환경

1. 가정내적 환경과 영유아발달

인간이 태어나면서 최초로 접하게 되는 환경이자 기본적인 사회집단은 가정이다. 가정환경은 양육환경 만큼이나 인간의 생애 발달에 많은 영향을 미치는 중요한 요소라고 할 수 있다. 왜냐하면 가정환경이 단순한 물리적인 환경만을 나타내는 것이 아니라 유아에게 영향을 주는 모든 조건과 자극과 작용, 즉 가족 간의 관계, 가족원의 구성, 가정의 사회 · 경제적 지위, 교육방식 등을 설명해 주기 때문이다(이미옥 · 고정자, 1992).

김호정(2003)은 영유아기에 인간의 발달과정이 급격하게 이루어지므로 이 시기에 주어지는 환경은 개인의 여러 가지 특성을 결정짓는데 큰 작용을 한다고 하였다. 나아가 단계적인 발달은 각 발달단계마다 중요한 의미를 지니기 때문에 유아기의 초기 환경이 중요하다고 하였다.

김혜경(2001)은 가정환경은 처음으로 인간에게 영향을 미치는 것이며, 이는 영유아의 성장과 발달에 직접적으로 영향을 주는 1차적 환경으로 영유아의 인지, 언어발달 등의 환경자극이 포함된다고 하였다. 이처럼 가정은 출생하면서부터 운명적으로 맺는 사회적 집단으로 개인이 최초로 모든 경험을 습득하게 되는 장이며, 행동의 기초를 확립하게 되는 장소이기 때문에 개인에게 미치는 영향이 클 수 있다. 이처럼 가정환경은 영유아에게 중요한 변인으로 자리잡고 있다.

이처럼 가정환경에서 오는 기대와 압력으로 인해 유아의 행동과 태도는 일정한 방향으로 규정되어진다. 가정환경과 결부된 가치는 영유아들의 동기, 성격특성, 태도 등에 영향을 미친다. 가정환경이 "좋다"는 것은 바로 가정환경이 교육적으로 되어 있기 때문에 그 환경에서 자라는 영유아에게 교육적으로 긍정적인 최대한의 성장과 발달을 가져올 수 있는 조건이 구비되어 있다는 것을 의미한다.

가정환경과 관련하여 오래전부터 많은 연구자들은 영유아의 발달에 영향을 미칠 수 있는 다양한 가정환경 요인들을 규명하고자 노력해 왔다. 그 중 대표적인 연구가 미국 시러큐스(Syracuse)대학교의 콜드웰(Caldwell)과 브래들리(Bradley)가 중심이 된 초기학습 프로젝트(Syracuse Early Learning Project)이다. 이들은 단기적으로는 발달에 장애가 있는 영유아를 위하여 이에 영향을 미칠 수 있는 가정환경의 구체적인 면을 측정할 수 있는 도구를 개발하는 것을 목표로 하였으며, 장기적으로는 가정환경 안에서 영유아에게 유용한 사회적, 정서적, 인지적 지지의 질적인 면과 양적인 면의 지표를 제공하는 것을 목표로 하였다. 이들은 초기의 발달과 가정 특성과의 관계에 대한 실증적인 자료를 위한 조사연구와 여러 발달이론, 전문가들의 의견을 종합하여 0-3세 유아와 3세 이상 초등학교 저학년을 위한 가정환경 자극목록(Home Observation for Measurement of the Environment: HOME)을 작성하였다. 0-3세용 HOME은 6가지 하위변인으로 구성되었다(Caldwell, 1984).

① 어머니의 정서적, 언어적 반응성(emotional and verbal responsivity of the mother)
② 제지와 벌을 피하는 정도(avoidance of restriction and punishment)
③ 물리적 환경의 조직화(organization of the physical and temporal environment)
④ 적절한 놀잇감의 구비 상태(provision of appropriate play materials)
⑤ 어머니의 모성적 태도(maternal involvement with the child)
⑥ 일상생활에서 주는 자극의 다양성(opportunities for variety in the daily routine)

2. 발달에 영향을 미치는 가정내적 환경

영유아발달에 영향을 미치는 결정적 요인은 유전적, 생물학적 요인을 포함하는 개인적 특성(individual), 영유아를 가장 가깝게 둘러싸고 있는 가족, 가족이 거주하고 있는 거주지 및 관계적 공동체, 영유아발달에 개입하는 프로그램과 서비스, 광역 및 국가 수준, 전 지구 차원, 시민사회 등으로 구분할 수 있으며(WHO, 2007), Bronfenbrenner(1979)는 영유아 개인의 생물학적 요인과 이를 둘러싸고 있는 미시적, 거시적, 환경적 요소들의 상호작용을 통해 영유아의 발달이 결정된다고 주장하였다.

영유아발달에 직접적 영향을 미치는 가정내적 환경으로 크게 구조적 측면과 부모와 유아와의 관계 및 상호작용에 영향을 미치는 내재적 측면으로 나눌 수 있다.

표 15-1 영유아발달에 영향을 미치는 구조적 측면과 내재적 측면

구분	구성 요소
구조적 측면	가족의 사회 · 경제적 지위, 이혼으로 인한 한부모 가정, 어머니의 취업 여부, 가정 내의 형제 자매 수와 유아의 순위 등으로 구성
내재적 측면	양육 태도, 부모가 생각하는 자녀가치, 양육지식, 양육스트레스, 부모의 자기 효능감, 자아 존중감, 부모의 우울감, 결혼 만족도, 부부 갈등, 자녀의 미래 기대 등으로 구성

영유아발달에 영향을 미치는 구조적 측면은 가족의 사회 · 경제적 지위, 가족유형, 어머니의 취업여부, 형제 자매 수, 유아의 순위 등이 있으며, 내재적 측면은 장기적으로 영유아의 발달에 있어서 중요한 요인이며 특히 영유아기의 일관성 있는 돌봄과 애정과 지지는 애착을 공고히 하여 건강한 영유아발달의 주요한 요소로 설명되고 있다. 이 요소 중 양육태도, 양육지식, 양육스트레스는 가장 중요한 요소 중 하나라고 할 수 있다.

1) 부모의 양육과 영유아발달

양육은 부모가 자녀를 양육할 때 자녀의 바람직한 성장과 발달을 위해서 기르고, 가르치는 일반적 · 보편적으로 나타나는 모든 태도 및 행동과 같은 외적 성향을 의미한다. 영유아발달에 영향을 미치는 부모의 양육과 관련하여 양육태도, 양육지식, 양육스트레스에 대하여 살펴보고자 한다.

(1) 양육태도

양육태도란 양육자가 자녀에 대해서 취하는 일반적인 태도와 행동으로 영유아기의 훈육, 생활훈련 및 전반적인 유아의 행위에 대한 부모의 태도이다. 다시 말해 부모의 양육태도란 자녀가 성장하면서 습득해야 할 지식, 도덕관, 행동 등에 관해 부모가 일정한 기준을 만들어 이에 반응하는 용의성 및 내적 활동성을 말한다(정선희, 2002).

영유아가 성장하는 과정에서 중핵적인 환경인 가정환경 중 부모 및 양육자가 어떠한 태도로 키웠느냐 하는 양육태도는 부모 또는 그 대행자가 영유아를 양육함에 있어서 보편적으로 나타내는 태도 및 행동이라고 할 수 있고, 부모가 자녀에게 부여하는 어떤 일정한 정서적 강도를 가지고 반응하는 내적 행동성까지 포함한다. Sullivan에 의하면 생후 몇 개월 동안의 영아는 엄마에 대한 독특한 신체적 공감능력을 가지고 있어서 자동적으로 엄마의 긴장상태를 느끼며, 엄마가 불안을 느끼면 아기도 불안을 느끼고 엄마가 마음을 가라앉히면 아기도 안정을 되찾는다. 이러한 초기의 상호작용은 유아의 후기 태도에 영향을 미친다. 이렇게 볼 때 어머니는 자녀를 키우는 과정에서 의식적 · 무의식적으로 그들 나름대로의 지적 · 정의적 특성을 심어 주기 때문에 영유아발달에 있어서 어머니의 영향은 거의 절대적이라고 할 수 있고 자녀에 대한 어머니의 양육태도는 출생 직후부터 일생을 통해서 중요하다고 볼 수 있다(추미란, 1999).

Mussen 외(1969)는 부모의 양육태도가 자녀에게 미치는 영향에 대해 다음과 같이 주장하였다.

첫째, 부모의 양육태도가 온정적이며 허용적일 때 자녀는 활동적이며, 다정하고, 창의성이 높고, 독립적이며, 사회생활에 단호한 태도를 가진다.

둘째, 부모의 양육태도가 온정적이고 엄격할 경우, 자녀는 부모에게 유순한 태도를 가지며, 규칙을 준수하고 순종적이며 공손하다.

셋째, 부모의 양육태도가 적대적이고 허용적일 경우, 자녀는 공격적이고 조절되지 못한 행동이 극대화된다고 하였다.

넷째, 부모의 양육태도가 적대적이며 엄격할 경우, 자기에 대한 공격성과 사회적으로 위축되는 면과 내면적 갈등의 증상이 극대화된다.

이원영(1983)은 어머니가 과보호적이거나 거부적일 경우 자녀가 의존적이고 퇴행적 행동특성을 나타내며, 오금희(1985)는 어머니의 양육태도가 유아의 도덕적 판단력에 미치는 영향력에 관한 연구에서, 어머니의 양육태도가 애정-자율적일 때 영유아의 도덕적 판단 수준이 높았다고 보고하였다. 박미정(1993)은 애정적이며, 유아중심적 양육태도가 유아의 친사회적 행동을 증가시킨다고 하였으며, 이진희(1998)와 김근화(2005)의 연구에서 어머니의 양육태도가 유아의 사회적 능력과 사회적응 행동에 미치는 영향을 연구하면서 어머니가 유아에게 보다 애정적이고 수용적이며, 독립심을 권장하고 자율적이고 긍정적으로 평가하는 태도로 양육할 때 유아의 사회성 발달이 높아진다고 하였다.

표 15-2 부모의 양육태도와 영유아의 발달특성

학자	부모의 양육태도	영유아의 발달특성
이원영(1983)	과보호적, 거부적	의존적, 퇴행적 행동
오금희(1985)	애정-자율적	높은 도덕적 판단수준
박미정(1993)	애정적, 유아중심적	친사회적 행동 증가
이진희(1998) 김근화(2005)	애정적, 수용적, 독립심 권장, 자율적, 긍정적 평가태도	사회성 발달

따라서 부모의 양육태도는 영유아의 발달에 매우 중요한 영향을 미치며, 자율적이며 애정적인 부모의 양육태도가 유아의 친사회적 행동 및 발달 전반에 긍정적인 영향을 미친다는 것을 알 수 있다.

(2) 양육지식

MacPhee(1984)는 양육지식을 연령에 따라 나타나는 이상적인 유아발달 상태에 관한 내용을 의미하는 발달 지식, 이상적인 영유아의 발달을 촉진하기 위한 바람직한 양육방식, 그리고 유아기 경험의 중요성 및 개인차에 관한 발달원리의 세 가지 개념을 포함한다고 하였으며 이러한 양육지식은 어머니로 하여금 자녀에게 적절한 양육기술을 사용하도록 돕고, 발달에 적절한 환경자극을 제공하게 함으로써 영유아의 발달을 촉진시키는 역할을 한다고 하였다(Shim et al., 2007; Stevens, 1984; 민현숙 · 문현경, 2013).

서소정(Seo, 2006)은 영유아발달에 있어서 적절한 양육지식은 양육기술에 기여하는 중요한 요소 중 하나이며 적절하고 더 많은 양육지식이 있는 어머니가 더 나은 양육행동을 보였을 뿐만 아니라 전반적인 영유아의 발달영역에 있어서 가장 중요한 요인임을 보고하였다.

전반적인 영유아 발달영역에 있어서 여러 변인 중 가장 중요한 요인으로 보고되기도 하며(Seo, 2006), 적절한 양육지식을 갖고 있는 어머니가 더 나은 양육행동을 보여 영유아발달에 영향을 미치게 되어 선진국에서의 성공적인 양육 프로그램의 시행 및 영유아 발달의 중재에 있어서 중요한 요소라고 할 수 있다(Cowan & Cowan, 1995).

(3) 양육스트레스

양육스트레스는 자녀를 양육하는 과정에서 일상적으로 지각하는 스트레스로 부모의 고통, 부모-자녀 간의 역기능적 상호작용, 영유아의 까다로운 기질 등의 하위요인을 포함하고 있으며, 이러한 요인들이 서로 상호작용하고 다차원적인 성질을 갖고 있다(Abidin, 1992; 임순화 · 박선희, 2010). 뿐만 아니라 양육스트레스는 자녀와의 상호작용에 부정적인 영향을 미치며 스트레스 지수가 높은 어머니는 자녀를 적절히 양육하지 못하는 것으로 알려지고 있다(Abidin, 1992). 어머니가 양육스트레스를 많이 경험할수록 영유아의 정서행동 문제가 증가한다고 보고하였으며(정길정 · 배윤정, 2005), 어머니가 양육스트레스를 많이 지각할수록 영유아의 의사소통, 소근육운동, 문제해결, 개인-사회성 발달수준이 낮은 경향을 나타낸다고 보고하였다(민현숙 · 문현경, 2013).

자녀에 대한 태도, 자녀와의 상호작용에 부정적인 영향을 미치는 주요한 변인으로 부모의 우울감, 결혼 만족도, 부부 갈등 등에 영향을 받을 수 있고 이는 부모역할 수행에 부정적인 결과를 가져오게 하며(Abidin, 1992), 양육효능감에 영향을 미쳐 유아의 발달 특히, 언어적 발달에 부정적인 영향을 미칠 수 있다고 보고되고 있다.

이상으로 영유아발달에 영향을 미치는 가정 내적 환경 요인들을 살펴본 결과, 영유아발달에 있어서 유전적 요소가 차지하는 비중은 크나 현대의학의 발달에도 불구하고 조기 개입의 여지 가능성은 많지 않으며, 여러 내적 환경 요소 중 부모의 양육은 가장 강력한 영향력을 주는 단위이자 조기 개입의 근거가 되는 단위라고 할 수 있다.

2) 사회 경제적 지위와 영유아발달

부모의 학력, 직업, 수입 등으로 대표되는 사회 경제적 지위(Social Economic Status: SES)는 영유아를 둘러싸고 있는 가정환경을 결정하는 가장 강력한 요인이며(WHO, 2007), 영유아의 유전적 요소 및 기질적 요소를 제외한 영유아발달에 관여하는 생물학적 요소에 영향을 미칠 수 있는 주요 요인임이 보고되어 왔다(Brooks-Gunn & Duncan, 1997).

사회 경제적 지위는 영유아의 영양, 어머니의 산전 진찰, 예방접종 및 질병에 대한 영유아의 의료에 대한 접근성, 주거환경에 영향을 미치는 중요 요인으로 생물학적으로 발달에 부정적 영향을 미치는 요인들에 관여한다(Bradley & Corwyn, 2002). 뿐만 아니라 사회 경제적 지위는 언어, 인지, 심리사회, 신체적 발달 등 영유아발달 전반에 있어서 직·간접으로 영향을 미치고 있으며(WHO, 2007; McLoyd, 1990), 특히 부모의 사회 경제적 지위가 좋지 않았을 경우, 후기 유아기 때보다 유아 초기 때 더 많은 영향을 미치는 것으로 보고되고 있어 조기 개입의 관점에서도 그 중요성은 크다(Brooks-Gunn & Duncan, 1997).

Bradley와 Corwyn(2002)은 부모의 교육수준과 직업, 그리고 가정 월 소득 등의 영역으로 나누었다. 김지선(2009)은 가정의 수입, 어머니 학력, 어머니 취업특성 등이 유아의 발달에 영향을 미친다고 하였다. 가정 수입이 중산층인 유아가 가장 순종적이고, 공격적이거나 반항적 문제행동을 적게 보인다고 하였으며, 어머니의 학력이 높을수록 유아는 주의집중을 잘하고 사회·정서적으로 유능하며, 외현적 문제행동을 적게 보인다고 하였다. 즉, 부모의 학력과 소득 등을 포함하는 SES는 유아의 발달에 영향을 미친다고 할 수 있다.

(1) 소득수준에 따른 영유아발달의 차이

인적 자본 이론(human capital theory)은 부모의 소득수준에 따라 영유아의 발달에 영향을 미치는 물질적 재화, 서비스, 시간, 교육 지원을 영유아에게 투자하는 정도가 다르며 특히 빈곤이 있는 가정에서는 일상적인 생활비를 제외한 영유아발달에 필요한 재료들에 대한 투자가 이루어지지 않을 경우 낮은 영유아발달 결과를 보인다(Becker & Tomes, 1986; Bradley & Corwyn, 2002). 또한 Brooks-Gun과 Duncan (1997)은 부모의 수입이 유아의 영양, 어머니의 산전 진찰, 유아의 의료에 대한 접근성, 주거환경, 가족의 안정, 부모와 유아 간의 상호작용, 이웃의 조건, 외부 학습의 기회, 양질의 학교 출석, 동년배 그룹에 영향을 미쳐 영유아의 전반적인 발달에 영향을 미친다고 하였으며 좋은 성장발육은 그 자체로 건강한 결과일 뿐 아니라 빈곤이 인지적 발달 및 학업성취와 같은 발달 지표에 영향을 미치는 하나의 통로 역할을 한다고 주장하였다.

HOME scale은 가정의 측정할 수 있는 자원, 즉 읽을 책들, 장난감, 부모의 교육 방법과 같은 항목으로 구성되어 있는데 수입이 많을수록 HOME scale에 의해 측정된 유아발달을 위한 가정환경이 좋으며 이는 유아의 발달 특히, 언어발달 및 지능발달과 연관되어 있다는 사실을 보여 주었다(Bradley et al., 1989; Klebanov et al., 1998).

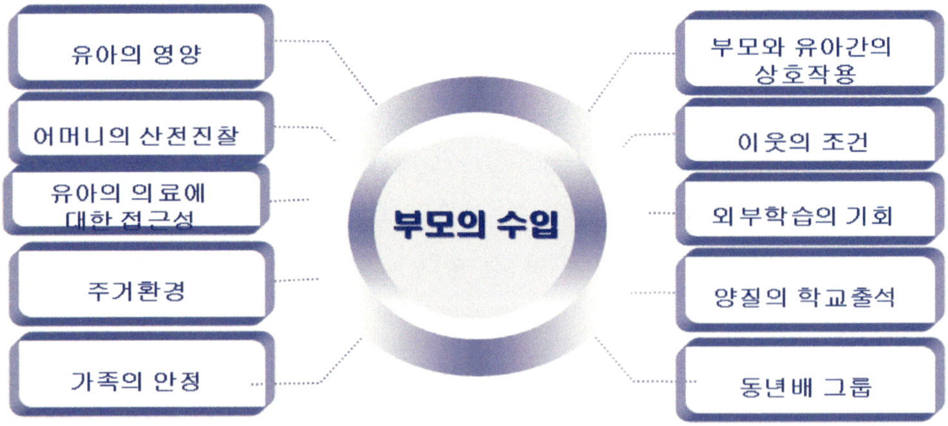

[그림 15-1] 부모의 소득수준에 따른 영유아발달

또한 소득수준에 따른 영유아발달의 차이를 가져오는 또 다른 이론은 가족스트레스 이론인데 가족소득의 수준이나 소득의 변화는 부모의 정서상의 변화 및 스트레스를 받게 하며 이는 부부관계 및 부모-자녀 관계, 자녀양육에 악영향을 끼쳐 부정적 가족과정을 겪게 하여 영유아발달에 영향을 미친다는 것이다(McLoyd, 1990; Conger et al., 1997). 즉, 가족소득수준이 낮은 빈곤한 가족이나 급격한 소득 감소를 겪고 있는 가족은 수준 낮은 식생활과 질이 낮고 위험한 환경에 노출되기 쉽고 이와 같은 열악한 생활조건에서 벗어나기 쉽지 않을 것이라는 불확실한 미래에 대한 생각으로 인해 부모는 심리적 스트레스를 받게 되고 이것은 유아발달에 영향을 미친다.

Coleman(1988)은 가족 내 사회자본을 설명하면서 자본을 재정자본, 인적자본, 사회자본으로 구분하고 재정자원은 가구 소득이나 부, 인적자원은 부모학력 수준, 그리고 사회자본은 주로 부모-자녀 간의 관계성에 있다고 보았는데 부모의 사회경제적 지위, 학력, 소득이나 부는 사회자본이라기보다 사회자본의 원인변수로 작용한다고 보았다(이봉주 등, 2010). 이 이론은 영유아의 발달에 유용한 가족 내 구성원들 간의 관계나 지역사회 내에 존재하는 사회적 자본들의 상호작용을 통한 영유아발달의 결정 과정으로 설명한다.

특히 가정 내의 사회적 자본과 지역사회의 사회적 자본의 수준에 따라 영유아발달이 달라진다고 설명한다(Coleman, 1988, 1990; 김광혁, 2012).

표 15-3 Coleman(1988)의 가족 내 사회자본

가족 내 사회자본	내용
재정자본	가구 소득이나 부
인적자본	부모학력 수준
사회자본	부모-자녀 간의 관계성

(2) 부모의 학력에 따른 영유아발달의 차이

부모의 학력은 직업, 수입과 긴밀히 연관되어 있다는 것은 잘 알려진 사실이며 이를 통해 간접적으로 발달에 영향을 미친다고 할 수 있다. 사회 경제적 지표 중에서 부모의 교육수준, 특히 어머니의 교육수준은 어머니-자녀의 상호관계, 인지적 자극, 영유아의 인지발달에 가장 많이 연관되어 있는 것처럼 보인다(Hoffman, 2003). 또한 언어적인 면에 있어서 부모의 학력이 높을 경우 영유아에게 광범위한 주제와 다양한 단어들을 노출시키며 영유아의 말을 이끌어 내기 위해 더 많은 노력을 하여 언어발달을 촉진시키고 이러한 영향들은 부모와 영유아와의 대화의 범위나 질을 향상시켜 인지적 발달 및 좋은 학업성적으로 이어지는 것과 연관되어 있다(Hart & Risley, 1992, 1995; Walberg et al., 1976). 교육수준이 높은 어머니일수록 영유아발달에 더 많은 양육지식을 가지고 있으며 이는 영유아발달에 긍정적 영향을 미친다는 것이다.

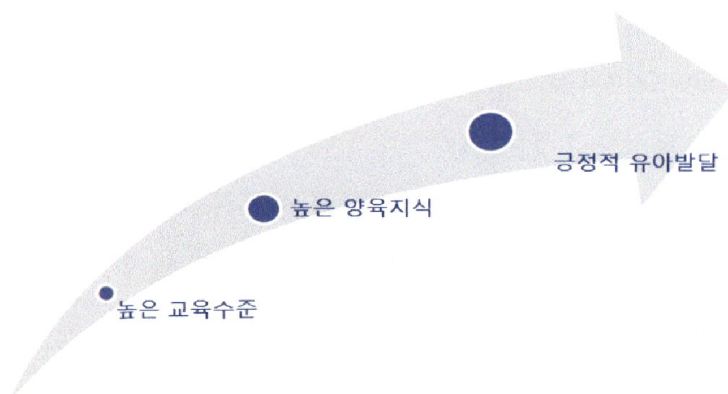

[그림 15-2] 부모의 학력에 따른 영유아발달

(3) 부의 직업 계층에 따른 영유아발달의 차이

Kohn (1963)은 사회 경제적 지위와 영유아의 발달 사이의 관계는 낮은 직업계층과 중간 계층을 구별하는 직업의 속성에 있다는 것을 주장하였다. 중간 계층의 직업은 생각, 상징, 개인 간의 관계를 다룸으로 인해 탄력성(flexibility), 생각, 판단을 요구하는데 반해 하위 계층의 직업은 신체적 대상을 다루며 훨씬 더 정형화되고, 덜 복잡하고 감독되는 것을 요구하는 특성을 각기 가지고 있다고 보았다.

이러한 차이로 중간 계층의 아버지는 자녀에게 있어서 자주적이고 독립적인 가치를 기대하는 반면 하위 계층의 아버지는 복종과 규칙에 대한 순응을 중요한 가치로 삼는다는 것이다. 낮은 계층의 부모는 더 많은 체벌을 하였으며 자녀들의 행동을 결과론적 관점에서 판단한 반면 중간 계층의 부모들은 심리적 훈육을 더 많이 사용하고 동기의 관점에서 행동을 판단하였다는 것을 보여 주었다. 낮은 계층의 부모들은 훨씬 더 힘에 근거한 방법의 변명에 대해 너그럽지 않고 영유아들을 내부적으로 타협하게 만들며 정상 참작이 가능한 상황을 만들거나 이러한 것은 영유아들의 인지적 능력, 사회적 능력, 도덕 발달과 연관되어 있다(Baumrind, 1991; Dornbusch et al., 1987; Hoffman & Saltzstein, 1967; Krevans & Gibbs, 1996; Steinberg et al., 1992).

이러한 과정에서 낮은 계층에서 나타나는 아버지의 통제 방법은 영유아들에 있어서 비효용성을 불러일으키고 인생에 있어서의 합리적으로 소통하지 못하게 하며 언어적 풍부성이 길러지지 못하게 하는 결과를 낳는다(Bradley & Corwyn, 2003). 그러나, 아버지의 직업은 소득과 교육과 강한 연관성을 나타내는 가정 경제적 지위의 지표로 영유아발달과의 연관관계는 기본적으로 학력과 소득을 통한 간접적 효과로 나타난다고 할 수 있다.

표 15-4 부의 직업계층이 영유아발달에 미치는 영향

부의 직업계층	영유아발달에 미치는 영향
낮은 계층	• 신체적 대상을 다루며 훨씬 더 정형화되고, 덜 복잡하고 감독되는 것을 요구 • 복종과 규칙에 대한 순응을 기대 • 많은 체벌과 자녀들의 행동을 결과론적 관점에서 판단
중간 계층	• 생각, 상징, 개인 간의 관계를 다룸으로 인해 탄력성(flexibility), 생각, 판단을 요구 • 자녀에게 있어서 자주적이고 독립적인 가치를 기대 • 심리적 훈육과 동기의 관점에서 행동을 판단

3) 형제 자매 관계와 영유아발달

Bronfenbrenner(1975)는 가정은 영유아의 성장 · 발달을 촉진시키기 위한 가장 효과적이고도 경제적인 구조라고 했다. 영유아들은 가족을 통해서 다른 사람에 대해서 탐색하고 의사소통하고 상호작용할 수 있는 기회를 갖게 된다. 특히, 형제 자매 관계는 인생에서 가장 영구적이고 영향력 있는 관계로 영유아는 자라면서 형제 자매와 많은 시간을 같이 보내며 서로 상호작용을 한다.

형제 자매의 영향은 특히 2세에서 10세 사이에 매우 크다. 취학 전 연령에서의 형제 자매관계를 보면 형은 모든 상호작용을 시도하고 이끌어 가면서 동생에게 간섭하고 도움을 줄 뿐만 아니라 공격적이기도 하나 장남의 경우, 동생을 지배하는데 힘을 더 사용하며, 장녀는 장남보다 명령이나 요청 같은 방법을 더 많이 사용한다. 그리고 동생은 형을 모방하는데 동성일 경우, 모방의 정도가 크다. 그러나 이때는 어떤 새로운 기술을 모방하는 것이 아니라 놀이 행동이나 일상생활에서 나타나는 습관 등을 따라 한다. 또한 형제 자매는 아동기에 있어서 타인을 싫어하는 감정을 조절하는 기술을 가르치는 것으로 나타났다(Baskett & Johnson, 1982).

형제 자매 관계는 그들이 성장할수록 '지원체계'로 서로에게 독특한 지지자로서의 역할을 한다. 형제 자매는 좋은 놀이친구일 뿐만 아니라, 형제 자매를 가장 믿을 수 있는 조언자로 의지한다. 형제 자매 관계는 다른 관계와는 달리 일생 동안 형제 자매 모두에게 신체적 · 정서적인 접촉을 통하여 서로에게 영향을 미치며(Grossman, 1972), 사회화의 대리인으로 서로에게 최초이자 가장 강력한 또래관계를 제공한다. 이런 형제 자매 관계는 영유아발달의 환경을 제공할 뿐만 아니라 특히, 사회화 기술을 가르친다. 이 사회적 상호작용으로부터 영유아는 학습과 성격발달을 위한 기초를 마련하고 성 역할, 도덕성, 운동 및 언어 등을 발달시킨다(신혜정, 2001).

4) 가족형태와 영유아발달

가족이란 동일한 가옥에 공동으로 거주하면서 소비생활을 영위하는 친족 공동체로서, 전체 사회 속에서 하나의 통합된 부분적인 사회집단이나 사회체계를 이룬다(유영주, 2000). 또한 가족은 가족구성원 개개인이 모여 물리적 · 정신적 공간을 함께 공유하는 단순한 집합체일 뿐만 아니라 세대를 거듭함에 따라 그들 고유의 가족문화를 소유함으로써 가족의 규범, 역할, 권위구조, 대화형태, 가족구성원간의 협동과정, 문제해결 등 여러 과업들을 효율적으로 수행해 나가는 자연스러운 사회체계이다.

가족을 분류하는 가장 기본적이고 손쉬운 방법은 가족구성원의 크기나 형태에 의한 것이다. 즉 가족구성원의 수가 많고 적음에 따라 대가족과 소가족으로 분류된다. 대가족은 6명 이상을, 소가족은 6명 미만으로 분류한다. 또한 가족형태를 혈연관계와 관련하여 구분하기도 한다. 이 경우 가장 보편적으로 사용되는 분류방법은 핵가족과 확대가족이다. 핵가족은 부부와 그들의 미혼 직계자녀로 구성된 가족으로서 자녀들은 혼인과 동시에 부모의 집을 떠나 새로운 살림을 시작하는 것이 원칙이다. 그러므로 가족구성은 부모와 자녀의 2세대로 한정된다. 확대가족은 핵가족이 종적 또는 횡적으로 확대되어 연결된 가족형태로서 자녀가 결혼한 후에도 그들의 부모와 동거하는 가족형태를 말한다. 확대가족은 직계가족과 방계가족 등 다양한 유형이 있다. 직계가족은 가족이 종적으로 확대된 가족으로서 장자가 결혼한 후 본가에 남아 부모와 동거하는 가족형태이며 대부분 3세대가 함께 거주한다. 반면 방계가족은 가족이 횡적으로 확대되어 형제들이 결혼한 후에도 그들의 부모와 동거하는 가족형태를 말한다.

Alison, Shirely와 Mavis(1996)는 가족의 결합이 약화되면 유아발달에 좋지 않은 영향을 줄 수 있다고 하였다. 즉, 부모와 자녀가 함께 하지 않는 가족형태는 유아의 반사회적 행동의 근원이 되며, 나아가 청소년기 비행의 가장 큰 원인이 된다고 하였다. 따라서 양부모가정, 한부모가정, 조부모가정이 영유아발달에 어떠한 영향을 미치는지 살펴보면 다음과 같다.

(1) 양부모가정

초기 심리학에서는 영유아발달에 있어서 아버지의 역할은 거의 논의되지 않았고, 어머니의 역할만이 강조되어 왔으나 여성해방 운동을 시작으로 최근에는 아버지와 어머니의 역할이 가정 밖에서 뿐만 아니라 가정 내에서도 바뀌어질 수 있다는 사회풍조가 되었다. 일반적으로 양부모가정에서 어머니들은 아버지보다 애정 표현과 양육의 역할 등 가족관계를 향상시키기 위해 보다 큰 책임을 지고, 아버지는 어머니보다 영유아를 사회와 연결시켜 주는 도구적 역할에 많은 책임을 진다. 또한 아버지는 자녀의 교육과 가치관에 관심을 갖는 반면, 어머니는 애정적 관계에 보다 많은 관심을 갖는다. 따라서 양부모가정의 영유아는 그렇지 못한 가정의 영유아보다 안정성, 활동성, 사회성, 사려성, 책임감, 우월성이 높다.

(2) 한부모가정

한부모가정 중 자녀가 아버지하고만 함께 사는 형태의 한부모가정은 모성의 역할이 결핍되기 쉬운데, 모성적 양육결핍이 영유아 발달에 미치는 영향에 관한 연구를 실시한 결과, 고아원 영유아들은 모성적 양육결핍으로 우울증 증세를 보였다고 보고하였다.

민병애(1991)의 연구에서 한부모가정이 된 시점의 연령이 어리면 어릴수록 범죄동기에 큰 영향을 주고, 아버지가 없는 가정보다는 어머니가 없는 가정, 어머니가 없는 가정보다는 부모 쌍방이 없는 가정에서 자란 경우 범죄비율이 더 높다고 하였다. 특히, 어머니가 없는 한부모가정은 모성애에 바탕을 둔 생활훈련이 어려우며, 남아는 사랑의 대상을 잃게 되고 여아는 동일시의 대상을 상실하게 됨으로써 자녀의 건전한 발달을 기대하기 어렵다는 결론을 내렸다.

따라서 어머니가 없는 한부모가정 어머니의 부재는 영유아의 정신적, 신체적 발달에 큰 영향을 미칠 수 있다. 영유아의 건전한 성장과 발달을 위해서는 특히 어머니와의 적절한 접촉이 필요하며, 어머니는 고유하고 특이한 역할을 담당해 주는 중요한 양육환경임을 알 수 있다.

그리고 아버지가 없는 한부모가정 환경에서 자란 영유아는 아버지로부터 받아야 할 적절한 양육과 보호 및 교육적인 지도를 받지 못하는 환경에서 성장하게 된다. 출생하여 2세 사이에 아버지 부재 환경에서 자란 영유아는 2세 이후에 부성실조를 경험한 영유아보다 수줍음이 많고 죄의식과 열등감이 강하며 신뢰감이 적다고 하였다. 이러한 결과는 영유아의 기본적 신뢰감이 발달되는 시기인 0-2세에서 부성의 역할이 중요하다는 것을 의미한다.

또한 아버지 부재 가정의 영유아들은 어머니에게 지나치게 의존하게 되고, 어머니는 영유아를 과잉보호하게 되며, 이는 영유아의 인지능력 및 사고력 발달에 좋지 않은 영향을 줄 수 있다. Hurlock(1964)은 아버지의 부재는 사회적 부적응, 정서적 불안 등의 문제를 보이고, 특히 여아에게 그 문제가 심각하다고 하였다. 또한 아버지의 부재가 유아의 지능의 차이를 야기시키고 아버지와 떨어져 사는 남아들은 양부모가정의 남아보다 신체적으로 덜 활동적이고, 친구들에게 더 의존적이다.

(3) 조부모가정

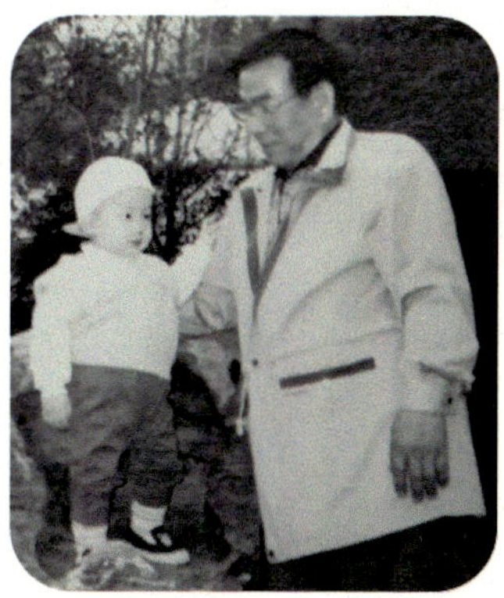

조부모가정은 부모의 직업상의 이유, 이혼이나 가정불화로 인한 별거 또는 부모의 가출과 사별 등으로 인하여 조부모하고만 함께 사는 가정을 의미한다. 조부모가정에서는 조부모를 비롯한 혈연들과의 긴밀한 유대를 갖는 만큼 영유아들이 의존적이 될 수 있으나, 반면 그만큼 안전하게 자랄 수 있어서 정서적 안정감이 높을 수 있다. 그러나 이렇게 키워진 의존성을 전적으로 좋거나 나쁜 것은 아니다. 대체적으로 조부모는 부모가 제공할 수 없는 다른 측면에서 영유아의 정서적, 지적, 사회적 행동의 기반을 형성하는 데 중요한 역할을 담당하고 있다. 이와 반대로 조부모가정 영유아들은 핵가족 유아보다 의사소통 능력과 지적 능력이 낮다고 보는 연구도 있다(김영심, 1990). 이는 핵가족에서는 영유아들에게 보다 더 많은 관심을 제공하고 언어사용을 장려하는 가족 배경이 영유아의 의사소통과 지적 능력의 발달에 영향을 미치기 때문이다.

참고 문헌

김근화(2005). 어머니의 양육태도와 유아의 기질이 유아의 사회성 발달에 미치는 영향. 중앙대학교 대학원 석사학위논문.

김광혁(2012). 가족의 사회경제적 특성과 아동 발달. 서울: 집문당.

김영심(1990). 가족형태에 따른 어머니의 양육태도와 유아의 발달에 관한 연구. 이화여자대학교 교육대학원 석사학위논문.

김지선(2009). 가족특성, 영아의 기질, 보육 경험에 따른 만 2세 반 영아의 사회 · 정서적 행동. 이화여자대학교 대학원 석사학위논문.

김호정(2003). 가정환경이 유아의 창의성 발달에 미치는 영향. 숭실대학교 석사학위논문.

김혜경(2001). 가족형태에 따른 가정환경(HOME)과 유아의 사회, 정서적 발달. 호서대학교 교육대학원 석사학위논문.

민병애(1991). 결손가정 학생과 정상가정 학생의 적응문제 및 적응기제 비교분석. 강원대학교 대학원 석사학위논문.

민현숙, 문영경(2013). 어머니의 양육지식, 양육스트레스, 양육행동과 영아의 발달 간의 관계. 한국생활과학회지, 22(1), 43-56.

박미정(1993). 아동의 사회적 행동과 어머니의 신념 및 양육방식에 대한 연구. 이화여자대학교 대학원 석사학위논문.

신혜정(2001). 자폐아동의 형제관계 및 형제 자매들의 심리사회 기능에 관한 연구. 대구대학교 대학원 석사학위논문.

오금희(1985). 어머니의 양육태도가 아동의 도덕적 판단력에 미치는 영향에 관한 연구. 중앙대학교 대학원 석사학위노문.

이미옥, 고정자(1992). 가족구조 변인에 따른 정상가정 아동과 결손가정 아동의 성격특성에 관한 연구. 아동학회지, 13(1), 99-111.

이원영(1983). 어머니의 자녀 교육관과 양육태도와 유아발달과의 관련성 연구. 이화여자대학교 대학원 박사학위논문.

이진희(1998). 어머니의 양육태도가 유아의 사회적 능력과 사회적응 행동발달에 미치는 영향. 우석대학교 대학원 석사학위논문.

임순화, 박선희(2010). 어머니의 사회경제적 지위, 자녀수에 따른 양육스트레스와 영아의 표현어휘 발달과의 관계. 미래유아교육학회지, 17(1), 251-278.

유영주(1971). 어머니의 직업유무가 아동의 인성에 미치는 영향. 대한가정학회지, 9(2), 1-16.

정길정, 배윤정(2005). 어머니의 양육스트레스와 아동의 정서행동문제가 아동의 놀이형태발달에 미치는 영향. 한국생활과학회지, 14(3), 365-378.

정선희(2002). 부모의 양육태도가 자녀의 정서지능에 미치는 영향. 건국대학교, 교육대학원 석사학위논문.

추미란(1999). 어머니의 양육태도 및 배경변인과 유아의 정서지능과의 관계. 원광대학교 교육대학원 석사학위논문.

Abidin. R. R.(1992). The determinants of parenting behavior. Journal of Clinical Child Psychology, 21(4), 407-412.

Alison, D., Shirley, M., Mavis, H., David, R. & Robert, P.(1996). Family environment and adolescent depressive symptoms and antisocial behavior' a multivariate genetic analysis. Developmental Pyschology, 32(4), 590-603.

Baskett, L. M. & Johnson, S. M.(1982). The young child's interactions with parents versussi-blings: A behavioral analysis. Child Development, 643-602.

Baumrind, D.(1991). The influence of parenting style on adolescent competence and substance use. Journal of Early Adolescence, 11(1), 56-95.

Brooks-Gunn, J., Duncan G.(1997). The effects of poverty on children. The Future of Children, 7(2), 55-71.

Bronfenbrenner, U.(1979). The ecological hum an development: Experiments by nature and design. Cambridge, MA: Havard University Press.

Belsky, J., Fearon, R. M.(2002). Infant-mother attachment security, contextual risk, and early development: a moderational analysis. Development and Psycho- pathology, 14(2), 293-310.

Bradley, R. H., Corwyn, R. F.(2002). Socioeconomic status and development. Annual Review of Psychology, 53, pp. 371-399.

Becker, G. S. and Tomes, N.(1986). Human capital and the rise and fall of families. Journal of Labor Economics, 4(3), S1-S39.

Bradley, R. H., Caldwell, B. M., Rock, S., Ramey, C. T., Barnard, K. E., Gray, C., Hammond, M. A., Mitchell, S., Gottfried, A. W., Siegel, L., & Johnson, D. L.(1989). Home environment and cognitive development in the first 3 years of life: A collaborative study involving six sites and three ethnic groups in North America. Developmental Psychology, 25, 217-235.

Caldwell, B. M.(1984). What is quality child Care? Young Children, 39(3), 13-33.

Conger, R. D., Conger, K. J. and Elder, G.(1997). Family economic hardship and adolescent adjustment: Mediating and moderating process, 288-310.

Coleman, J. C.(1988). Social capital in the creation of human capital. American Journal of Sociology, 94, S95-120.

Cowan, C., & Cowan, P.(1995). Interventions to ease the transition to parenthood: Why they are needed and what they can do. Family Relations, 44, 412-423.

Dornbusch, S., Ritter, P., Liederman, P., Roberts, D., & Fraleigh, M.(1987). The relation of parenting style to adolescent school performance. Child Development, 58, 1244-1257.

Grossman, F. K.(1972). Brothers and sisters of retarded children: An exploratory- study. Syracuse, NY: Syracuse University Press.

Hoffman, L. W.(2003). Methodological issues in studies of SES, parenting, and child development. In Bornstein, M. H., & Bradley, R. H.(Eds.), Socioeconomic status, parenting and child development, 125~146. Mahwah, NJ: Lawrence Erlbaum.

Hoffman, M. L., Saltzstein, H. D.(1967). Parent discipline and the child's moral development. Journal of personality and social psychology, 5(1), 45-57.

Hart, B., & Risley, T. R.(1992). American parenting of language learning children: Persisting differences in family-child interactions observed in natural home environments. Developmental Psychology, 28(6), 1096-1105.

Hart, B., Risley, T. R. Baltimore, M. D.(1995). Meaningful differences in everyday experience of young American children.: Paul Brookes Publishing Co.

Hurlock, E. B.(1973). Transition in family relationships in Adolescent Development(4th ed.), McGraw-Hill Kogakusha, Ltd.

Klebanov, P. K., Brooks-Gunn, J., McCarton, C., McCormick, M.(1998). The contribution of neighborhood and family income to developmental test scores over the first three years of life. Child Development, 69(5), 1420-1436.

Kohn, Melvin L.(1963). Social Class and Parent-Child Relationships: An Interpretation. American Journal of Sociology, 68, 471-80.

Krevans, J., & Gibbs, J. C.(1996). Parents' use of inductive discipline: Relations to Children's empathy and prosocial behavior. Child Development, 67, 3263- 3277.

MacPhee, D.(1984). The pediatrician as a source of information about child development. Journal of Pediatric Psychology, 9(1), 87-100.

McLoyd, V.(1990). The impact of economic hardship on black families and children: Psychological distress, parenting, and socioemotional development. Child

Development, 61(2), 311-346.

Mussen, P. H., & Conger, T. J.(1969). Child developmnet and personality. NY.: Harper & Row, Publishers.

Shim, S. K., Byon, K. H., Park, H., Park, Y. M., & Kim, E. A.(2007). The mother's accuracy on the knowledge of infant's developmental levels. Early childhood education and care, 2(2), 43-58.

Steinberg, L., Dornbusch, S. M., Brown, B. B.(1992). Ethnic differences in adolescent achievement: An ecological perspective. American Psychologist, 47(6), 723-729.

Stevens, J. H. Jr.(1984). Child development knowledge and parenting skill. Family Relations, 33, 237-244.

Seo So-Jung(2006). A study of infant developmental outcome with a sample of Korean working mothers of infants in poverty: Implications for early intervention program. Early Childhood Education Journal, 33(4), 253-260.

Walberg, H. J., & Marjoribanks, K.(1976). Family environment and cognitive development: Twelve analytic models. Review of Educational Research, 46(4), 527-551.

제16장

가정외적 환경

1. 가정외적 환경과 영유아발달
2. 발달에 영향을 미치는 가정외적 환경

1. 가정외적 환경과 영유아발달

생태학적 접근은 인간체계 내의 상호의존과 인간-환경간의 상호작용을 강조하며, 체계는 끊임없는 변화와 목표지향적 적응과정의 역동성을 가진다고 한다. 인간의 전 생애 발달은 다차원적인 환경들 간의 상호작용과 관계의 상호연계성을 살피려는 이론으로 특히, Bronfenbrenner(1995)의 생태학적 접근의 맥락에서 미시체계(microsystem)의 또래집단, 교육기관 등과 같은 환경은 영유아발달에 직접적인 영향을 주는 환경맥락이다. 외체계(exosystem)는 영유아가 직접적으로 참여하고 있지는 않지만 영유아에게 영향을 미치는 모든 사회적 구조로 지역사회, 유아교육기관 운영진 등이 포함된다. 거시체계는 영유아가 속한 사회의 문화적 가치관, 국가적 관습, 사회적 상황, 정책 등을 뜻한다.

지역사회는 영유아의 일차적 생태학적 환경의 가족이 포함되어 있는 곳으로써, 영유아에게 직접적이고도 간접적인 경험에 영향을 미친다. 영유아는 일상생활에서 지역사회의 구성원과 상호작용하면서 성장하고 학습의 과정을 통해 발달해 간다. 이에 급변하는 현대의 사회환경은 지역사회의 구조, 구성원, 역할을 변화시키기 때문에 각 지역사회의 독특한 사회, 역사, 문화적 맥락 내에 성장하는 영유아와 지역사회는 뗄 수 없는 관계에 있다고 할 수 있다.

유아교육기관은 또 하나의 사회범주로서 영유아들의 가치관 형성과 사회생활에 필요한 규범을 내면화하며 사회화의 기능을 수행한다. 영유아발달과 학습의 향상 및 교육방향에 대한 정보를 공유하여 영유아의 발달을 위한 협력적인 지원체계를 마련해야 한다. 특히, 최근 유아교육기관에 다니는 영유아들의 수가 증가하고 기관에서 생활하는 시간이 점차 증가함에 따라 영유아기 유아교육기관의 경험은 영유아의 성장과 발달에 중요한 의미가 있다.

또래집단은 영유아가 만나는 최초의 2차적 집단이며 공식적인 사회라 볼 수 있다. 인내, 협상, 중재, 대안, 절충, 배려 등의 과정을 겪으면서 영유아는 사회성을 배우기도 한다. 영유아는 부모나 형제관계보다 넓은 사회관계망을 가지면서 또래와 상호작용이 늘어나게 된다. 이처럼 또래집단은 활발한 상호작용을 통해 영유아 발달을 도모하고 삶의 태도를 만들어 가는데 있어서 중요하다.

대중매체는 영유아발달 측면에서 긍정적인 영향도 있지만 적절히 활용되지 못할 경우, 영유아의 발달에 미치는 부정적인 영향을 무시할 수 없다. 특히, 인터넷으로 인한 역기능 양상은 연령이 낮을수록 더욱 심화되고 빠른 속도로 증가하며, 발달 초기 이러한 역기능적 특성이 성인기로 이어질 경우 심각하고 다양한 사회문제로 확대될 가능성이 높다. 따라서 영유아발달에 있어서 대중매체로 인한 부정적 영향을 최소화하기 위해서는 부모나 교사의 관심 및 지도가 필요하다.

2. 발달에 영향을 미치는 가정외적 환경

영유아가 성장하면서 사회적 상호작용의 범위가 점차 확대되어 가족의 테두리에서 벗어나 사회집단에 참여하게 됨으로써 유아교육기관에 적응하고 또래들과 사귀게 된다. 본 장에서는 유아교육기관, 지역사회, 사회적 지지, 또래지지 등과 같은 가정외적 환경 특성이 영유아발달에 미치는 영향을 설명하고자 한다.

1) 유아교육기관과 영유아발달

전문성을 바탕으로 한 우수한 질의 유아교육기관은 영유아가 그들의 가정에서와 동등한 보호를 받을 수 있는 하나의 하부조직으로 기능하며, 영유아와 그들의 가족에게 포괄적이고 충분한 봉사를 행할 수 있고 무엇보다도 영유아와 부모의 요구를 존중하며, 각 발달단계에 있는 영유아들의 요구를 충족시킬 뿐 아니라 흥밋거리도 제공해 줄 수 있다(Caldwell, 1984). 즉 우수한 유아교육기관은 가족의 요구에 부응함과 동시에 영유아의 신체적, 인지적, 사회적, 정서적 발달을 촉진하는 안전하고 교육적인 환경을 제공할 수 있어야 한다.

유아교육기관의 질적 차이에 의해 영유아가 어떻게 영향을 받으며 특히, 영유아 발달에 영향을 주는 유아교육기관의 질적 요인들이 무엇인가를 규명하려는 연구가 활발히 이루어졌다. Phillip과 Howes(1987)는 유아교육기관의 질과 관련된 연구 경향들을 크게 세 가지로 나누고 있다.

① 유아교육기관의 질을 전체적으로 평가하여 프로그램의 전반적인 분위기를 알아본 연구

② 유아교육기관의 전반적인 질보다는 특정 질적 범위를 강조한 연구

- 집단구성과 교사 자격을 중심으로 한 질의 구조적 측면
- 유아교육기관의 질과 영유아의 일상적 경험과의 관계를 알아보는 질의 역동적 측면
- 환경유형과 교직원의 안정성을 살펴보는 질의 상황적 측면

③ 영유아의 가정환경과 유아교육기관의 질의 효과를 연결지은 연구

우수한 질의 유아교육기관이 갖추어야 할 요소들에 대해 교사-영유아 간의 상호작용, 교육과정, 교사-부모 간의 상호작용, 교사자격 및 발달, 운영관리, 교사편제, 물리적 환경, 건강 및 안전, 영양 및 급식, 평가 등을 포괄하고 있다. 그리고 이러한 유아교육기관의 질적 요소들 중에서 가장 결정적인 것은 영유아에 대한 프로그램의 발달적 적합성의 정도이다.

또한 NAEYC(1986)에서는 '발달에 적합한 실제(developmentally appropriate practice)'를 제시하였다. 이것은 어떠한 유아교육기관에서도 반드시 질적인 프로그램을 운영하

기 위해서는 요구되는 기본원칙을 연령별로 제안하고 있다(NAEYC, 1986). 즉, 프로그램의 질은 여러 가지 요소에 의해 영향을 받기는 하나 가장 결정적인 요소는 프로그램의 계획, 내용 및 활동, 그리고 평가 등이 영유아의 발달 수준에 적합한가 하는 정도에 달려 있다는 것이다.

이처럼 우수한 질의 유아교육기관 프로그램은 부모가 자기 자신의 자녀에게 직접적으로 제공할 수 있는 것을 능가할 정도의 경험과 교육의 질을 제공하고, 우수한 프로그램의 요소로는 건강과 안전, 충분한 공간, 발달에 적합한 교구 및 설비, 낮은 교사-영유아 비율, 부모 참여 등을 포함할 수 있다.

Clarke-Stewart(1987)는 유아교육의 질에 관하여 연구된 연구들의 결과를 통해서 유아교육기관의 질적 요인으로 다음의 사항을 지적하였다.

- 교사가 유아와 자주 언어적, 교육적으로 상호작용하는 것의 중요성
- 유아가 목적 없는 놀이로 시간을 낭비하지 않도록 하는 것
- 적절한 교사 대 유아의 비율(1:12)
- 합리적인 집단 크기(25명 이하)를 유지할 것
- 교사가 전문적 경험을 쌓고 균형 있는 훈련을 받을 것

Vandell과 Powers(1983)는 유아교육의 질에 관하여 연구된 연구들의 결과를 통해서 유아교육기관의 질적 요인으로 다음의 사항을 지적하였다. 특히, Vandell과 Powers(1983)는 유아교육 교사의 전문적인 훈련 정도가 영유아의 인지적, 정의적 발달에 긍정적인 효과를 미친다고 밝히고 있다

- 교사 대 유아의 비율
- 전문적인 교사교육
- 적은 규모의 학급 크기

• 풍부한 물리적 환경

2) 지역사회 특성과 영유아발달

가정외적 환경적 요소 중 가정과 이를 둘러싸고 있는 지역사회는 영유아발달에 가장 직접적인 영향을 주는 단위로 발달에 있어서 주요한 영향을 미친다. 발달에 관여하는 대부분의 환경적 자극을 제공할 뿐만 아니라 영유아발달에 영향을 주는 여타 다른 환경과의 접촉 또한 제한할 수 있다. 영유아를 둘러싸고 있는 광역 및 국가, 전 지구 환경보다 영유아발달에 직접적 영향권 안에 있다는 사실과 영유아발달을 향상시키는 데 있어서 조기개입의 단위가 될 수 있다는 의미에서 환경에서 가장 중요한 수준이라고 할 수 있다.

지역사회는 영유아의 일차적 생태학적 환경의 가족이 포함되어 있는 곳으로써, 영유아에게 직접적이고도 간접적인 경험에 영향을 미친다. 영유아는 일상생활에서 지역사회의 구성원과 상호작용하면서 성장하고 학습의 과정을 통해 사회화되어 간다. 이에 급변하는 현대의 사회 환경은 지역사회의 구조, 구성원, 역할을 변화시키기 때문에 각 지역사회의 독특한 사회, 역사, 문화적 맥락 내에 성장하는 영유아와 지역사회는 뗄 수 없는 관계에 있다고 할 수 있다.

(1) 지역사회 환경이 영유아발달에 미치는 영향

영유아를 둘러싸고 있는 지역사회 환경은 공원, 적절한 어린이집, 의료 이용의 접근성, 방과 후 프로그램 등의 영유아발달을 위해 필요한 자원의 차이를 가져오며 특히 이웃과 어린이집, 학교에 있어서 가정의 사회 경제적 차이로 인한 선택의 제한점을 가져올 수 있다. 또한 낮은 사회 경제적 지위를 갖는 사람일수록 많은 범죄, 무직인 어른, 비행, 폭력 등에 쉽게 노출되는 지역 및 지역구성원 간의 협력이나 신뢰 양육행위나 유아교육에 대한 상호 감독과 보호, 연대 등 사회적 통합성이 좋지 못한 지역에 거주할 가능성이 높고 이는 발달에 영향을 미친다는 것이다(Bradley & Corwyn, 2002; Brooks-Gunn & Duncan, 1997).

가정이 이웃이나 단체 등 사회관계망으로부터의 인적 · 물적 · 사회적 차원의 지지가 높을수록 사회적 자원이 부족한 가정의 경우 보호요인으로 작용하여 영유아발달에 영향을 미치며(이재림 · 옥선화, 2001), 영유아의 비행 가능성이 낮고 학업성취도가 높으며 이는 성인의 직업 선택에도 영향을 미친다(Furstenberg & Hughes, 1995; Morrow, 2000). 특히 영유아 양육에 대해서 부모의 태도와 행동, 스트레스에 영향을 미쳐 영유아의 발달에 있어서 중요한 요인으로 작용하는 것으로 알려져 있다(Jones et al., 2002).

지역사회 환경은 많은 선행연구들에서 강력하게 영유아의 건강한 발달에 유의한 영향을 미친다고 보고하였는데(Bradley & Corwyn, 2002; Brooks-Gunn & Duncan, 1997) 특히, 지역사회의 강한 지지적 관계는 영유아 양육과 가족의 일상생활을 지지해주며 이는 영유아발달에 긍정적 영향을 미치는 동시에 영유아의 비행을 낮추고 학업성취를 높이며 성인이 되어서 좋은 직업을 가지게 될 가능성을 높이는 것으로 보고하였다. 또한 저소득층 가정, 한부모 가정 등 사회 경제적 지원이 부족한 가정의 경우 영유아 발달에 있어서 매우 의미 있는 보호요인으로 작용하는 것으로 알려져 있다(Jones et al., 2002; 이재림 · 옥선화, 2001).

(2) 영유아발달에 있어서 지역사회가 갖는 의미

영유아의 발달을 촉진하는 가정외적 환경으로서 지역사회가 갖는 의미를 살펴보면, 가정 및 지역사회와 같은 자연적인 환경, 영유아 및 가족의 삶의 장을 특히 중시하는 방향으로 이루어지고 있다. 이러한 일련의 접근들은 영유아에 대한 생태학적 접근으로 불리기도 한다.

"유아의 삶의 장"에 대한 개념은 1920년대-1930년대에 Lewin에 의해서 거론이 되었으며, 이를 Bronfenbrenner(1981)가 확장 · 발전시켰다. 즉, 가족과 지역사회생활을 구성하는 많은 장면들의 발달을 촉진하는 학습기회의 자원과 맥락으로 간주한다. 이러한 학습맥락들은 소위 활동장면, 미시장면, 그리고 자연적 학습환경 등으로 기술되어 왔다.

이러한 것들은 영유아들이 경험하는 자연스러운 일상적인 장면들, 그리고 그 안에서 형성되는 다양한 맥락 속에서의 학습이 중요함을 강조하고 있다. 이와 관련하여 Dunst와 동료 연구자들은 영유아에게 학습기회를 제공하거나 자원을 제공하고 영유아에게 풍부한 경험들을 제공하는, 그리고 자연적인 학습 환경들을 구성하는 22개의 범주들을 제시하였다(Dunst, Hamby, Trivette, Raab, and Bruder, 2001).

이러한 범주들 안에는 가족소풍, 가족산책, 놀이활동, 지역사회활동, 야외활동, 레크리에이션활동, 영유아의 유혹 꺼리들, 예술 · 오락활동, 종교활동, 조직 · 그룹활동, 스포츠, 가족, 부모, 영유아의 일상적인 일과, 문학활동, 신체놀이, 놀이활동, 오락활동, 가족기념 및 축하의식, 사교활동, 정원 가꾸기활동 등이 포함되어 있다. 이러한 가정 및 지역사회의 환경 맥락들은 영유아들로 하여금 자연적으로 발생하는 학습의 기회들을 제공함으로써 영유아의 발달을 촉진한다고 볼 수 있다.

이러한 지역사회 환경에는 물리적, 사회적 환경들이 모두 포함될 수 있는데, 예를 들어 물리적 환경의 요소들은 새로운 기술들을 발달시키거나 혹은 이미 습득한 기술들을 일반화시키는 것을 촉진할 수 있다. 사회적 관계 역시 영유아가 학습한 내용을 일반화하거나 전이시키는 과정에서 중요한 역할을 수행할 수 있다.

3) 사회적 지지와 영유아발달

(1) 사회적 지지의 개념

사회적 지지의 개념은 Maslow의 욕구계층의 3번째에 해당하는 사회적 욕구에 근거를 두고 있는 것으로 인간의 기본적 욕구에 해당된다. Maslow는 인간의 5계층의 욕구 중에서 3번째에 해당되는 타인으로부터 관심과 사랑, 인정, 용납, 이해,

도움 등을 받고자 하는 사회적 욕구가 있다고 하였다.

사회적 욕구는 인간이 사회적 존재라는 데서 발생하는 기본적 욕구로써 사회적 상호작용을 통해서 충족되어질 수 있다. 이때 타인과의 의미 있는 상호작용의 결과로 얻게 되는 것이 사회적 지지인데 개인의 바람직한 상호적 기능수행을 돕는 자원이 된다.

사회적 지지에 대한 관심은 1970년대 중반 예방심리학이 대두되면서 많은 관심의 대상이 되었으며, 개인이 타인과의 의미 있는 상호작용을 통하여 심리적 적응을 돕고 문제해결 능력을 강화한다는 점에서 이에 대한 관심이 높아졌다. 사회적 지지에 대한 정의는 학자마다 다르게 나타나는데 사람은 타인과 긍정적인 관계를 갖기 원하며 타인에게 수용되기 위해 노력하는데 다른 사람과 상호작용을 통해 사회적 욕구를 충족시키고, 이때 얻어지는 사회적 지지는 개인의 발달 및 적응을 돕는다.

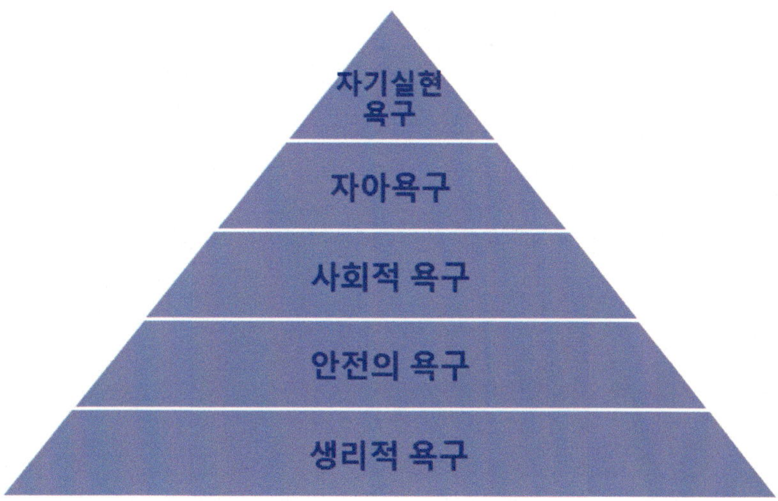

[그림 16-1] Maslow의 욕구계층

Cobb(1976)은 사회적 관계를 통해 개인이 타인들로부터 얻을 수 있는 모든 긍정적인 자원을 의미하는 것으로 가족, 친구, 이웃, 동료, 기타 사람들에 의해 제공된 모든 자원으로 위기 상황에서 적응을 촉진시키고 변화에 적응할 수 있도록 촉진시키는 기능을 하는 것이다.

House(1981)는 사회적 지지를 정서적 관심, 유효한 원조, 환경에 대한 정보 및 평가를 포함하는 대인관계라고 정의하였고, Cohen과 Will(1985)은 한 개인이 가족, 친구, 주요 타인 등과 상호작용을 통해 문제해결을 도움받는 도구적 지지, 물질적 지지, 정보적 지지, 정서적 지지 등의 긍정적 자원이나 사회적 자원으로 정의하였다. 이처럼 영유아의 사회적 지지란 영유아가 사회적 관계를 통해 얻을 수 있는 사랑이나 인정, 정보, 물질적 원조 등의 긍정적 자원에 대한 인지적 평가라고 할 수 있다.

사회적 지지는 학자 및 연구자들의 초점에 따라서 다양한 형태로 설명되고 있으나, 사회적 존재로서의 인간이 사회적 관계 속에서 타인과 상호작용하면서 기본적인 욕구인 관심, 사랑, 인정, 이해, 도움 등을 충족시키는 과정에서 얻게 되는 모든 자원을 총칭하는 것으로 이러한 사회적 지지는 개인의 신체적, 물질적, 정서적 욕구를 충족시키는 모든 지지적인 행위를 의미한다.

특히, 영유아가 가족과 떨어져 지내게 되는 가정외적 환경으로 유아교육기관에서 영유아는 교사와의 관계, 또래와의 관계를 통하여 새로운 환경에 적응하게 되는데, 이 과정에서 교사와 또래와의 관계에서의 사회적 지지는 영유아발달과 긴밀한 상관이 있다.

(2) 교사의 사회적 지지와 영유아발달

영유아가 가족을 떠나 유아교육기관에서 시간을 보내는 동안 교사에게 받는 지지 또한 중요하다. 특히 유아가 교사와 함께 보내는 시간이 많을수록 유아-교사와의 관계는 더욱 중요하므로 교사는 유아에게 사회적 지지를 제공해 줄 수 있는 중요한 사회적 지지원이다. 유아-교사와의 긍정적인 관계는 유아의 긍정적인 사회·정서적 건강을 촉진하고, 학급에서 적응 및 활동 능력에도 영향을 미쳐 유아와 교사 간의 관계가 사회적, 행동적 영역에서의 유아발달에 영향을 준다.

현대사회는 핵가족화와 모성취업 및 조기교육에 대한 관심의 증가로 인하여 자녀를 유아교육기관에 보내는 경우가 증가함에 따라 유아교육기관에서의 교사의 역할과 기대는 점점 높아지고 있다. 교사와 정서적으로 안정된 관계를 형성한 유아는 공격성이나 심리적 위축 등 부적응 행동과 부적 관련이 있다. 교사-유아와의 관계가 유치원과 초등 저학년 시기에서의 적응에 많은 영향을 미친다. 이는 유아발달에 교사의 중요성을 강조한다고 볼 수 있다.

또한 유아교육기관에서 교사와 유아가 높은 질의 상호작용을 할수록 긍정적인 유아-유아 상호작용이 나타난다고 보고하였다. 이와 같이 유아는 교사와의 긍정적인 관계 형성을 통해 교사의 사회적 지지를 받을 수 있으며, 이러한 교사의 사회적 지지는 영유아발달 및 영유아의 잠재력이 실현될 수 있도록 도와주며, 또래집단 및 유아교육기관에서의 긍정적인 적응을 하는데 영향을 준다.

(3) 또래친구의 사회적 지지와 영유아발달

또래관계에서의 사회적 지지도 그들이 제공하는 우정, 친밀감, 수용의 느낌을 통해 영유아의 발달에 영향을 미칠 수 있다. 연령이 증가함에 따라 또래집단으로 확대하여 성장해 간다. 영유아가 또래관계를 통해서 사회적 행동을 발달시키며 사회적 대인관계 기술을 습득하여 유능한 사회인으로 성장하기 위한 준비를 하게 되는데, 이 과정에서 또래의 지지는 영유아발달 뿐만 아니라 청소년기와 성인기의 대인관계와 정신건강, 행동문제 등의 적응과 밀접한 관련이 있다.

영유아기의 발달과제 중 하나는 또래관계를 통한 만족스러운 상호작용을 하는 것인데, 영유아기 또래관계는 영유아의 발달의 많은 영향을 미치는 요인 중 하나로서, 원만한 또래관계를 성립하고 유지하는 것은 영유아에게 있어 중요한 의미를 갖는다.

영유아기에 또래 간 긍정적인 상호작용은 사회성 발달, 성격, 정서, 언어 등을 포함한 사회적 능력의 발달에 영향을 미치는데, 이는 또래와의 관계에서 얻게 되는 사회적 지지 또한 영유아의 전반적인 발달에 영향을 준다고 추론해 볼 수 있다.

영유아의 원만한 또래관계는 영유아의 유치원 적응, 학업성취 등에 있어 긍정적인 영향을 준다. 영유아 시기에 또래에게 배척당한 영유아는 오랫동안 적응에 어려움을 겪을 뿐 아니라 사회관계에서도 덜 협동적이고 공격적이고 파괴적이며, 청소년기에 비행을 저지르거나 신경증, 정신병과 같은 심한 적응문제를 나타내는 경향을 보인다. 또한 또래와의 애착수준이 높을수록 탄력성이 높음을 발견하였는데 이는 스트레스 상황을 극복하는데 있어서 또래가 중요한 지지원임을 나타낸다.

Hartup(1989)은 유아의 긍정적, 부정적 친구관계에서 이후의 청소년기와 성인기의 대인관계와 정신건강, 행동문제 등의 적응과 밀접한 관련이 있음을 주장하였으며, 또래지지와 관련된 연구에서 친구지지를 높게 지각할수록 아동기 행동문제가 낮아진다고 보고하였다.

이처럼 긍정적인 또래관계는 학대경험으로 인한 영유아의 외현적 문제와 부적 상관관계를 나타냈으며, 이혼가정 아동의 탄력성을 연구한 김승경과 강문희(2005)의 연구에서는 친구로부터 지지를 많이 받은 아동일수록 높은 탄력성을 보였으며, 스트레스에 직면하였을 때 문제중심적 대처방식을 사용하여 상황의 위기를 해결하는 것으로 나타났다. 이처럼 또래관계는 부모나 교사에게 받는 지지와는 달리 자발적인 상호작용의 기초가 되며, 새로운 사회적 관계에서 상호작용하는 지지원으로써 영유아에게 중요한 존재이다.

4) 또래관계와 영유아발달

또래란 연령이 비슷하거나 성숙수준이 비슷한 일상적으로 함께 상호작용할 수 있는 대상을 말한다. 또래집단은 영유아발달에 매우 중요한 환경 중의 하나로, 대부분의 영유아는 또래집단 구성원들 간의 상호작용을 통해서 최초의 집단생활을 경험하게 된다. 이 시기는 영유아가 타인과 함께 생활하면서 자아존중감을 발달시키고 좋은 인간관계를 유지할 수 있는 다양한 능력을 쌓게 되는 최적의 시기이다. 이처럼 영유아의 발달은 바로 또래관계 형성에서 시작된다고 할 수 있다.

(1) 또래관계와 놀이발달

영유아의 또래관계는 놀이발달과 관련하여 이해할 수 있는데 Parten(1932)에 의하면, 유아의 사회적 놀이는 비참여 행동, 방관자 행동, 단독놀이, 병행놀이, 연합놀이, 협동놀이로 발전해 간다. 비참여 행동과 방관자 행동에서 유아는 놀이에 직접 참여하지 않는다. 단독놀이는 옆에 있는 다른 유아가 무엇을 하고 있는지에 거의 관심이 없고 가까워지려는 시도도 하지 않으며 혼자놀이를 하는 것이다. 병행놀이는 유아가 주변의 다른 친구와 동일한 놀이를 하지만 서로 접촉하거나 간섭하지 않고 혼자서 노는 형태이다. 연합놀이는 놀이 내용에 대해 이야기를 주고받거나 놀잇감을 빌려 주기는 하지만 역할을 분담하거나 공동의 목표를 달성하기 위해 협력하지는 못하는 형태이다. 협동놀이는 유아들이 역할을 분담하고 공동의 목표달성을 위해 조직적으로 진행하는 집단놀이이다. 유아의 연령이 증가하면서 단독놀이와 병행놀이는 감소하는 반면, 연합놀이와 협동놀이는 보다 더 보편화된다. 이와 같이 유아들은 놀이가 발달하면서 사물중심에서 벗어나 점점 상징적이고 또래 지향적이 되며 또래와의 상호작용이 점점 증가하게 된다.

(2) 또래관계와 대인관계

유아의 또래관계는 대인관계와 관련하여 이해할 수 있는데, Damon(1980)은 유아의 또래 간 대인관계 발달유형을 3가지로 구분하였다. 첫 번째 단계는 호의를 표시하기 위해 먹을 것, 장난감 또는 다른 물건들을 주거나 함께 사용하는 물질적

교환이 이루어지는 친구관계로 물건을 나눠 쓰지 않거나 때리는 등의 공격적이고 부정적인 행위에 의해서 쉽게 깨질 수 있는 친구관계이다.

두 번째 단계는 서로 도와주고, 필요와 도움을 표현하는 사이로 상호호혜적인 관계에서 타인의 요구나 필요에 따라서 반응할 뿐만 아니라 개인적인 성향이나 특성에 기초하여 개인적인 주관성을 이해하는 친구관계이다.

세 번째 단계는, 서로 이해하며 서로의 내적인 사고, 감정 등의 심리적인 문제들을 서로 나누고, 도와주는 역할을 하게 되는 관계로, 오랜 시간 동안 친구관계가 지속되는 관계이다.

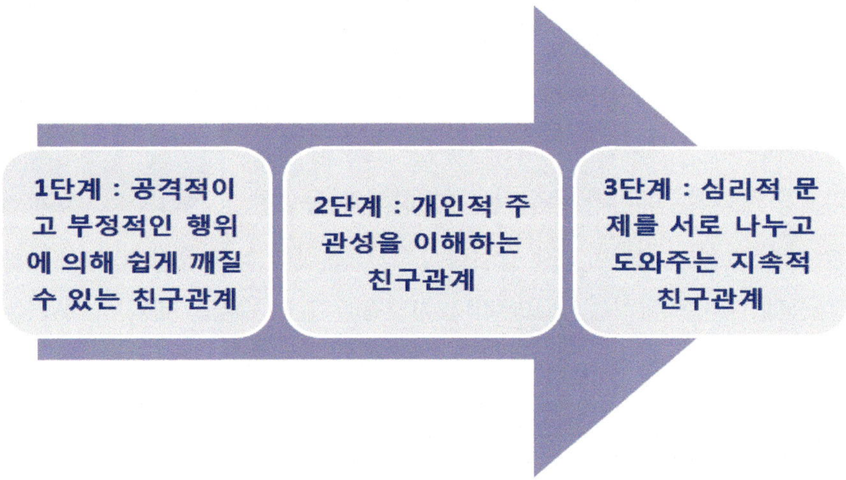

[그림 16-2] Damon(1980)의 유아의 또래 간 대인관계 발달 3단계

대부분의 유아들은 또래관계에서 단순한 타인이 아니라 이원적인 상호작용 관계로서의 동료를 원하며, 친구관계를 맺게 된다. 유아들은 또래 중에서 자신들이 서로 만족할 만한 관계를 형성하는 한 명 또는 몇 명의 또래들과 특별한 관계를 맺고 이를 발전시키는데 이것을 친구관계로 본다. 유아의 친구관계는 유아의 인기 유무에 따른 일반적인 또래관계로부터 점차 시간이 경과함에 따라 조직화되어 가는 유아의 행동 동기, 발달적 요인 등에 의해 보다 깊이 있는 특정한 관계인

친구관계로 발전하게 된다고 하였다.

(3) 또래관계와 영유아발달

영유아는 또래 간 상호작용을 통해 애정, 협동, 결속력, 도움 등과 같은 사회적 지지 측면을 경험하기도 하는 반면, 대립, 갈등, 처벌 등과 같은 부정적인 상호교환이 나타나는 것도 경험하게 된다. 이러한 또래관계는 영유아발달에 있어서 여러 가지 중요한 기능을 한다.

첫째, 영유아는 자신이 속한 세대 내 타인과의 관계를 통해 자신의 역할과 지위를 규정하게 되고, 수평적 구조 내에서도 지도자와 수행자 역할이 있음을 알게 된다. 즉, 영유아는 또래와의 상호작용을 통해 보다 큰 사회관계망 내에서 스스로의 정체감을 발견하게 된다.

둘째, 영유아는 또래관계를 통해 타인의 관심사에 대한 이해, 타인과 의사소통하는 능력 등을 포함한 사회 인지적 기술의 기초를 발달시킨다.

셋째, 또래들은 신체적 · 인지적 기술들에 대한 직접적인 가르침을 서로 주고받게 된다.

넷째, 또래간 상호작용은 부모가 도움을 주지 못하는 친숙하지 않거나 위협적인 상황에서 정서적 지지를 제공한다.

이처럼 영유아들은 또래관계를 형성하는 과정에서 자기중심성을 탈피할 뿐만 아니라, 타인과의 관계성을 이해하게 되며 친구와의 관계 속에서 발생하는 다양한 분쟁들을 해결하는 능력이 발달하게 된다.

5) 대중매체와 영유아발달

(1) 대중매체의 특성

컴퓨터, 인터넷, TV 등의 영상매체로 요즘 시대의 사람들은 손쉽게 정보를 전달하고, 얻을 수 있으며, 생활의 문제점이나 어려운 점들을 모두 미디어를 통해 해결하려는 경향을 보이고 있다. 이러한 경향으로 현대인의 생활방식과 사고방식에 많은 영향을 주고 있으며, 정보를 손쉽게 얻을 수 있다는 장점으로 인해 인쇄매체들의 사용이 줄고 있다.

이렇게 대중매체의 발전과 전자매체의 발전으로 영상매체는 현대인의 사고와 생활방식에 많은 영향을 주고 있으며, 21세기 영상정보산업의 시대를 맞아 중요한 '커뮤니케이션의 구성요소' 로서 계속 의미 있게 작용할 것이다. 이제 현대인들에게 삶의 중요한 수단이 된 미디어들, 즉 텔레비전, 비디오, 광고, 컴퓨터, 영화 등의 특성을 이해하고 그것을 커뮤니케이션에 이용하고, 또한 그것을 통해 제공되는 다양한 형태의 메시지를 올바로 분석, 평가할 수 있으며, 능동적으로 제작 또는 활용할 수 있어야 한다.

이러한 영상매체의 특성은 크게 매체 언어의 변화, 역동성과 복합 감각에의 호소, 공간과 시간의 결합, 사회적 실재감의 창조, 해석 가능성 향상의 5가지를 들 수 있는데 이는 다음과 같다.

첫째, 매체 언어의 변화를 들 수 있다. 커뮤니케이션 기술 발달에 따른 매체환경은 쓰기, 인쇄, 영상의 3단계로 변화·발전되어 왔다. 물론 이 3가지는 인간 커뮤니케이션의 행위구조가 기술변화에 따라서 변화하면서 다양한 매체 언어들이 등장하고, 이를 통해서 새로운 매체환경이 탄생하였다. 특히 개별화되고 실체화되지 않았던 지식이나 정보들이 문자를 통해서 최초로 하나의 질서 및 구조로서 정의 내렸다는 점에서 문자 언어의 등장을 인간 역사의 획기적인 전환으로 평가하고 있다.

현 시대를 지배하는 가장 보편적인 매체는 감각적인 요소들로 가득 찬 영상매체인데, 이는 때로는 정보원이 되기도 하고, 대화의 소재가 되기도 하며, 커뮤니케이션 당사자가 되기도 한다.

둘째, 역동성과 복합 감각에 호소한다는 점이다. 영상매체는 그림, 그래픽 등 화상이나 도상에는 없는 이미지의 역동성을 가지고 있다는 점이 가장 큰 특징 중의 하나이다. 또한 영상매체는 인간의 복합적인 감각에 호소한다는 점이다. 문자를 중심으로 탄생된 인쇄매체는 인간의 감각 중에서 주로 시각적인 영역을 자극한다. 이에 반해 영상매체는 시각과 청각의 통합이라는 복합 감각매체로서의 다양한 가능성들을 보여 준다. 영상매체는 인간의 사고 체계와 유사한 커뮤니케이션 구조, 즉 시각과 청각 모두에 호소하는 복합적 감각을 사용하여 환경과 커뮤니케이션한다.

셋째, 공간과 시간의 결합을 들 수 있다. 영상매체는 그 기술적 특성 및 다양한 장치들을 사용하여 역사의 시간을 영화나 텔레비전이라는 공간 속에 결합시켜 버린다. 즉, 현재를 과거와 분리시키고, 중심에 의해서 완결된 과거, 현재, 미래의 순차적인 시간 구조가 아니라 주체에 의한 시공간적, 구조적 재구성이 이루어진다. 실제로 영상매체의 기술적인 특징들은 어떤 장면의 시간적 영속성을 언제든지 중단할 수 있다. 특히 디지털 기술의 발달은 이와 같은 촬영, 편집의 변화를 더욱 강화시켜 주고 있다.

넷째, 사회적 실재감의 창조이다. 인쇄매체의 경우에는 사회의 현상, 인간의 기억 그리고 문자를 분리시킴으로써 객관화된 전체적인 역사 및 메시지를 구조화시키고 개개의 인간을 둘러싼 환경과는 분리된 정보와 감각을 형성해 준다. 반면, 영상매체의 재현성, 모방성, 모사성은 사회적 실재감을 창조해 준다는 특징을 갖는다. 실제로 영상매체의 시공간적 결합과 혼재라는 특성은 영상의 재현성, 모방성을 통해서 매체 수용자들에게 새로운 인식 틀을 제시해 준다. 따라서 영상매체는 재현된 역사를 사회 내에 새롭게 존재하도록 만들어 준다.

다섯째, 해석 가능성의 향상을 들 수 있다. 영상매체는 다양한 기술적 장치와 시공간의 결합, 그리고 청각의 이용이라는 특징을 통해서 인쇄매체가 형성한 저자와 독자의 관계를 변화시켰다. 즉, 기존의 수동적 수용자에 초점을 둔 연구에서 수용자의 이용 행태에 대한 연구로 그 범위를 확대시켰으며, 결과적으로 영상을 수용자와의 대화적 관계로 규정하였다. 영상이나 영상텍스트에 대한 의미해석보다는 영상 이해의 다원성을 강조하고 수용에서 특정 담론의 지배가 아닌 수용자 스스로의 이해와 다양성이 중요해지고 있다. 이런 관점에서 보면, 영상은 이전의 문자언어와는 다른 새로운 감각 공동체(community of feeling)를 형성하였다. 이는 영상을 문화의 한 부분으로 규정하게 만들어 주었다. 또한 문자 해독능력이나 특별한 지적 능력을 필요로 하지 않는 영상이 지니고 있는 대중성은 문자를 특정 계층보다는 대중이 향유할 수 있는 개방된 형태로 변화시켰다는 점이다.

(2) 대중매체와 영유아발달

Heinch 외(1996)는 인간이 학습할 때 청각을 통해 20%를 획득하는 반면, 시각을 통해서는 80% 이상을 기억한다고 밝히면서 영상매체의 중요성을 언급하였다. 결정적 시기의 영유아기에는 시각적 · 청각적 학습이 성장한 성인에 비해 습득이 빠르며, 현 사회에서의 영유아들은 수많은 멀티미디어를 손쉽게 접할 수 있어 유해성 프로그램이나 영상매체를 접하기도 쉬워졌다. 그렇다고 영유아들에게서 영상매체와 같은 멀티미디어를 멀리하게 할 수는 없다.

현대 기술공학의 발달로 영유아들은 이미 텔레비전 뿐만 아니라 다양한 미디어에 대해 관심과 지식을 지니게 되었고, 교육기관에서도 여러 미디어가 활용되게 되었다. 이러한 현실을 감안할 때 과거의 보호주의적 접근이나 비판적 시청 접근은 이미 다양한 미디어를 경험하고 즐기고 있는 영유아들에게 부적절한 접근이라고 할 수 있다(Buckingham, 1998).

영유아들은 더 이상 수동적으로 미디어의 자극에 반응하는 존재도, 소극적으로 선택과 주의를 기울이는 존재도 아니며, 미디어를 능동적이고, 창조적으로 생산하고 그 과정에 참여하는 존재로 여겨지게 된 것이다(강은진, 2004).

권성호 등(2002)은 국내 미디어 교육의 발전을 위해, 소극적인 보호주의적 관점과 교사중심의 설명식 교육 방법에서 벗어난 새로운 패러다임의 교육이 필요하다고 제안하였다. 또한 연령과 발달에 맞는 교육과정과, 기존의 교재 중심 프로그램과 차별된 체계적인 프로그램이 개발되어야 하며, 마지막으로 교육 이론가와 현장 실천가의 협의를 통해 실질적이고 실천 가능한 교육 내용이 미디어 교육에서 다루어져야 한다고 하였다.

정보화 시대인 21세기에서는 영상매체와 같은 멀티미디어를 비판적으로 볼 것이 아니라 멀티미디어를 이용하여 시각적 · 청각적 학습 능력이 성인보다 뛰어난 결정적 시기의 영유아들의 발달을 위한 교수방법에 포괄적으로 사용할 수 있는 방안을 제시하여야 하며, 영상매체 프로그램이 필요할 것이다. 또한, 이것을 위해서는 멀티미디어를 올바르게 사용하고 긍정적인 효과를 줄 수 있도록 미디어교육 또한 필요할 것이다.

참고 문헌

강은진(2004). 유아 미디어 리터러시 교육 프로그램의 개발 및 적용. 성균관대 대학원. 석사학위 논문.

김승경, 강문희(2005). 이혼 가정 아동의 탄력성에 대한 위험-보호요인들 간의 경로분석. 한국아동학회, 26(1), 261-278.

권성호, 서윤경, 강인경(2002). 초등학교 고학년을 위한 미디어 교육과정 개발에 관한 연구. 교육정보방송연구, 8(2), 29-59.

이재림, 옥선화(2001). 저소득층 여성가장의 가족생활사건, 사회적 지원, 자녀의 지원과 생활만족도. 대한가정학회지, 159, 49-63.

Bradley, R. H., & Corwyn, R. F.(2002). Socioeconomic at us and child development. Annual Review Psychology, 53(3), 371-399.

Bronfenbrenner, U.(1981). Ecology of the family as a context for human development: Research perspectives. Developmental Psychology, 22, 723-742.

Brooks-Gunn, J., Duncan G.(1997). The effects of poverty on children. The Future of Children, 7(2), 55-71.

Buckingham, D.(1993). Children talking television: The making of television literacy. Bristol, PA: The Falmer Press.

Caldwell, B. M.(1984). What is quality child care? Young Children, 39(3).

Clarke-Stewart, K. A.(1987). Predicting child development from child toddlers compliance. Child development, 57.

Cobb, S.(1976). Social support as a moderator of life stress. Psychosomatic Medicine, 38, 300-314.

Cohen, S. & Will, T. A.(1985). Stress, social support and the buffering hypothesis. Psychological Bulletin, 98, 310-317.

Furstenberg, F. F., Hughes, M. E.(1995). Social Capital and successful development among at-risk youth. Journal of Marriage and the Family, 57, 580-592.

Hartup, W.(1989). Having friends, making friends, and keeping friends: Relationships as educational contexts. In Early report. Minnesapolis, MN: Centre for Early Education and Decevelopment.

Heinich, R., Molenda, M., Russell, J., & Smaldino, S.(1996). Instructional media and technologies for learning(5th ed.). New York: Macmillan.

House, J. S.(1981). Work Stress and Social Support, Reading. Massachusetts: Addison-Wesley, In Sisca Lentjes & Joket, J. M. L., Support Networks: A Literature Study, In J. M. L., Jonket(Ed.).

Jones, C., Clark, L., Grusec, J., Hart, R., Plickert G., and Tepperman, L.(2002). Poverty, social capital, parenting and child outcomes in Journal of Abnormal and Social Psychology, 27, 243-269.

Morrow, V.(2000). Dirth Look and trampy places in young people's accounts of community and neighbourhood: Implication for health inequalities. Critical Public Health, 10(2), 141-152.

Phillips, D., & Howes, C.(1987). Indicators of Quality Child Care: review of research. In D. Phillips (Ed.), Quality in Child Care: waht does research tell us?(pp. 1-19). Washington DC.: NAYCE.

Vandell, D. L., & Powers, M. S.(1983). Day care quality and children's free play activities. American Journal of Orthopsychiatry, 53, 493-500.

저자소개

마주리

단국대학교 대학원 특수교육학과 졸업, 교육학박사
현, 케이씨대학교 아동복지학과 교수

김현자

숙명여자대학교 대학원 아동복지학과 졸업, 문학박사
현, 두원공과대학교 유아교육과 부교수

김은주

국민대학교 대학원 졸업(교육심리 · 교육공학 전공), 철학박사
현, 을지대학교 교양학부 교수

장은정

숙명여자대학교 아동복지학과 졸업, 문학박사
현, 두원공과대학교 유아교육과 조교수

유준호

이화여자대학교 대학원 졸업(유아교육 전공), 문학박사
현, 을지대학교 유아교육학과 부교수

김지영

명지대학교 대학원 아동학과 박사수료
현, 한우리열린교육 수석연구원

영유아발달

2017. 3.

초판인쇄 2017년 3월 5일
초판발행 2017년 3월 10일

저 자 마주리 · 김현자 · 김은주 · 장은정 · 유준호 · 김지영
발행인 김현태
발행처 태영출판사

주 소 (08301) 서울 구로구 구로동 104-10 동남오피스텔 201호
전 화 02 · 839-3757, 839-3752
팩 스 02 · 837-3754

등 록 2005년 5월 30일 제12-421호
http://www.taeyeongbook.co.kr
E-mail tys2005@hanmail.net
ISBN 978-89-6302-208-6 93370
정 가 19,000원

* 잘못 만들어진 책은 교환해 드립니다.

NAVER
태영출판사